polícia comunitária e gestão integrada

O selo DIALÓGICA da Editora InterSaberes faz referência às publicações que privilegiam uma linguagem na qual o autor dialoga com o leitor por meio de recursos textuais e visuais, o que torna o conteúdo muito mais dinâmico. São livros que criam um ambiente de interação com o leitor – seu universo cultural, social e de elaboração de conhecimentos –, possibilitando um real processo de interlocução para que a comunicação se efetive.

polícia comunitária e gestão integrada

César Alberto Souza

EDITORA intersaberes

Rua Clara Vendramin, 58
Mossunguê . CEP 81200-170
Curitiba . PR . Brasil
Fone: (41) 2106-4170
www.intersaberes.com
editora@editoraintersaberes.com.br

■ Conselho editorial
Dr. Ivo José Both (presidente)
Drª Elena Godoy
Dr. Nelson Luís Dias
Dr. Neri dos Santos
Dr. Ulf Gregor Baranow

■ Editora-chefe
Lindsay Azambuja

■ Supervisora editorial
Ariadne Nunes Wenger

■ Analista editorial
Ariel Martins

■ Projeto gráfico
Raphael Bernadelli

■ Capa
Iná Trigo (*design*)
Comstock/Shutterstock (imagem)

■ Diagramação
Estúdio Nótua

■ Iconografia
Regina Claudia Cruz Prestes

Dados Internacionais de Catalogação na Publicação (CIP)
(Câmara Brasileira do Livro, SP, Brasil)

Souza, César Alberto
  Polícia comunitária e gestão integrada/César Alberto Souza. Curitiba: InterSaberes, 2017.

  Bibliografia.
  ISBN 978-85-5972-362-5

  1. Policiamento comunitário 2. Relações polícia-comunidade. 3. Segurança pública – Administração. I. Título.

17-02434   CDU-363.2

Índice para catálogo sistemático:
1. Policiamento comunitário: Problemas e serviços sociais   363.2

EDITORA AFILIADA

1ª edição, 2017.

Foi feito o depósito legal.
Informamos que é de inteira responsabilidade do autor a emissão de conceitos.

Nenhuma parte desta publicação poderá ser reproduzida por qualquer meio ou forma sem a prévia autorização da Editora InterSaberes.

A violação dos direitos autorais é crime estabelecido na Lei n. 9.610/1998 e punido pelo art. 184 do Código Penal.

prefácio 13

apresentação 17

como aproveitar ao máximo este livro 23

Capítulo 1 **Origens do policiamento comunitário - 27**

1.1 Sem direitos humanos não há polícia comunitária - 28

1.2 Japão: a polícia comunitária nasce no Oriente - 35

1.3 Os direitos humanos e o policiamento comunitário demoraram a chegar ao Brasil - 37

1.4 Policiamento comunitário: os primeiros passos no Brasil - 57

sumário

1.5 O Programa Nacional de Direitos Humanos (PNDH): policiamento comunitário se torna política pública - 62

1.6 Plano Nacional de Segurança Pública (PNSP) - 65

Capítulo 2 **Polícia comunitária - 87**

2.1 Conceito de polícia comunitária - 88

2.2 O policiamento comunitário - 95

2.3 Policiamento comunitário comparado - 101

Capítulo 3 **A polícia comunitária no Brasil - 169**

3.1 A polícia comunitária no Brasil do século XXI - 170

3.2 A polícia comunitária dentro da política pública de segurança - 176

3.3 Estratégias prevalentes - 211

Capítulo 4 **Gestão integrada e comunitária da segurança pública - 227**

4.1 Sistema de Segurança Pública brasileiro - 228

4.2 Paradigma de modelo policial no Estado democrático de direito - 230

4.3 Comunidade - 242

4.4 Municípios - 249

4.5 Outras instituições - 251
4.6 Mídia - 252
4.7 Políticos - 257
4.8 Gabinetes de Gestão Integrada Municipal - 261
4.9 Servidores da polícia no modelo comunitário - 261

para concluir... 295
lista de siglas 301
referências 305
respostas* 339
apêndice* 341
sobre o autor 345

Dedico este livro ao coronel policial militar da reserva remunerada (PM RR) Ângelo Rogério Bonilauri, in memoriam, o qual, na sua jornada pelo Curso Superior de Polícia, não aceitou apenas fazer um trabalho de conclusão de curso, mas realizou um estudo profundo que resultou no Sistema de Policiamento Ostensivo Particularizado por Áreas, embrião de todos os programas de policiamento comunitário que existem no Brasil. O coronel Ângelo deu tudo por sua obra e criação, sua juventude e força produtiva, sua saúde física e psicológica, e nos deixou em 24 de dezembro de 2012.

Ao coronel policial da reserva remunerada
(PM-RR) Itamar dos Santos, pela paciência e
orientação que tornaram possível a concretização
da tese *A base física como suporte do policiamento
comunitário: a experiência de Curitiba (Souza,
2007)*, supedâneo deste livro.
Ao tenente-coronel PM-RR Boanerges Freitas,
orientador de conteúdo da monografia
Atendimento das radiocorrências no 12° BPM-
PMPR: comparativo do sistema modular de
policiamento urbano e policiamento ostensivo
volante *(Souza, 1996), exemplo de idealismo e
competência, por, além de orientar, ensinar.*
Ao delegado da Polícia Federal Reinaldo de
Almeida César, pela oportunidade de trabalharmos
juntos nos programas e projetos da Secretaria
de Segurança Pública do Paraná (Sesp) e pela
amizade e carinho que demostrou ao prefaciar esta
obra.
Ao professor e ex-vereador de Curitiba Jorge
Bernardi, um dos entrevistados qualitativamente
em 1996 para avaliar o Projeto Povo e o
Sistema Modular, e um incentivador da polícia
comunitária.
À minha família, razão de minha existência, pelo
apoio incondicional.

Nas corporações e instituições voltadas para o desafio de prover a segurança pública, que devem sempre se projetar na defesa de uma sociedade livre e democrática, encontramos policiais dotados de convicções e características pessoais diversas, não obstante tenham formação que segue uma matriz invariavelmente dogmática e una.

Assim, a rigor, todos os policiais são operacionais – pelo nivelamento da sua capacitação técnica e preparação comum – no início da carreira. Porém, alguns deles agregam a essa condição técnica e operacional uma gama de conhecimentos, bem como um feixe de competências que lhes capacitam ao comando ou à chefia de unidades policiais.

Entretanto, não bastam apenas os cursos de aperfeiçoamento considerados requisitos formais e indispensáveis às promoções na carreira, os quais serviriam – todos eles, em tese – para a preparação de líderes e gestores.

É preciso mais do que isso: é fundamental ainda o comprometimento, não somente com sua respectiva corporação, mas também – e principalmente – com os mais elevados valores da ética e da deontologia.

prefácio

Por outro lado, uma pequena quantidade – em verdade, pouquíssimos policiais – são capazes de reunir, além desses atributos (condição técnica, aptidão para a gestão e comprometimento), a capacidade de pensar, debater e multiplicar conhecimento.

Estes são os que, além dos predicados elencados, conseguem ainda chegar à Academia, ou seja, promovem a pesquisa, a difusão científica, a filosofia e a cultura, por meio de textos, escritos, palestras e docência, sempre instigando profundas reflexões sobre o fenômeno da criminalidade em contraponto ao Estado organizado.

O quadro se torna ainda mais estreito e raro quando, a esses valores, o policial acrescenta duas outras virtudes, que talvez, em certos momentos, se destaquem mais do que todas as outras: o idealismo e a retidão de caráter.

Estes são aqueles raríssimos casos em que o policial é operacional, gestor com comprovada eficácia e eficiência, comprometido com a causa de servir, membro da Academia e, ainda, exerce seu mister com admirável idealismo e sentimento de realização, tudo isso em uma vida reta e inquestionável no plano moral.

O coronel César Alberto Souza é assim: ele conseguiu, ao longo de sua vida funcional e militar pontuada de êxitos e reconhecimentos, reunir todas essas qualidades pessoais.

Conheci o coronel César quando tive a honra de titularizar as funções de secretário de Segurança Pública do Paraná, muito embora já tivéssemos laços de amizade entre famílias, na querida cidade de Ponta Grossa, tão corretamente conhecida como Capital Cívica do estado.

César Alberto Souza reúne todas, absolutamente todas as características acima descritas.

Ao tempo em que fui secretário, ele sempre foi um oficial brilhante, muito à frente de seu tempo, um dedicado assessor e um amigo leal.

Foi o coronel César que me trouxe a ideia e o projeto da Unidade Paraná Seguro (UPS), que preconizava a plotagem – ou seja, a colocação no terreno – de policiais com vocação para interagir com a vida comunitária em locais conflagrados, conjugando a presença de policiais de proximidade com ações de desenvolvimento social que fossem capazes de efetivamente transformar a difícil realidade local. Lembro-me perfeitamente do seu entusiasmo com esse projeto, na perspectiva de se reduzir a criminalidade, em uma dimensão humana e social.

Com muito dinamismo e motivação, o coronel coordenou o Escritório de Projetos – incubadora do embrião do Programa Paraná Seguro, até hoje em execução pelo governo estadual – e, no momento em que precisei, concordou em retornar para a Polícia Militar – de onde, pelos ideais, nunca saiu – para assumir o Subcomando Geral da corporação, área incumbida das ações operacionais, onde realizou um grande trabalho, com resultados muito expressivos na redução dos índices dos crimes violentos.

Quando uma autoridade deixa o cargo, é muito comum que auxiliares próximos repitam ter sido uma honra servir ao titular da função. Quando deixei a Secretaria de Segurança, não permiti que o coronel Cesar pronunciasse tal frase.

Disse a ele à época – e hoje reitero com mais ênfase ainda – que, em verdade, a honra foi minha por ter compartilhado seu idealismo e sua capacidade produtiva, seus projetos e sonhos para um Paraná mais seguro, fraterno e justo.

Conhecendo a incrível capacidade para pesquisa e o texto escorreito e pontual do professor coronel Cesar Alberto Souza, tenho certeza de que esta obra se converterá, em pouco tempo, em uma referência obrigatória para tantos quantos queiram se aprofundar na ciência policial e em suas vertentes.

Reinaldo de Almeida César
Secretário de Segurança Pública do Paraná (2011-2012)

É graças aos soldados, e não aos sacerdotes, que podemos ter a religião que desejamos. É graças aos soldados, e não aos jornalistas, que temos liberdade de imprensa. É graças aos soldados, e não aos poetas, que podemos falar em público. É graças aos soldados, e não aos professores, que existe liberdade de ensino. É graças aos soldados, e não aos advogados, que existe o direito a um julgamento justo. É graças aos soldados, e não aos políticos, que podemos votar [...]*

Charles M. Province

O poema de Charles M. Province tornou-se mundialmente conhecido quando o Prêmio Nobel da Paz e 44º presidente estadunidense Barack Obama discursou no *Memorial Day* de 2011, para honrar os

---

* Original, "It is the soldier": *It is the Soldier, not the minister / who has given us freedom of religion. It is the Soldier, not the reporter / who has given us freedom of the press. It is the Soldier, not the poet / who has given us freedom of speech. It is the Soldier, not the campus organizer / who has given us freedom to protest. It is the Soldier, not the lawyer / who has given us the right to a fair trial. It is the Soldier, not the politician / who has given us the right to vote. It is the Soldier who salutes the flag / who serves beneath the flag / and whose coffin is draped by the flag / who allows the protester to burn the flag* (Province, 1970, tradução nossa).

apresentação

militares mortos em campanha pelos Estados Unidos da América. Obama foi o primeiro presidente afro-americano a governar os EUA e, em 2014, viu seu país enfrentar vigorosos protestos contra a atuação da polícia em conflitos raciais, conforme noticiou o *Jornal Zero Hora* em 25 de novembro de 2014 (Zhclicks, 2014).

Para melhorar o trabalho da polícia, e fugindo do conhecido jargão "isso é um fato isolado", Obama conversou com jovens que lideraram os protestos e a desobediência civil em dezembro de 2014 e, então, criou uma força-tarefa para definir qual seria o policiamento do século XXI (USA, 2014).

O produto dessa força-tarefa foi um relatório que indica a necessidade de se fortalecer o policiamento comunitário para aumentar a confiança entre policiais e as comunidades que eles servem, relembrando a necessidade e a importância de relações duradoras de colaboração entre a polícia e seu público. Assim, o policiamento comunitário propicia o envolvimento entre agentes da lei, consultores técnicos, líderes comunitários, líderes juvenis, organizações governamentais e não governamentais, entregando ao público um trabalho transparente, colaborativo e voltado aos problemas que mais afligem a comunidade.

Com 116 páginas, esse relatório (*Final Report of the President's Task Force on 21st Century Policing*) se encerra com uma frase do presidente Obama, que reflete a aflição daquele momento para o povo norte-americano, em especial os afro-americanos:

> *Quando qualquer parte da família americana não sente que está sendo tratado de forma justa, isso é um problema para todos nós. Isso significa que nós não somos tão fortes como um país poderia ser. E quando isso se aplica ao sistema de justiça criminal, significa que não é tão eficaz no combate à criminalidade como poderia ser.* (COPS, 2015, p. 102)

A **polícia comunitária**, ou *community policing*, é a estratégia recomendada nesse relatório para reduzir os conflitos raciais nos Estados Unidos, embora ao longo deste trabalho veremos que, naquele país, as agências de aplicação da lei são herdeiras do sistema policial do Império britânico, municipalistas, com influência direta da Polícia de Londres, a primeira polícia moderna. Apesar disso, nos EUA, o policiamento comunitário ainda é uma aspiração, que convive com uma intolerância total, com a guerra contra o crime e com uma violência que faz com que algumas grandes cidades norte-americanas estejam entre as mais violentas do mundo.*

Porém, a polícia comunitária é mais do que isso, é também uma filosofia e, no Brasil, essa filosofia, em conjunto com a estratégia para alcançar os mesmos resultados, adicionam a **gestão integrada**, pois o nosso país tem um modelo de polícia único, com duas organizações estaduais que atuam em partes distintas do ciclo de polícia.

Quando os EUA alcançaram sua soberania, já eram uma República Federativa, enquanto o Brasil o fez em estágios: Reino Unido, Império, República da Espada, Estado Novo, República Federativa, República Parlamentarista, Militar e Nova República. Aqui, o sistema policial ainda carrega mazelas que vieram para o país no tempo do Brasil Colônia.

A polícia comunitária e a gestão integrada têm um significado que vai muito além da sua expressão literal e denotativa. Com isso, buscar antecedentes históricos vai nos ajudar a compreender a importância da polícia no século XXI, mas também será necessário

---

* "*De las 50 ciudades del ranking, 21 se ubican en Brasil, 8 en Venezuela, 5 en México, 4 en Sudáfrica, 4 en Estados Unidos, 3 en Colombia y 2 en Honduras*" (Seguridad, Justicia y Paz, 2016, p. 2). As quatro cidades norte-americanas no rol das 50 mais violentas do mundo, são: 15º St. Louis, 19º Baltimore, 28º Detroit e 32º Nova Orleans (Seguridad, Justicia y Paz, 2016).

realizarmos uma comparação e uma análise da situação atual da polícia – ou melhor, das polícias – no Brasil.

No primeiro capítulo desta obra, analisamos a origem do policiamento comunitário juntamente com os direitos humanos, os direitos da polícia comunitária e a cidadania. Em outras palavras, tratamos dos primeiros passos do policiamento comunitário, desde a invenção da polícia até os modelos exitosos no Brasil. Descrevemos a política pública brasileira para a segurança pública e o valor axiológico dos direitos humanos, que não é exclusividade do policiamento comunitário.

No segundo capítulo, tratamos sobre a polícia comunitária, seus conceitos, sua prática por meio do policiamento comunitário, a evolução e o policiamento comunitário comparado às práticas internacionais que merecem destaque.

No terceiro capítulo, analisamos a situação do Brasil: a base teórica necessária à política pública de segurança, na qual se inclui o policiamento comunitário, que já foi chamado de *interativo* e vem sendo tratado como *de proximidade* no Rio de Janeiro, enquanto em São Paulo desde o início é chamado de *polícia comunitária*.

No quarto capítulo, apresentamos a proposta de gestão integrada e comunitária da segurança pública, pois, a nosso ver, o Brasil corre o risco de se tornar uma sociedade "despoliciada" pelo excesso de polícias. Veremos também o paradigma de modelo policial no Estado democrático de direito e os seis grandes atores da polícia comunitária no Brasil: a comunidade, o município, os políticos, as outras instituições, a mídia e as polícias e seus servidores.

No Apêndice, apresentamos uma nota técnica sobre as comparações e os *rankings* entre cidades e países, bem como as fontes que utilizamos, o que irá possibilitar a você, leitor, verificar a evolução da violência e da criminalidade tanto nas cidades mais violentas quanto nos países monitorados.

Boa leitura.

Este livro traz alguns recursos que visam enriquecer o seu aprendizado, facilitar a compreensão dos conteúdos e tornar a leitura mais dinâmica. São ferramentas projetadas de acordo com a natureza dos temas que vamos examinar. Veja a seguir como esses recursos se encontram distribuídos no projeto gráfico da obra.

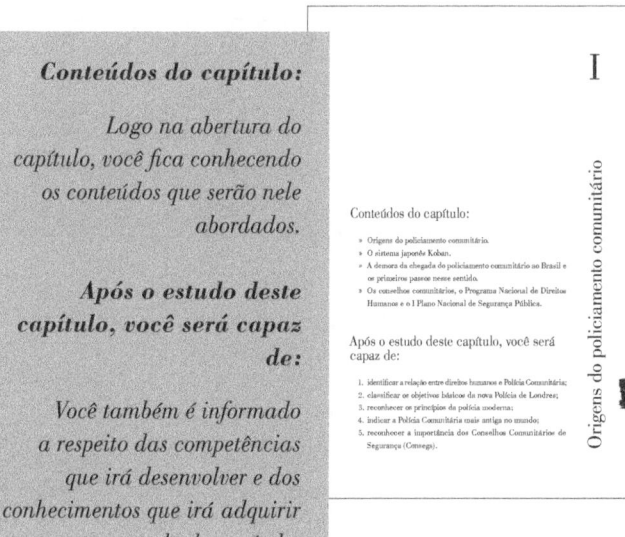

Conteúdos do capítulo:

Logo na abertura do capítulo, você fica conhecendo os conteúdos que serão nele abordados.

Após o estudo deste capítulo, você será capaz de:

Você também é informado a respeito das competências que irá desenvolver e dos conhecimentos que irá adquirir com o estudo do capítulo.

Para saber mais

Para saber mais

Você pode consultar as obras indicadas nesta seção para aprofundar sua aprendizagem.

como aproveitar ao máximo este livro

cívico-sociais (Arisos)*, realizadas isoladamente ou em conjunto com as Forças Armadas, que despertavam a empatia da população em relação aos integrantes das polícias.

Com isso, e considerando a desestrutura dos serviços sociais e de atendimento à saúde, as PMs e os Corpos de Bombeiros eram levados a agir no transporte de doentes e acidentados e, até mesmo, a exercerem o papel de parteiras.

Estudo de caso

Pela nossa experiência, essa coisa de onde ter o filho e como ser transportada até o local de ter filho, isso é uma coisa que é mais uma preocupação. Para nenhuma mulher de nossa região é uma coisa tranquila, essa questão de gestação e do parto, de ir para a maternidade. Por conta disso, a dificuldade de não encontrar transporte, táxi, mesmo táxi, porque o dinheiro é uma questão difícil para todo mundo. Então, se você pega um táxi para ficar rodando para pegar uma vaga, não tem então é assim, por conta disso é que procura a viatura, porque já está sabendo, já sabe da dificuldade, porque sabe que não vai precisar desembolsar esse dinheiro, e tem uma coisa de autoridade, a polícia chega, tem isso assim bem claro, é a autoridade, entendeu? Agora, chega com um taxista, com uma mulher num táxi pra ver; eles já conseguem assim, ficam o tempo todo olhando pra trás. A preocupação deles o tempo inteiro é saber se a mulher vai parir no táxi e sujar

* Não perseguir os militares aprisoados por órgãos civis que façam arrecadamento médico, recreação, puericultura, orientação para nutrição, economia e preservação de meio ambiente, entre outras atividades. Não esporádicas e acontecem em comunidades carentes com direito das unidades militares concentrados (Brasil, 2009a).

Estudo de caso

Esta seção traz ao seu conhecimento situações que vão aproximar os conteúdos estudados de sua prática profissional.

---

experiência de Polícias Comunitárias pioneiras e do estudo sistemático do policiamento comunitário e da gestão integrada e comunitária da segurança pública.

Podem variar nos exemplos ou nas palavras, mas, na essência, esse é o agir no campo do policiamento comunitário. Essa é a teoria que deve ser colocada em prática por todos os servidores da polícia no modelo comunitário, pois, embora o policiamento comunitário dependa igualmente da comunidade e dos policiais, estes têm a obrigação de agir comunitariamente.

Síntese

A prática internacional de Polícia Comunitária tem "seis grandes atores" (polícia, comunidade, autoridades civis eleitas, comunidade de negócios, mídia e outras instituições), todas importantes para a efetivação da gestão comunitária da segurança pública. Nesta obra, agrupamos esses seis em: comunidade, município, outras instituições, mídia, políticos, polícia e servidores da polícia.

A gestão integrada tem instrumentos como os GGIs, que reúnem os órgãos públicos, e os Consegs, que reúnem a comunidade organizada. Então, comunidade e polícia resolvem os problemas que afligem os bairros e, assim, melhoram as cidades, os estados e o país.

Quando não houver um GGI na localidade, podem ser realizados protocolos de intenções e convênios – como a Aifu –, estabelecendo uma ação ou operação integrada, pois é melhor fazer pouco do que não fazer nada.

As boas práticas existem para ser aproveitadas por todos. Gestão significa administrar os recursos disponíveis para a satisfação dos clientes – e a gestão pública somente tem sentido se tiver o bem comum como meta.

Síntese

Você dispõe, ao final do capítulo, de uma síntese que traz os principais conceitos nele abordados.

Questões para revisão

Com estas atividades, você tem a possibilidade de rever os principais conceitos analisados. Ao final do livro, o autor disponibiliza as respostas às questões, a fim de que você possa verificar como está sua aprendizagem.

Questões para reflexão

Nessa seção, a proposta é levá-lo a refletir criticamente sobre alguns assuntos e a trocar ideias e experiências com seus pares.

I

Origens do policiamento comunitário

Conteúdos do capítulo:

» Origens do policiamento comunitário.
» O sistema japonês *Koban*.
» A demora da chegada do policiamento comunitário ao Brasil e os primeiros passos nesse sentido.
» Os conselhos comunitários, o Programa Nacional de Direitos Humanos e o I Plano Nacional de Segurança Pública.

Após o estudo deste capítulo, você será capaz de:

1. identificar a relação entre direitos humanos e polícia comunitária;
2. classificar os objetivos básicos da nova polícia de Londres;
3. reconhecer os princípios da polícia moderna;
4. indicar a polícia comunitária mais antiga no mundo;
5. reconhecer a importância dos Conselhos Comunitários de Segurança (Consegs).

6. identificar as primeiras experiências de polícia comunitária no Brasil;

7. elencar os marcos referenciais nas políticas públicas relevantes para a evolução da polícia comunitária no Brasil.

1.1 Sem direitos humanos não há polícia comunitária

Podemos comparar a evolução da polícia comunitária com a evolução dos direitos humanos. Em primeiro lugar, porque trata-se de uma atuação da polícia que respeita os direitos humanos; em segundo lugar, porque é feita pelos cidadãos, e sem os direitos da cidadania não há polícia comunitária.

Na Antiguidade, com os povos submetidos aos mitos, aos deuses ou aos representantes dos deuses, não havia a necessidade de polícia: os guardiões impunham a vontade dos soberanos e cobravam os tributos e a vida dos povos era regulada pela vontade do soberano e pelas guerras, que revezavam os tiranos com a promessa de proteger esses povos.

Nesse ambiente não havia justiça, apenas a vontade de quem governava, o representante dos deuses, ungido para guiar os povos. Se a vida não pertencia às pessoas, como teríamos direitos humanos?

A tirania foi revoltando e despertando os povos e, então, os governantes tiveram de atender e realmente proteger os povos. Ao mesmo tempo, o conceito que a humanidade tinha de *Deus* evoluiu. A bondade de Buda, Zoroastro e Jesus Cristo mostra que Deus não era mais visto como um "castigador", embora alguns que se diziam seus representantes continuassem a oprimir os povos.

Os ideais de liberdade e igualdade, a divisão do poder na Inglaterra e a ascensão dos barões, que, em 1215, obrigaram o rei

João Sem Terra a assinar a Magna Carta, constituem importantes marcos na construção dos direitos humanos.

A segurança existente até então era contra invasões e voltada à submissão dos povos, divididos em conquistadores e conquistados. A partir do século XVI, o Brasil Colônia exemplifica bem essas ideias: as chamadas *Tropas Pagas* tinham como função garantir que os brasileiros pagariam seus impostos e não se rebelariam contra a retirada de riquezas do Brasil para Portugal, impedir que franceses, ingleses ou holandeses viessem retirar riquezas do país, bem como proteger bandeirantes que queriam avançar em terras espanholas, ampliando a riqueza da Metrópole portuguesa.

Bayley (2002) relata que, em 1667, Paris tornou-se a primeira cidade a dispor de cargo de **tenente-geral de polícia**, criado pelo Rei Luís XIV. O *site* Histoire pour Tous (2011) relata que o cargo foi ocupado inicialmente por Nicolas de la Reynie até janeiro de 1697. O cargo impunha determinadas tarefas à intendência, como a luta contra crimes, incêndios e inundações, bem como instituía a polícia econômica, a polícia de costumes e a polícia política.

Em 1789, a Revolução Francesa derrubou a monarquia, levando à ascensão da burguesia – basicamente comerciantes e outros integrantes da classe média que, por meio do trabalho, conseguiam melhorar sua condição social –, e uma das mais importantes resoluções sobre direitos humanos transformou radicalmente a função da polícia – a **Declaração dos Direitos do Homem e do Cidadão**, aprovada pela Assembleia Nacional Constituinte da França revolucionária, em 26 de agosto de 1789:

> Art. 12. A garantia dos direitos do homem e do cidadão necessita de uma força pública; esta força é, pois, instituída para fruição por todos, e não para utilidade particular daqueles a quem é confiada. (França, 1789)

Esse ideal de uma **força pública** extinguiu o cargo de tenente de polícia, fortalecendo a *Maréchaussée* – o Marechalato – que era basicamente uma força de cavalaria, territorializada e rebatizada em 1791 como *gendarmerie* (gendarmaria) para reduzir a identificação com a monarquia. Monet* (2001) relata que isso acabou por influenciar a polícia de vários países da Europa, devido às conquistas napoleônicas; assim, a gendarmaria alcançou grande prestígio, com os países (como Itália, Espanha, Países Baixos, Bélgica e Grécia) adotando e copiando o modelo francês.

No Império britânico, principalmente em suas colônias, uma nova forma de polícia, uniformizada e desarmada, foi experimentada: surgiu em 1829 a Nova Polícia, na qual a polícia é o povo, e o povo é a polícia.

Quatrocentos anos após sua promulgação, a Magna Carta ressurgiu ainda mais forte, indo além dos países de língua inglesa e influenciando todos os países de cultura europeia. No século XVIII, o Iluminismo promoveu à categoria de reivindicação o estabelecimento democrático de um governo das leis em substituição a um despótico governo dos homens, como escreveu Montesquieu no seu clássico *Do espírito das leis* (1748): "O governo despótico tem como princípio o temor: mas para povos tímidos, ignorantes, abatidos, não se precisa de muitas leis" (Montesquieu, 2015, Livro V).

Semelhante é a ideia de Cesare Beccaria que, em sua não menos clássica obra *Dos delitos e das penas* (1764), valorizou o devido processo legal como elemento essencial da correta administração da Justiça.

---

* Jean-Claude Monet é um dos mais eminentes analistas europeus da segurança pública, comissário de divisão e sociólogo no *Centre National de la Recherche Scientifique* (CNRS), o maior organismo público francês de investigação científica.

Ainda segundo Monet (2001), a Irlanda, na época ainda colônia do Império britânico, foi o primeiro país a ter uma polícia profissional, semelhante à Gendarmaria francesa, voltada para as ações de segurança. Robert Peel, então ministro do interior do Reino Unido, queria uma polícia moderna, diferente da francesa, que fosse visível e não impusesse medo às pessoas. Assim, estabeleceu hierarquicamente os objetivos básicos dessa nova polícia (Bondaruk; Souza, 2014):
1. Restabelecer a fé do público.
2. Proteger o inocente.
3. Sustentar a lei.

Tais princípios estão rigorosamente em ordem axiológica, o que significa dizer que a Nova Polícia – criada em 1829, a Polícia Metropolitana de Londres (MET, abreviatura em inglês para *Metropolitan Police Service*), chamada de *Scotland Yard* por ocupar o antigo Castelo de Escócia – deveria restabelecer a fé do público, pois o contexto exigia a criação de uma polícia confiável, em razão de constantes enfrentamentos, como assinalou Monet (2001, p. 51):

> *Em 1780, durante oito dias, os motins de Gordon põem Londres a fogo e a sangue; é preciso fazer intervir a cavalaria. [...] As reações negativas da opinião pública inglesa a tudo o que possa lembrar a cara odiosa das polícias do continente, e especialmente o sistema centralizado e politizado que Fouché estabelece na França e nos países ocupados [...]. Peel lhes lembra a filosofia de sua ação e os deveres de seu cargo cotidiano: "O constable deve ser civil e cortês com as pessoas de qualquer classe ou condição... Ele deve ser particularmente atento para não intervir desastradamente ou sem necessidade, de modo a não arruinar sua autoridade".* (Monet, 2001, p. 48, 51-52)

Mais à frente, Monet (2001) faz referência ao Massacre de Peterloo*, de 1819, que resultou em oito mortos e centenas de feridos e foi conduzido principalmente pela *Yeomanry*, uma espécie de milícia sustentada por fazendeiros – semelhante à Guarda Nacional que existiu no Brasil entre o Segundo Reinado e a Primeira República. Esse massacre fez com que tal força fosse rechaçada pela população inglesa e, por fim, extinta em 1829, sendo então substituída pela a Nova Polícia, a MET, com seus "Bobs" – alusão a Robert Peel.

Esse contexto demonstra claramente que, para Peel, o objetivo básico da Nova Polícia era restabelecer a **fé do público**, ou seja, **conquistar a confiança**, tanto da elite (fazendeiros, empregadores dos antigos milicianos) quanto da população vítima dos excessos da milícia. Depois de reconquistar a "confiança", a Nova Polícia protegeria os inocentes e, apenas então, sustentaria a lei. Essa lealdade entre a polícia e os cidadãos é o cerne de uma verdadeira polícia comunitária: a confiança é o elo que une uma polícia a seu público.

Segundo Monet (2001), a Polícia Britânica constitui um modelo de **descentralização policial** que, em matéria de polícia, é um mecanismo delicado, pois seus inconvenientes contrabalançam as vantagens que ela confere. Com isso, dizer que a descentralização britânica é um modelo "acabado" não significa que ela seja "absoluta": os poderes crescentes do *Home Office* – o Ministério do Interior britânico – são matéria para debate nos círculos acadêmicos e políticos da Grã-Bretanha.

Segundo Skolnick e Bayley (2002), o modelo da MET logo foi repassado às colônias e às ex-colônias, servindo de base para o primeiro departamento de polícia norte-americano, criado em 1838 na

---

* No dia 16 de agosto de 1819, no Parque de Saint-Peter, uma multidão de aproximadamente 50 mil pessoas, reunidas em um protesto, foi exposta a uma brutal carga de cavalaria que chocou toda a Grã-Bretanha (Fordham University, 1819).

cidade de Boston, Massachusetts. Porém, somente a partir de 1911, no Departamento de Polícia de Nova Iorque, com o comissário Woods, foram dados os primeiros passos em relação ao policiamento comunitário, ainda na chamada "era política" da Polícia Norte-americana, fortemente controlada pelos interesses políticos dominantes, o que também favorecia a corrupção (Skolnick; Bayley, 2002). Prevalentes até o final do século XX, os princípios de Peel orientaram as principais polícias do mundo, estando presentes na maioria dos manuais de procedimentos (Quadro 1.1).

Quadro 1.1 – Princípios da polícia moderna

1º princípio	A missão básica para a polícia existir é prevenir o crime e a desordem.
2º princípio	A capacidade da polícia em realizar suas obrigações depende da aprovação pública de suas ações.
3º princípio	A polícia necessita realizar segurança com o desejo e cooperação da comunidade, na observância da lei, para ser capaz de realizar seu trabalho com confiança e respeito do público.
4º princípio	O nível de cooperação do público para desenvolver a segurança pode contribuir na diminuição proporcional do uso da força.
5º princípio	O uso da força pela polícia é necessário para a manutenção da segurança, devendo agir em obediência à lei, para a restauração da ordem, e só usá-la quando a persuasão, conselho e advertência forem insuficientes.
6º princípio	A polícia visa à preservação da ordem pública em benefício do bem comum, fornecendo informações à opinião pública e demonstrando ser imparcial no cumprimento da lei.
7º princípio	A polícia sempre agirá com cuidado e jamais demonstrará que se usurpa do poder para fazer justiça.

(continua)

(Quadro 1.1 – conclusão)

8º princípio	O teste da eficiência da polícia será pela ausência do crime e da desordem, e não pela capacidade de força de reprimir esses problemas.
9º princípio	A polícia deve esforçar-se para manter constantemente com o povo um relacionamento que dê realidade à tradição de que a polícia é o povo e o povo é a polícia.

Fonte: Adaptado de Criminal Justice Law, 2017.

Na visão de Robert Peel: "É preciso uma força policial baseada em parte num modelo militar de disciplina interna para fazer face ao fracasso de um sistema de vigilantes ineficiente e indisciplinado e à reação violenta e desproporcionada dos militares para as situações de ordem" (Krutli; 2000, p. 11).

Assim como a gendarmaria, a ideia do "tenente de polícia" foi adotada por outros países europeus. Monet (2001) cita como exemplos a Rússia, a Áustria a Prússia e Portugal, no século XVIII.

Em 1760, Portugal criou sua Intendência Geral da Corte – precursora da Polícia Civil –, com o Alvará de 25 de julho de Dom José I: com ele, nas colônias haveria os **delegados do intendente do rei**, encarregados das questões de ordem, normalmente juízes da comarca.

A dicotomia policial francesa, com uma polícia civil e outra militar, também chegou a Portugal, apesar da ordem inversa: em 1801 por sugestão do intendente da Polícia da Corte, Dom Diogo Inácio de Pina Manique, foi criada pelo príncipe regente D. João a Guarda Real da Polícia de Lisboa – precursora da Polícia Militar –, fundamentada no modelo da Gendarmaria francesa (Portugal, 2017).

1.2 Japão: a polícia comunitária nasce no Oriente

O sistema japonês koban surgiu no início da Era Meiji (1868), sendo que os atuais *koban* remontam a uma antiga construção chamada *Kobansho*:

> *O primeiro Koban era extremamente simples e foi construído em 1874. O nome deriva da palavra* kotai *(Ko), que significa individual, e* tachiban *(Ban) que significa relógio de pé. Em 1881, os "Koban" foram transformados em estações comunitárias locais com até seis oficiais e eram chamados de* Hashutsusho *(delegacia de polícia)*. (Kawanami, 2013)

Ainda de acordo com Kawanami (2013), a partir de 1994 o sistema voltou a ser chamado de *Koban*.

A Era Meiji, ou *Era da Restauração*, foi um período de abertura do Japão para o Ocidente, após o fim do xogunato Tokugawa, cujo último xogum foi Tokugawa Ieyasu. Parte dessa história é romanceada no filme *O último samurai* (2003)*, sendo destaque o "desarmamento de espadas", que consolidava o poder do imperador e o impunha como protetor dos japoneses.

---

* Filme de 2003, dirigido por Edward Zwick. Em 1870, o capitão Nathan Algren (Tom Cruise), um conceituado militar norte-americano, foi enviado ao Japão. A missão de Algren consistia em treinar as tropas do imperador Meiji (Shichinosuke Nakamura), para que elas pudessem eliminar os últimos samurais que ainda viviam na região. Porém, após ser capturado pelo inimigo, Algren aprendeu com Katsumoto (Ken Watanabe) o código de honra dos samurais e passou a ficar em dúvida sobre que lado apoiar.

Segundo a resenha de Mpinto (2006), o filme se baseou na revolta dos samurais contra o desarmamento do governo japonês, ocorrido em 1876:

> Liderados por Saigo Takamori, um dos samurais que derrubaram o xogunato de Tokugawa em 1867, restaurando o governo Imperial [sic], deflagram violentos combates até serem destroçados pela artilharia moderna adquirida pelo governo para modernizar as forças armadas. (Mpinto, 2006, p. 4)

De acordo com Lobo (2017), neste Período da Restauração, o Estado precisava garantir o monopólio do uso da força e, ao mesmo tempo, proteger os japoneses. Então, a força policial e a defesa civil foram centralizadas em um único departamento, que ficaria subordinado ao Ministério do Interior. Dessa maneira, os policiais deveriam ter uma distribuição espacial e, ao mesmo tempo, manter um contato constante com os moradores para prevenir os temidos incêndios. Esse embrião do policiamento comunitário resistiu inclusive depois que os corpos de bombeiros se tornaram independentes, em 1948, no Japão pós-guerra.

Nessa reforma, os norte-americanos impuseram uma descentralização da Polícia Japonesa, que passou a ser municipal. Lobo (2017) relata que, "todavia, o sistema apresentou problemas nas primeiras décadas de existência, pela incapacidade financeira de alguns municípios em manter a polícia e as acusações frequentes de ingerência do poder local e grupos de interesse nas polícias municipais".

O autor continua dizendo que, a partir de 1950, o sistema se tornou novamente centralizado, primeiro com as pequenas prefeituras e, posteriormente, com a criação da Agência Nacional de Polícia do Japão (JNPA), todas as Polícias Municipais foram regulamentadas e controladas, inclusive por repasses financeiros para algumas prefeituras (Lobo, 2017).

1.3 Os direitos humanos e o policiamento comunitário demoraram a chegar ao Brasil

Em 1808, a Corte portuguesa desembarcou no Brasil trazendo o modelo de polícia vigente em Portugal e criando imediatamente a Intendência Geral da Polícia da Corte e do Estado do Brasil e, no ano seguinte, a Divisão Militar da Guarda Real da Polícia. É importante destacarmos que as Tropas Pagas e os Dragões existentes desde o Brasil Colônia não foram extintos, mas todos passaram a se reportar ao intendente (Souza, 2014; Francelin, 2010).

Esse sistema francês de polícia perdurou após a independência, em 1822. Na Constituição de 1824, apenas a *Guarda Real* mudou de nome para *Guarda Imperial*. Em 1831, com a Regência, a Guarda Imperial foi substituída pelos Corpos de Guardas Municipais Permanentes, os quais foram descentralizados pelo regente Diogo Antônio Feijó para as províncias, mas mantiveram o seu caráter militar. Inclusive, um dos comandantes de Guarda Municipal Permanente no Rio de Janeiro foi Luís Alves de Lima e Silva, o duque de Caxias (Giorgis, 2012).

No Império, surgiram os primeiros rudimentos de direitos humanos com a Constituição de 1824, que determinava que, no cumprimento de sua missão, a polícia deveria observar o estabelecido no art. 179 e seus incisos (Brasil, 1824). Entre esses dispositivos, destacavam-se os seguintes direitos e garantias individuais:

> *Princípios da igualdade e legalidade, livre manifestação de pensamento, impossibilidade de censura prévia, liberdade religiosa, liberdade de locomoção, inviolabilidade de domicílio, possibilidade de prisão somente em flagrante delito ou por ordem da autoridade competente, fiança, princípio da reserva legal e anterioridade da lei penal,*

> *independência judicial, princípio do Juiz natural, livre acesso aos cargos públicos, abolição dos açoites, da tortura, da marca de ferro quente e de todas as mais penas cruéis, individualização da pena, respeito à dignidade do preso, direito de propriedade, liberdade de profissão, direito de invenção, inviolabilidade das correspondências, responsabilidade civil do Estado por ato dos funcionários públicos, direito de petição, gratuidade do ensino público.*
> (Moraes, 1998, p. 32)

Como o regime vigente em nosso país era imperial – ou seja, ora o soberano reconhecia os direitos individuais, ora não –, essa Constituição ficou famosa por prever um suprapoder ao Executivo, o chamado **poder moderador**, que se sobrepunha aos outros poderes.

Também é paradoxal que, com todos esses direitos, os escravos ainda fossem considerados como propriedades, portanto, sem nenhuma das proteções legais.

Esta primeira Constituição Política do Império do Brasil vigeu de 1824 a 1889, passando pelo Primeiro Reinado, pela Regência e pelo Segundo Reinado (Era Parlamentarista). Neste último período, os direitos fundamentais foram reconhecidos, a justiça vicejou e a pena de morte foi posta em desuso.

Para saber mais

Se tiver interesse em saber como acabou a pena de morte no Brasil, indicamos o seguinte link:
RECOMEÇO. **Como acabou a pena de morte no Brasil**.
Disponível em: <http://www.nossacasa.net/recomeco/0024.htm>.
Acesso em: 28 mar. 2017.

Com a República instaurada em 1889, foi formada uma nova Assembleia Constituinte que, em 1891, promulgou a primeira Constituição elaborada pelo Congresso (Senado e Câmara). Nessa nova Carta (Brasil, 1891), os direitos individuais e coletivos foram ampliados em relação à primeira Constituição brasileira, destacando-se os seguintes direitos:

> Gratuidade do casamento civil, ensino leigo, direitos de reunião e associação, ampla defesa (§16 – Aos acusados se assegurará na lei a mais plena defesa, com todos os recursos e meios essenciaes a ella, desde a nota de culpa, entregue em vinte e quatro horas ao preso e assignada pela autoridade competente, com os nomes do acusador e das testemunhas), abolição das penas das galés e do banimento judicial, abolição da pena de morte, reservadas as disposições da legislação militar em tempo de guerra, habeas corpus, propriedade de marcas de fábrica, instituição do Júri. (Moraes, 1998, p. 32)

Nesse período, destacamos o surgimento do remédio jurídico do *habeas corpus*, porém, mais uma vez, havia direitos declarados, mas não reconhecidos. Na chamada "República da Espada", os direitos humanos tiveram avanço apenas com o fim da escravidão – iniciativa do Império, mas mantida pela República. Guerras e insurreições marcaram a consolidação da República, até que, em 1930, uma revolução derrubou a Primeira República e instalou a Ditadura de Getúlio Vargas.

As reações a Vargas culminaram na Revolução Constitucionalista de 1932. Apesar de sufocada a revolução e com severas limitações de direitos individuais e censura à imprensa, o Governo Vargas promulgaria a Constituição de 1934, que, seguindo a tradição das Constituições anteriores, previu um capítulo sobre direitos e garantias, repetindo em seu art. 113, o extenso rol de direitos da Constituição de 1891, acrescentando os seguintes:

> *Consagração do direito adquirido, ato jurídico perfeito e coisa julgada, impossibilidade de prisão civil por dívidas, multas ou custas, direitos do autor na reprodução de obras literárias, irretroatividade da lei penal, impossibilidade de concessão de extradição de estrangeiro em virtude de crimes políticos ou de opinião e impossibilidade absoluta de extradição de brasileiro, assistência jurídica gratuita, mandado de segurança e ação popular.* (Moraes, 1998, p. 33)

Pela primeira vez as polícias foram citadas em uma Constituição brasileira, mas para serem enquadradas e limitadas, devido ao apoio que a Força Pública de São Paulo e a Polícia do Estado do Maracaju (predecessor do Mato Grosso do Sul) deram à Revolução Constitucionalista. A Carta de 1934 teve curta duração – podemos dizer mesmo que nunca vigeu, pois em 1937 o Estado Novo e a chamada "Constituição Polaca"* foram impostos ao povo brasileiro.

O regime era autoritário, os direitos humanos eram aviltados, mas a aparência de legalidade era mantida com os direitos e as garantias individuais previstos na Constituição de 1937 (Brasil, 1937), que copiou a de 1934 e realizou algumas alterações:

> *Impossibilidade de aplicação de penas perpétuas, maior possibilidade de aplicação da pena de morte, além dos casos militares, criação de um tribunal especial com competência para o processo e julgamento dos crimes que atentarem contra a existência, a segurança e a integridade do Estado, a guarda e o emprego da economia popular.* (Campanhole; Campanhole, 1999, p. 398)

---

* A Constituição do Estado Novo traduzia ideias antiliberais de Francisco Luís da Silva Campos (1891-1968), ministro da Educação e da Justiça de Vargas, chamado de "Chico Ciência" (FGV, 2015).

Com o fim da Ditadura Vargas, veio a Segunda República e a Carta de 1946, que destinou um capítulo específico aos direitos e às garantias individuais (art. 141) e estabeleceu diversos direitos sociais relativos aos trabalhadores e empregados (art. 157) (Brasil, 1946).

Além dos direitos e das garantias individuais já consagrados na Constituição anterior, a Constituição de 1946 criou o voto secreto e universal, permitido aos maiores de 18 anos, excluindo apenas os analfabetos e os soldados. A tripartição de poderes foi restabelecida e concedeu-se maior autonomia aos estados e aos municípios. Da mesma forma, também ficou estabelecido:

> *A lei não poderá excluir da apreciação do Poder Judiciário qualquer lesão de direito individual; para proteger direito líquido e certo não amparado por habeas corpus, conceder-se-á mandado de segurança, seja qual for a autoridade responsável pela ilegalidade ou abuso de poder; contraditório; sigilo das votações, plenitude de defesa e soberania dos veredictos do Tribunal do Júri; reserva legal em relação a tributos.* (Campanhole; Campanhole, 1999, p. 520)

Foi também a Constituição de 1946 que criou a **Polícia Militar*** em todos os Estados, para ser a polícia profissional, em contraposição à polícia política que existia na Ditadura Vargas.

---

* Art. 5º Compete à União [...] XV – Legislar sobre: [...]
f) organização, instrução, justiça e garantias das **polícias militares** e condições gerais de sua utilização pelo Governo Federal, nos casos de mobilização ou de guerra. [...]
Art. 183. As polícias militares instituídas para a segurança interna e a manutenção da ordem nos Estados, nos Territórios e no Distrito Federal, são consideradas, como forças auxiliares, reservas do Exército (Brasil, 1946, grifo nosso).

A prática, porém, não foi tão democrática: o Partido Comunista, que participou da elaboração da Carta de 1946, foi declarado ilegal, o presidente Eurico Gaspar Dutra, que fora ministro da Guerra de Vargas (de 1936 a 1945), declarou o jogo ilegal, fechou sindicatos e prendeu os sindicalistas que lhe faziam oposição.

Em 1947, o Brasil teve uma participação importante na Assembleia Geral da Organização das Nações Unidas (ONU), com o discurso de Oswaldo Aranha (O Estado de S. Paulo, 2013) o que tornaria tradição a abertura da Assembleia com o discurso do representante brasileiro. No ano seguinte, em sua III Assembleia Geral, a ONU, no 10 dia de dezembro, promulgou a **Declaração Universal dos Direitos Humanos**, ratificada imediatamente pelo Brasil.

A sucessão de Gaspar Dutra foi vencida por Getúlio Vargas, que assumiu a Presidência da República em 1951. Após o suicídio de Vargas, em 1954, o Brasil conheceu um curto período de democracia (1956-1961), no governo de Juscelino Kubistchek de Oliveira, mas seu sucessor Jânio Quadros, com um vice que lhe era opositor, renunciou, e o Brasil, sem uma nova Constituição, seguiu para o parlamentarismo.

O país retornou ao presidencialismo e soçobrou à Revolução de 1964, que terminou com a vigência da Carta de 1946 por meio de três atos institucionais (AIs) e sucessivas emendas constitucionais (ECs). Então, em 1967, um Congresso submetido ao poder revolucionário promulgou a Constituição de 1967 (Brasil, 1967a), editando o AI n. 5 em 1968, e, por meio da Emenda Constitucional n. 1, de 17 de outubro de 1969, definiu uma nova Constituição (Brasil, 1969b).

A Polícia Militar foi vítima e instrumento repressor para a instalação e a manutenção do regime ditatorial no Brasil pós-golpe de 1964: com o Decreto-Lei n. 317, de 13 de março de 1967 (Brasil, 1967b), foi criada a Inspetoria-Geral das Polícias Militares (IGPM)*, que controlava as Polícias Militares (PMs), as quais, por sua vez, passaram a ser comandadas por oficiais do Exército. Com isso, as PMs perdiam sua autonomia e ficavam com seus vencimentos represados. O Decreto-Lei n. 667, de 1969 (Brasil, 1969b), consolidou esse controle: as PMs foram submetidas ao controle e ao comando do Exército, os salários dos policiais e dos bombeiros foram congelados e proibidos de ser superiores aos das Forças Armadas, estabeleceu-se currículo de cursos, compras de armas e equipamentos

---

* Art. 20. Fica criada no Ministério da Guerra a Inspetoria Geral das Polícias Militares (IGPM), diretamente subordinada ao Departamento Geral do Pessoal (DGP).
Art. 21. O cargo de inspetor-geral das Polícias Militares será exercido por um general-de-brigada.
Art. 22. Compete à Inspetoria-Geral das Polícias Militares:
a) centralizar e coordenar todos os assuntos da alçada do Ministério da Guerra relativos às Polícias Militares;
b) inspecionar as Polícias Militares, tendo em vista o fiel cumprimento das prescrições dêste Decreto-Lei;
c) proceder ao contrôle de organização, dos efetivos, do armamento e do material bélico das Polícias Militares;
d) baixar normas e diretrizes e fiscalizar a instrução militar das Polícias Militares em todo o território nacional, com vistas às condições peculiares de cada Unidade da Federação e a utilização das mesmas em caso de convocação, inclusive mobilização em decorrência de sua condição de fôrças auxiliares, reservas do Exército;
e) cooperar com os Governos dos Estados, dos Territórios e com o Prefeito do Distrito Federal no planejamento geral do dispositivo da Fôrça Policial em cada Unidade da Federação, com vistas a sua destinação constitucional, e às atribuições de guarda territorial em caso de mobilização;
f) propor, através do Departamento Geral do Pessoal, ao Estado-Maior do Exército os quadros de mobilização para as Polícias Militares de cada Unidade da Federação, sempre, com vistas ao emprêgo e suas atribuições específicas e guarda territorial.
g) cooperar no estabelecimento da legislação básica relativa às Polícias Militares (Brasil, 1967b).

deveriam ser previamente aprovados pelo Exército por meio da IGPM. Enfim, o sistema de informações das PMs se tornou um apêndice do regime.

Militares estaduais que não se submetiam eram cassados, e os efetivos eram conscritos; a cada três anos poderiam ser dispensados e somente alcançavam estabilidade aos dez anos de serviço. Além dos comandantes, também foi imposta às PMs a oficialidade em estados que não tivessem capacidade de formação. Assim, oficiais temporários do Exército poderiam se tornar oficiais de carreira das Polícias Militares (PMs) e Bombeiros Militares (BMs). Além disso, as Guardas Civis, Rodoviárias, de Parques e outras polícias uniformizadas foram extintas ou seus efetivos foram incorporados ou às Polícias Militares ou à Polícia Civil, que se tornaram instrumentos para espraiar e sustentar o regime militar, na Segunda Seção da PM (PM2) e nos Departamento de Ordem Política e Social (Dops).

O regime militar consolidou o seu poder, reduzindo os Poderes Legislativo e Judiciário. Adiaram-se as eleições presidenciais das capitais e dos municípios de interesse nacional. Em certas condições, os direitos individuais poderiam ser suprimidos, além de serem abolidos os direitos de cidadãos que se opunham ao regime.

1.3.1 Inspetoria-Geral das Polícias Militares (IGPM)

Os efeitos da criação da IGPM, em 1967, não serviram apenas para fortalecer o regime militar, mas também promoveram uma homogeneização das PMs no Brasil: foi regulamentada uma classificação hierárquica única, um uniforme padronizado, currículos padronizados ou, pelo menos, previamente aprovados pela IGPM, a qual tinha por missão legal o controle e a coordenação das Polícias e dos Corpos de Bombeiros Militares.

Era um período em que as PMs falavam muito, liam pouco e escreviam menos ainda; época dos "manuais", principalmente os manuais do Exército, que orientavam muito bem as atividades militares e burocráticas, como administração de materiais, marchas, honras e sinais de respeito e atividades de defesa civil (Brasil, 1982). As PMs eram uma **força de patrulha**; embora não tivessem material orientador próprio, ocorreu uma aproximação com o modelo norte-americano de policiamento, e tanto as PMs quanto as Polícias Civis investiram no **modelo reativo** (Rico, 1998), que era prevalente nos Estados Unidos nas décadas de 1960 e 1970. Em 1982, enfim, a IGPM produziu o *Manual básico de policiamento ostensivo*.

Uma das vantagens da IGPM foi que as PMs passaram a participar de intercâmbios, para cursos de formação, especialização e aperfeiçoamento, bem como – a partir da década de 1990 – de Forças de Paz junto à ONU; porém, apenas policiais militares podem participar, pois os manuais orientam que os voluntários sejam de uma polícia uniformizada, ostensiva, que atue diariamente nas ruas e em contato direto com a comunidade. Por decisão do governo brasileiro, cabe à IGPM realizar esse processo seletivo (IGPM, 2017a).

Para saber mais

Com as alterações do Decretos-Lei n. 667, de 2 julho de 1969 (Brasil, 1969a); n. 1.406, de 24 junho de 1975 (Brasil, 1975); e n. 2.010, de 12 de janeiro de 1983 (Brasil, 1983), recepcionados como leis ordinárias pela Constituição de 1988, a IGPM ainda vige e é atuante no controle das Polícias Militares e dos Corpos de Bombeiros Militares, com visitas e inspeções anuais em todos os estados, conforme o *site* da própria IGPM:

IGPM – Inspetoria-Geral das Polícias Militares e dos Corpos de Bombeiros Militares. **Missão**. Disponível em: <http://www.coter.eb.mil.br/igpm/index.php/missao>. Acesso em: 4 fev. 2017.

1.3.2 Sistema modular: a primeira experiência brasileira de policiamento comunitário

Em 1979, quando o Brasil dava seus primeiros passos em direção à polícia comunitária, a ONU, em sua 106ª Sessão Plenária, em 17 de dezembro, adotou o **Código de Conduta para os Funcionários Responsáveis pela Aplicação da Lei**, por intermédio da Resolução n. 34/169:

> Art. 1º O policial cumprirá a todo momento os deveres que os impõe a lei, servindo a sua comunidade e protegendo todas as pessoas contra os atos ilegais e de acordo com o alto grau de responsabilidade exigido por sua profissão.
>
> Art. 2º No desempenho de suas tarefas, o policial respeitará e protegerá a dignidade humana, manterá e defenderá os direitos humanos de todas as pessoas.
>
> Art. 3º O policial poderá usar força somente quando for estritamente necessário e na medida que requeira o desempenho de suas tarefas.
>
> Art. 4º As questões de caráter confidencial de que tenha conhecimento o policial, serão mantidas em segredo, a menos que o cumprimento do dever ou as necessidades da justiça exijam estritamente o contrário.
>
> Art. 5º Nenhum policial, pode infligir, instigar ou tolerar ato de tortura bem como outros tratamentos ou penas cruéis, desumanas ou degradantes, nem invocar a ordem de um superior ou circunstâncias especiais como estado de guerra, ameaça a segurança nacional, instabilidade política interna ou qualquer outra emergência pública como justificação da tortura e outros tratamentos ou penas cruéis, desumanas ou degradantes.

> Art. 6º A polícia assegurará a plena proteção da saúde das pessoas sob sua custódia e, em particular, tomará medidas imediatas para proporcionar atenção médica quando se precise.
> Art. 7º O policial não cometerá nenhum ato de corrupção. Também se oporá rigorosamente a todos os atos dessa natureza e os contestarão.
> Art. 8º O policial respeitará a lei e o presente código, também agirá enquanto estiver a seu alcance para impedir toda a violação dele ou para opor-se vigorosamente a tal violação. O policial que tenha motivos para crer que tenha ocorrido ou venha ocorrer uma violação do presente Código, informará a respeito a seus superiores e, se for necessário, a qualquer outra autoridade ou organismo apropriado que tenha atribuições de controle ou correção. (Bondaruk; Souza, 2014, p. 79)

Esse código é de balizamento, ou seja, não estabelece sanções. O Brasil estava no final de um regime autoritário e convivia com violações dos direitos humanos, e essa era uma tentativa de modernização das forças policiais rumo ao respeito a tais direitos.

A situação era de antagonismo: de um lado, as organizações de direitos humanos e, de outro, as forças de segurança. Eram famosos os aforismos: "Contra a pátria não há direitos", e "Brasil: ame-o ou deixe-o".

As PMs que, a partir de 1969, tornaram-se exclusivas no policiamento ostensivo, com o convívio próximo à população, já vinham realizando grandes esforços de relações públicas. O objetivo era aproximar a polícia e os bombeiros da população; havia as **ações** cívico-sociais (Acisos)*, realizadas isoladamente ou em conjunto com as Forças Armadas, que despertavam a empatia da população em relação aos integrantes das polícias.

Com isso, e considerando a desestrutura dos serviços sociais e de atendimento à saúde, as PMs e os Corpos de Bombeiros eram levados a agir no transporte de doentes e acidentados e, até mesmo, a exercerem o papel de parteiros.

Estudo de caso

Pela nossa experiência, essa coisa de onde ter o filho e como ser transportada até o local de ter filho, isso é uma coisa que é mais uma preocupação. Para nenhuma mulher de nossa região é uma coisa tranquila, essa questão de gestação e do parto, de ir para a maternidade. Por conta disso, a dificuldade de não encontrar transporte, táxi, mesmo táxi, porque o dinheiro é uma questão difícil para todo mundo. Então, se você pega um táxi para ficar rodando para pegar uma vaga, não tem; então é assim, por conta disso é que procura a viatura, porque já está sabendo, já sabe da dificuldade, porque sabe que não vai precisar desembolsar esse dinheiro, e tem uma coisa de autoridade, a polícia chega, tem isso assim bem claro, é a autoridade, entendeu? Agora, chega com um taxista, com uma mulher num táxi pra ver; eles já começam assim, ficam o tempo todo olhando pra trás. A preocupação deles o tempo inteiro é saber se a mulher vai parir no táxi e sujar

---

* São jornadas de militares apoiadas por órgãos civis que levam atendimento médico, recreação, puericultura, orientações para nutrição, economia e preservação do meio ambiente, entre outras atividades. São esporádicas e acontecem em comunidades carentes com efetivo das unidades militares concentrados (Brasil, 2009c).

> o carro, você naquele sufoco, e o infeliz ali dizendo: "olha, se sujar, vai ter que pagar para lavar"; agora você imagina como é que eu ia me sentir numa situação dessa. É mais uma pressão. Eles ficam assim quando a mulher está para ir para o hospital, com muita dor, eles falam assim, "segura". É real, é uma coisa horrível.
> Depoimentos de um grupo de mulheres da Casa da Mulher do Grajaú, em 27/06/1991.

Fonte: Barbosa, 1991, p. 59.

O Estado do Paraná, e principalmente a cidade de Curitiba, chamada de *"capital modelo"* talvez por sua vocação de servir como teste para vários produtos, lançou diversos melhoramentos urbanos, como a primeira rua exclusiva para pedestres na década de 1970 e as vias exclusivas para ônibus.

No Brasil, os primeiros experimentos de policiamento comunitário também aconteceram neste estado, na mesma cidade de Curitiba, com o revolucionário **Sistema Modular de Policiamento Urbano (SMPU)**.

O SMPU tinha base teórica no **Sistema de Policiamento Ostensivo Particularizado por Áreas**, apresentado em 1979 pelo Comando-Geral da Polícia Militar do Paraná (PMPR), coronel Manoel Abreu de Morais, na reunião de comandantes-gerais (Moraes, 1979). A implementação ocorreu em 1º de março de 1980, no bairro Guabirotuba, com a inauguração do primeiro módulo policial, que se denominava *Posto Policial de Socorro Familiar*; naquele mesmo ano, chegaria a oito o número de módulos na cidade de Curitiba. O governo do Paraná acompanhou a implementação do Sistema Modular e solicitou uma pesquisa de opinião a respeito dele, que foi realizada em 1982 pela Intermarketing S/C. Em resumo, conforme o relatório apresentado:

Houve um acréscimo na utilização de 8,56% devido ao superior conhecimento pelo público dos serviços oferecidos pelos módulos, sendo que 36,25% o utilizou pela segunda vez. As maiores frequências de utilização foram à assistência de cunho social e comunicação de furto e roubo.

A qualidade dos serviços prestados pelo módulo melhorou 12,7% em relação à gradação de bom, 8,9 % em relação regular e a gradação ruim diminuiu em 27,6%.

A gradação regular teve por principais causas a falta de patrulhamento e a morosidade no atendimento às solicitações da comunidade. As características positivas foram a boa apresentação pessoal seguidas de educação e a não discriminação de classes sociais no atendimento. As menos positivas: a incorruptibilidade, a motivação para o trabalho e a preparação profissional dos componentes do sistema modular.

A população demonstra ter dúvidas no aspecto da corrupção e da motivação pelo trabalho, talvez baseada na suposição de pouco ganho financeiro, o que também viria a refletir na preparação profissional pela dificuldade que se tem para selecionar pessoal melhor qualificado.

A pesquisa detectou às seguintes deficiências: falta de efetivo, de viaturas, de módulos e a falta de patrulhamento.

As deficiências não se referiam ao preparo profissional ou qualidade do atendimento, mas sim a fatores materiais e à falta de recursos humanos, bem como de planejamento no tocante à falta de patrulhamento. (Bondaruk; Souza, 2014, p. 33-35)

Na prática, os chamados **módulos policiais** atenderam a grande parte dos aspectos doutrinários de emprego e administração de polícia. Os módulos mantinham a estrutura militar (grupo, pelotão e companhia) e ainda apresentavam uma imagem positiva junto à população; contribuíram para a segurança e a tranquilidade de Curitiba e apresentaram um bom relacionamento com as comunidades de bairros onde foram instalados. Os aspectos menos positivos foram que os bons equipamentos para a prestação de serviços (viaturas e armamentos) eram em número insuficiente, principalmente de efetivos de policiais para a prestação de um bom serviço nos bairros.

Ângelo Rogério Bonilauri, idealizador do SMPU, entrevistado em 1996, fez uma descrição completa do sistema, afirmando que o SMPU atendia a todas as variáveis do policiamento urbano, e não à doutrina do exército francês, que era voltada para "quem carregava metralhadora, quem atirava e quem municiava"; o módulo trazia uma concepção inovadora: a **organização voltada para o cliente** (Paraná, 1980).

As atuações eram centrifugas e centrípetas, ou seja, irradiavam policiamento ostensivo e recebiam os anseios do bairro atendido. Sem dúvida, essa foi primeira experiência de policiamento comunitário no Brasil.

A principal característica do sistema modular era a aplicação sistematizada no terreno da estrutura tipicamente militar, com critérios de trabalho racionais e técnicas de administração inovadoras no relacionamento do homem com a organização, com seu grupo de trabalho e com o público em geral. A guarnição modular recebia instrução especial, de preparação para entrada em serviço conforme as previsões de atuação, e também instrução de manutenção para prática e aprimoramento das atividades individuais e conjuntas – uma vez por semana (Paraná, 1980).

Cada módulo tinha um comandante (CMT) igual ao CMT do pelotão e, em princípio, os policiais deveriam residir na área de cobertura do posto no qual prestavam serviços.

A área de cobertura de responsabilidade da guarnição de um módulo era variável, conforme o número de equipamentos urbanos existentes e a quantificação e a programação orçamentária. As áreas foram determinadas por Bonilauri conforme os seguintes parâmetros:

 a. *em área central comercial urbana, com grande concentração populacional, grande número de estabelecimentos comerciais, agências bancárias e intenso tráfego, o posto é responsável pela cobertura de uma área circular com 500 a 1.000 metros de diâmetro;*

 b. *em área periférica ao centro comercial urbano, com menor incidência de estabelecimentos comerciais e bancários e maior número de conjuntos residenciais, o posto é responsável pela cobertura de uma área de 1.000 a 2.000 metros de diâmetro; e*

 c. *nos bairros predominantemente residenciais e com menor número de estabelecimentos comerciais, o posto cobrirá uma área de 2.000 a 3.000 metros de diâmetro*. (Bondaruk; Souza, 2014, p. 30)

Bonilauri definiu que seriam usados, em média, 36 policiais militares – uma média em pelotões, que pode variar de 16 a 60 integrantes – para 20 a 30 mil habitantes. O desenvolvimento das necessidades de policiamento era realizado pela subdivisão dos setores, com a implementação de novos módulos, e não com o aumento do efetivo da guarnição do módulo dos setores, havendo flexibilidade para a sobreposição de setores em prol de uma melhoria da cobertura do sistema. "Não deve haver o conceito rígido de exclusividade de atuação nos setores e subáreas, o que ocasiona distorções a ponto de prejudicar o atendimento de ocorrências em razão de a equipe responsável estar indisponível no momento" (Bondaruk; Souza, 2014, p. 30; Paraná, 1980, p. 11).

Podemos resumir as vantagens do Sistema Modular listadas por Matke (1995, p. 96):

a. *atuação do policiamento de modo racional e ativo, com ênfase preventiva na assistência e paz social;*
b. *adaptar a estrutura militar clássica ao policiamento urbano, que se diferenciam muito do combate militar;*
c. *descentralização do comando até nível de pelotão, aumentando a eficiência das ações preventivas e repressivas;*
d. *possibilidade de padronização do policiamento ostensivo urbano, preventivo e repressivo, diminuindo ou excluindo a diversificação de formas esparsas de trabalho por várias unidades especializadas;*
e. *policiamento na mesma comunidade, desenvolvido de forma diuturna e ininterrupta, resultando aumento global das condições de segurança particularmente para a comunidade atendida;*
f. *estabelecimento de uma rede tática de módulos com capacidade de articulação para efetuar bloqueios de áreas e de vias de trânsito, para impedir a evasão de criminosos, com a vantagem de utilização de pessoal conhecedor da área onde está atuando o policiamento conjunto, o que aumenta a eficiência da operação;*
g. *possibilidade de aplicação de instrução conjunta para grupamentos homogêneos, cujos componentes estarão de serviço nos mesmos turnos e na mesma área;*
h. *emprego permanente do efetivo na mesma área, aumentando eficiência pela melhor coordenação existente;*
i. *acrescenta um grupo de complemento na estrutura organizacional do pelotão modular, para substituição de pessoal afastado por qualquer motivo, mantendo no possível um nivelamento médio permanente no efetivo em serviço em um módulo;*
j. *comodidade o policial em serviço, pela instalação de uma sede operacional de serviços externos, com condições de abrigo das intempéries, de descanso, para lanches rápidos e atendimento de necessidade higiênica;*

k. *possibilita a descentralização de equipamentos de qualquer ordem, por maior espaço de tempo, sob condições de controle e vigilância;*

l. *desdobramento para a ampliação da cobertura do policiamento específico, por módulos completos, proporcionando a projeção de necessidades de todos os componentes, e não somente por aumento de efetivo;*

m. *maior facilidade na identificação de falhas de pessoal contraindicado, pelas características de emprego do homem nos módulos; e*

n. *fator de dissuasão psicológica de criminalidade pela presença física do modulo (pessoal – viatura – comunicação – base física).*

O grupo de reposição ficou apenas na teoria, pois, com a inauguração de sucessivos módulos, logo estes começaram a atuar com pessoal reduzido. Outro aspecto não listado por Matke (1995) é o de que os módulos mudaram a forma de acesso da população à PM. Anteriormente, as pessoas eram proibidas de passar em frente aos quartéis, guardados por homens armados de fuzis e metralhadoras, afinal, o governo militar havia endurecido a repressão em 1968, ou seja, 12 anos antes. Com os módulos, a PM se tornou acessível, como um "balcão de atendimento": os policiais andavam a pé pelo bairro, cumprimentavam as pessoas, tomavam café na panificadora, moravam no bairro ou próximo a ele, enfim, estavam na comunidade, eram parte integrante dela. Da mesma forma, os módulos apresentavam uma arquitetura integrada à arquitetura de Curitiba, eram modernos e transparentes.

1.3.3 O Sistema Modular se difunde pelo Brasil

Após os bons resultados obtidos entre 1980 e 1982 e a boa repercussão em Curitiba e na mídia, o novo governo estadual eleito (José

Richa, do MDB), embora da oposição, não interrompeu o funcionamento dos módulos. Ao contrário, deu-lhes grande impulso: pouco depois, todos os bairros de Curitiba tinham módulos policiais, e as grandes cidades do Paraná, como Londrina, Ponta Grossa, Maringá, Foz do Iguaçu, Cascavel, Pato Branco, Jacarezinho, Paranaguá, Apucarana e Paranavaí inauguraram seus módulos (Souza, 1996).

Fora do Paraná, os estados do Rio de Janeiro, Pará e Alagoas foram os primeiros a adotar o sistema de módulos, ou Postos Policiais de Policiamento Ostensivo.

1.3.4 Surge o Conselho Comunitário de Segurança

Bondaruk e Souza (2014) relatam que a criação dos primeiros **Conselhos Comunitários de Segurança** (Consegs) do Brasil ocorreu no Estado do Paraná, sendo os primeiros registros documentais nas cidades de Londrina, em abril de 1982, e de Maringá, em junho de 1983.

Devido à repercussão de uma reportagem no programa *Fantástico*, em 1983, coloca-se Maringá como a cidade onde foi criado o primeiro Conseg; inclusive, o *site* oficial do Conselho informa que, embora registrado em 1983, as tratativas começaram em 1982 (Maringá, 2017):

> *Uma das mais marcantes provas da importância que a PM representa para aquela comunidade ocorreu no mês de abril de 1983, onde [sic] o estado de ansiedade criado por condições de insegurança, consequência, entre outros, de falhas no organismo da Polícia Civil da cidade, foi o fato gerador do impulso para uma ação comunitária, resultando no atual Conselho Comunitário de Segurança de Maringá, conforme carta aberta entregue ao prefeito daquela cidade, em 1983.*

> [...] No dia 5 de maio 1983, componentes de clubes de serviço, da maçonaria, médicos, advogados, representantes da prefeitura, do Instituto Brasileiro do Café e do 4º Batalhão reuniram-se na sede do IBC *[Instituto Brasileiro do Café]* e decidiram pela criação do Conselho Comunitário de Segurança, sendo que dos presentes na reunião, alguns já passaram a fazer parte da primeira diretoria quando ela foi mais tarde constituída legalmente. [...] A experiência pioneira de Maringá, com resultados altamente positivos para a Polícia Militar e principalmente para a clientela da PM que é a própria comunidade, levaram à implantação de Conselhos Comunitários de Segurança, que se tornou programa de governo. (Kretschmer; Rodrigues, 1984, citados por Nunes et al., 1998, p. 35)

Como escrevem Bondaruk e Souza (2014), o Conseg de Maringá foi registrado em 3 de junho de 1983 no Cartório de Registro de Títulos e Documentos da Comarca de Maringá, sob o n. 277.

Os Consegs se fortaleceram como organizações sociais e a repercussão das suas ações influenciaram outros conselhos, tornando-os repositórios de boas práticas. Porém, os bons resultados, ao invés de estimularem a atuação dos Consegs, tiveram um efeito contrário: as pessoas se afastavam do conselho, que acabava por se tornar inativo.

1.3.5 Regulamentação dos Consegs

Em 1985, no Estado de São Paulo, o governo de Franco Montoro buscava a aproximação entre os órgãos policiais e a comunidade, efetivando essa parceria por intermédio da regulamentação dos

Consegs, por meio do Decreto n. 23.455, de 10 de maio de 1985 (São Paulo, 1985a). Esses conselhos, na primeira fase, foram implementados em 522 municípios dos 645 municípios paulistas existentes. A Resolução da Secretaria de Segurança Pública (SSP) n. 37, de 10 de maio de 1985 (São Paulo, 1985b), regulou o funcionamento dos Consegs, sendo que a criação da função de **coordenador estadual para assuntos dos Consegs** se deu pelo Decreto Estadual n. 25.366, em 11 de junho de 1986 (São Paulo, 1986), e, ao longo dos anos, eles se transformaram na essência paulista da participação comunitária (Bondaruk; Souza, 2014).

1.4 Policiamento comunitário: os primeiros passos no Brasil

O Sistema Modular de Policiamento Urbano que se espraiou pelo Brasil, chegando ao Rio de Janeiro com as Cabines de Policiamento, carece de uma sustentação científica que permitisse inclusive uma comparação internacional.

Em 1983, após as eleições de 1982, as primeiras após a anistia e em plena abertura democrática, a oposição conseguiu eleger dez governadores*, inclusive Leonel Brizola (PDT) para governar o Rio de Janeiro.

Nesse contexto, o coronel Carlos Nazareth Cerqueira foi escolhido e assumiu o Comando Geral e a Secretaria de Polícia Militar no Rio

---

* Dos seguintes estados: Acre, Amazonas, Espírito Santo, Goiás, Mato Grosso do Sul, Minas Gerais, Pará, Paraná, Rio de Janeiro e São Paulo.

de Janeiro, tendo como chefe do Estado Maior o coronel Jorge da Silva – dois policiólogos* na verdadeira acepção da palavra. O coronel Carlos Nazareth reordenou a Polícia Militar do Rio de Janeiro (PMERJ) em direção ao respeito aos direitos humanos e a uma prestação de serviços à comunidade. Com um plano diretor fortemente calcado nos princípios da administração, levou a PMERJ a uma fase conhecida como de experimentação:

Prevenção – *A ação dissuasória do policiamento é uma medida preventiva em sentido estrito, caracterizada pela simples presença do policial na manutenção da ordem pública.*

Fenômeno do crime – *Insistir na tese de que o aumento da criminalidade é função da ineficiência da polícia é uma visão muita estreita do assunto. O crime é um fenômeno sociopolítico como observa Lopes-Rey, e como tal inerente a qualquer sociedade.*

Repressão – *A repressão deve ser feita observando-se os limites impostos pela lei e sem violar os direitos humanos.*

Participação de todos – *Segurança não é só repressão e não é problema apenas da polícia. É preciso que a questão da segurança seja discutida e assumida como tarefa e responsabilidade de todos, do Estado e da população.*

---

* Policiólogo é o termo usado para descrever o adepto da teoria de que polícia constitui um objeto da ciência, a teoria da policiologia: "Há inúmeras propostas, como teoria de polícia, doutrina de polícia, ciência policial, ciência de polícia etc. Entretanto, a denominação *policiologia*, dada a operacionalidade e objetividade do termo, nos parece a expressão mais aceitável e que passará a ser usada neste trabalho, no sentido de ciência que tem por objeto o poder de polícia e as instituições que se incumbem de exercê-lo" (Meireles; Espírito Santo, 2011, p. 9, grifo do original).

Privilégios – *Que se evitem solicitações de policiamentos privilegiados para resolver apenas problemas específicos dos interessados, o que sempre provoca prejuízos à coletividade.* (Nobre, 2002, p. 5, grifo nosso)

Segundo Franco (2012), o policiamento comunitário carioca teve duas frentes. Em primeiro lugar:

> Em 1983, no bairro de Jacarepaguá, o Centro Integrado de Policiamento Comunitário (Cipoc), que atuava na comunidade da Cidade de Deus, seus parceiros eram líderes comunitários locais e buscava integrar à polícia militar à população carente para estabelecer a ordem pública. (Franco, 2012, p. 52)

O outro projeto buscava a mobilização da comunidade, os vigilantes comunitários: "Criados em 1984, eram compostos por estudantes, donas de casa, assistentes sociais, empresários e profissionais liberais ligados à Associação de Moradores da Barra da Tijuca, que colaboravam com a polícia apenas em eventos locais" (Franco, 2012, p. 52).

Em 1987, o coronel Cerqueira deixou o comando geral, o Plano Diretor de Policiamento Urbano (PDPU) foi abandonado e as práticas repressivas retornaram. A polícia tradicional voltou, então, ao modelo de patrulhas, com ênfase na repressão.

Em 1991, no Estado de São Paulo, foi realizado o I Congresso Internacional de Polícia e Comunidade, com a participação de especialistas em polícia comunitária dos Estados Unidos, Canadá, Inglaterra, Argentina, Bolívia, Venezuela, Uruguai e 18 estados brasileiros, reunindo em torno de 550 policiais. O projeto-piloto em Ribeirão Preto foi ponto de partida do projeto de policiamento comunitário no Estado de São Paulo (Alves, 2006).

Nesse mesmo ano, com a nova eleição de Brizola para governador do estado, o coronel Cerqueira voltou a exercer o comando geral da

PMRJ, gestão que daria forma à "Polícia Cidadã", ou seja, ao policiamento comunitário carioca.

O coronel Cerqueira aproximou a polícia carioca das experiências internacionais e, durante a participação em reuniões da Associação Internacional de Chefes de Polícia (*International Association of Chiefs of Police* – IACP), conheceu Robert Trojanowicz*, palestrante sobre o tema *policiamento comunitário*, conseguindo autorização para a tradução do livro *Policiamento comunitário, como começar* (título original: *Community policing: how to get started*), por meio da assessora de Trojanowicz, Mina Seinfeld de Carakushansky.

Em 1992, o coronel Cerqueira deu a seguinte entrevista no 183º aniversário da Polícia Militar Fluminense:

> *O que tem sido feito para reforçar o policiamento comunitário?*
>
> **Coronel Cerqueira:** *Estamos trabalhando muito no campo doutrinário. A Escola Superior de Polícia já realizou um seminário sobre o tema, e trouxemos policiais de São Paulo, que já vêm desenvolvendo esse trabalho em Ribeirão Preto, para discutir com nossos companheiros. Temos também um pequeno projeto no 6º BPM, no bairro do Grajaú, de aplicação do modelo de Polícia Comunitária de Nova York. Alguns comandantes estão sendo incentivados a iniciar o programa dentro de suas áreas de responsabilidade. O coronel Garcia, por exemplo, que comanda o policiamento da Baixada Fluminense, trabalha no sentido de criar o projeto lá. Recentemente, inauguramos em Xerém o policiamento comunitário.*

---

* Robert Trojanowicz foi um pioneiro renomado na comunidade internacional, que iniciou o policiamento comunitário. Falecido em 1994, teve suas ideias defendidas por Bonnie Bucqueroux, com quem trabalhou por mais de uma década.

> Trabalhamos no campo das ideias de mudança de atitude, de modo que não fique só como um programa do coronel Cerqueira, para evitar o que houve quando saí do comando, quando era um projeto meu, e não da corporação. Meu esforço, hoje, é mostrar que o programa não é pessoal, mas uma filosofia que vem sendo adotada por várias polícias do mundo. (Leal; Pereira; Munteal Filho, 2010, p. 169-170, grifo do original)

Em 1994, foi colocado em prática um projeto-piloto de patrulha comunitária no bairro de Copacabana, com efetivo especialmente preparado, policiais novos, isentos de vícios, com curso de policiamento comunitário, manuais traduzidos, acompanhamento do Instituto de Estudos da Religião (Iser) e apoio do Viva Rio (Silva, 2003). Ao mesmo tempo, no Espírito Santo, o tenente Júlio Cesar Costa, orientado pelo coronel Cerqueira, conduziu a experiência de "Polícia Interativa", uma adaptação do policiamento comunitário, nas comunidades de Guaçuí e Alegre (Costa; Fernandes, 1998).

Júlio Cesar da Costa, durante o Curso de Aperfeiçoamento de Oficiais (CAO), em um trabalho científico de conclusão de curso, correlaciona as experiências de Polícia Interativa com os módulos: "Em 1987, através da Fundação Pedroso Horta, passa a ser discutido o Sistema de Policiamento Modular, que haveria de ser a espinha dorsal do policiamento comunitário, e base para a implantação da nova mentalidade nos serviços prestados pela Polícia Militar do Espírito Santo à sociedade capixaba" (Costa; Fernandes, 1998, p. 8).

A PMRJ também tinha o programa integrativo Bairros Mais Seguros, entre outros projetos especiais, como o Grupamento Especial de Turismo e o Programa de Prevenção às Drogas. Infelizmente, todos esses programas foram extintos pelo novo governo fluminense e pela nova SSP, que foi recriada, após a saída do coronel Cerqueira, em 1995 (Silva, 2003).

1.5 O Programa Nacional de Direitos Humanos (PNDH): policiamento comunitário se torna política pública

Em 1995, o presidente Fernando Henrique Cardoso declarou expressamente:

> *E agora, que nós estamos nos aproximando do século XXI, essa luta pela liberdade e pela democracia tem um nome específico: chama-se Direitos Humanos. Esse é o novo nome da luta pela liberdade e pela democracia. E, nesta data simbólica do Brasil, nós estamos assistindo também a esta vontade do nosso povo, de não apenas falar de direitos humanos, mas também de garantir a sua proteção.*
> (Brasil, 1995a, p. 1)

Com o grupo de trabalho definido em 13 de maio de 1996, conforme previsto na Declaração e Programa de Ação de Viena, adotada na Conferência Mundial dos Direitos Humanos, em 25 de junho de 1993, o governo federal lançou o Primeiro Programa Nacional de Direitos Humanos (PNDH-1), por meio do Decreto n. 1.904, de 13 de maio de 1996 (Brasil, 1996a), que deu maior ênfase aos direitos civis. Contemplando um grande elenco de medidas na área de tais direitos, trouxe consequências decisivas para a efetiva proteção dos direitos sociais, econômicos e culturais, destacando-se as prioridades para a segurança das pessoas a médio prazo:

> » *Incentivar programas de capacitação material das polícias, com a necessária e urgente renovação e modernização dos equipamentos de prestação da segurança pública.*

» Apoiar as experiências de polícias comunitárias ou interativas, entrosadas com conselhos comunitários, que encarem o policial como agente de proteção dos direitos humanos.

» Apoiar programas de bolsas de estudo para aperfeiçoamento técnico dos policiais.

» Rever a legislação regulamentadora dos serviços privados de segurança, com o objetivo de limitar seu campo de atuação, proporcionar seleção rigorosa de seus integrantes e aumentar a supervisão do poder público.

» Estimular a regionalização do intercâmbio de informações e cooperação de atividades de segurança pública, com apoio aos atuais Conselhos de Segurança Pública do Nordeste, do Sudeste e do Entorno, e a outros que venham a ser criados.

» Apoiar a expansão dos serviços de segurança pública, para que estes se façam presentes em todas as regiões do País. (Brasil, 1996b, p. 12)

Com isso, o policiamento comunitário deixou de ser uma experiência e se tornou uma política pública, exatamente porque não podem existir direitos humanos sem uma força pública que proteja tais direitos.

Em 1997, a Polícia Militar do Estado de São Paulo (PMESP) iniciou o mais ambicioso programa de polícia comunitária do Brasil, que deveria ser estendido a todo o estado, inicialmente inspirado no modelo do Canadá. Após uma visita da comissão de implantação de polícia comunitária àquele país, foram instaladas 42 Bases Comunitárias de Segurança: 11 na capital e 31 no interior. Sua atuação foi complementada com o fortalecimento dos Consegs e do Programa Educacional de Resistência às Drogas (Proerd) – que têm como base o projeto americano Dare (*Drug Abuse Resistance Education*) –, que havia sido abandonado pelo Rio de Janeiro.

Entre 1999 e 2000, o modelo japonês de Koban foi incorporado ao programa de polícia comunitária de São Paulo (São Paulo, 2017). Também em 1997, a União criou a Secretaria Especial de Segurança Pública junto ao Ministério da Justiça, a qual, por meio de uma comissão especial para avaliar o sistema de segurança pública, elaborou e divulgou um documento de recomendações para reforma da polícia. Uma das recomendações era o apoio a projetos de policiamento comunitário nos estados, confirmando o policiamento comunitário como uma política pública, recompensando os estados de Rio de Janeiro, Espírito Santo, Bahia, Ceará, Minas Gerais, Pará, Paraná, Pernambuco, Paraíba, Rio Grande do Sul, Santa Catarina, Sergipe e o Distrito Federal, que já tinham experiências de policiamento comunitário.

Contudo, os fatos têm uma dinâmica que desafia as políticas públicas: em 12 de junho de 2000, Sandro Barbosa do Nascimento, em plena Zona Sul do Rio de Janeiro, sequestrou o Ônibus 174. O sequestro foi filmado e transmitido ao vivo pela televisão, e terminou com a morte do sequestrador e de uma refém.*

O governo federal resolveu agir como resposta à hiperexposição da violência do sequestro do Ônibus 174 e, em 14 de junho de 2000, antecipou o lançamento do Plano Nacional de Segurança Pública (PNSP), ao mesmo tempo em que foram enviadas ao Congresso Nacional diversas propostas legislativas e de emenda constitucional que modificam profundamente a Política de Segurança Pública.

Esse primeiro PNSP veio a modificar a relação do governo federal com a segurança pública, mesmo sem o governo assumir o protagonismo, como no período da IGPM. Na ocasião, o governo federal assumiu uma postura de coadjuvante: além de manter as Polícias

---

* Em 2002, o diretor José Padilha lançou um documentário sobre esse sequestro: Ônibus 174. Veja a referência completa no final desta obra.

Federais, passou a apoiar os estados na gestão de suas polícias e a articular um melhor aproveitamento das estruturas municipais (Brasil, 2000). Com isso, o policiamento comunitário iniciou uma nova fase em nosso país.

1.6 Plano Nacional de Segurança Pública (PNSP)

O primeiro PNSP, lançado em 2000, estabelecia iniciativas de longo prazo, de caráter preventivo, e de médio e curto prazos, que se direcionam às instituições de segurança pública. Essa atenção dada às medidas preventivas e de longo prazo tem como base o reconhecimento de que medidas estritamente repressivas e implementadas exclusivamente pelas instituições tradicionais de combate ao crime (polícia, Justiça, sistema carcerário) têm se demonstrado pouco eficazes para inibir o crescimento da criminalidade, tanto no Brasil quanto em outros países, como podemos verificar na introdução do próprio PNSP:

> *Este é um Plano de ações. Seu objetivo é aperfeiçoar o sistema de segurança pública brasileiro, por meio de propostas que integrem políticas de segurança, políticas sociais e ações comunitárias, de forma a reprimir e prevenir o crime e reduzir a impunidade, aumentando a segurança e a tranquilidade do cidadão brasileiro.*

> *A solução para a complexa e desafiadora questão da segurança exige o efetivo envolvimento de diferentes órgãos governamentais em todos os níveis, entidades privadas e sociedade civil. Busca-se, com o estabelecimento de medidas integradas, aperfeiçoar a atuação dos órgãos e instituições voltadas à segurança pública em nosso País,*

permitindo-lhes trabalhar segundo um enfoque de mútua colaboração. Somente com essa participação conjunta, este programa terá efetividade e criará condições para o desenvolvimento de ações mais eficazes.

Muito já se estudou sobre Segurança Pública. É hora de oferecer ao povo brasileiro o produto desse esforço: um modelo que contemple ações não só prioritárias, mas, também, ações estratégicas que resultem na melhoria geral do Sistema Nacional de Segurança Pública.

Este Plano está fundado nos seguintes princípios: interdisciplinaridade, pluralismo organizacional e gerencial, legalidade, descentralização, imparcialidade, transparência das ações, participação comunitária, profissionalismo, atendimento das peculiaridades regionais e no estrito respeito aos direitos humanos. O atendimento a esses princípios é uma condição para o seu sucesso.

O Plano está estruturado em quatro capítulos que relacionam compromissos a serem assumidos no âmbito do Governo Federal, e deste em cooperação com os Governos Estaduais, outros Poderes e Sociedade Civil. Também estabelece as ações que serão desenvolvidas para que os resultados esperados sejam alcançados. (Brasil, 2000, p. 4)

Esse PNSP não pretendia ser um remédio milagroso, uma solução definitiva; abordava a segurança pública de modo sistêmico, com um conteúdo que, além de propor um sistema nacional de monitoramento e avaliação da segurança pública e medidas efetivas para o controle das polícias, remetia à teoria de policiamento comunitário, enaltecendo a união de todos: a estados, municípios, demais poderes e sociedade civil organizada (Brasil, 2000), para reduzir a violência e atuar nas causas e condicionantes da criminalidade.

Vale a pena conhecermos melhor esse primeiro PNSP, destacando seu valor e o incentivo que deu ao policiamento comunitário.

1.6.1 Propostas de ações do PNSP

O primeiro PNSP (Brasil, 2000) estabelecia critérios de excelência para a distribuição de verbas do governo federal:

> *Entretanto, deve ser, também, um esforço que envolva toda a sociedade em um repúdio comum aos que evocam a violência. É necessário neutralizar esse ciclo odioso que vai das ações mais banais às mais graves. Nessa luta, é fundamental a presença de uma cidadania ativa e pujante, não só de perspectiva crítica e reivindicatória, como também na direção proativa das sugestões, propostas e apoio às iniciativas deste Plano.* (Brasil, 2000, p. 17)

Assim, teríamos um Judiciário mais ágil e próximo da população – com base na experiência dos juizados especiais cíveis e penais a que se refere a Lei n. 9.099, de 26 de setembro de 1995 (Brasil, 1995b).

O PNSP estabelece ainda que, a título exemplificativo, entre os grandes temas que o Programa Nacional de Segurança Pública e Prevenção ao Crime deverá abordar estão as mudanças operacionais e administrativas nas polícias; controle da violência policial e da corrupção; formação policial; Justiça e Ministério Público; sistema prisional; informação e planejamento em segurança pública; ações no âmbito governamental em geral; drogas; segurança no trânsito; violência escolar; o menor autor de ato infracional; violência doméstica; ações no âmbito da comunidade através das escolas, empresas e dos meios de comunicação. (Brasil, 2000)

Para saber mais

Recomendamos a leitura da íntegra do Plano Nacional de Segurança Pública, especialmente da Ação 92 – Programas comunitários de combate à criminalidade, que se encontra no seguinte site: BRASIL. **Plano Nacional de Segurança Pública**. Brasília, 2000. Disponível em: <http://www.observatoriodeseguranca.org/files/PNSP%202000.pdf>. Acesso em: 28 mar. 2017.

Essa articulação, além de fomentar o surgimento dos juizados especiais – que inclusive julgam ações contra a Fazenda Pública desde o advento da Lei n. 12.153, de 22 de dezembro de 2009 (Brasil, 2009b) –, também estimulou as mediações populares, que possibilitam a autoridades policiais, policiais que atuam nas escolas, escritórios populares de mediação com acadêmicos de Direito e outras iniciativas que valorizam a resolução de conflitos pela mediação, sem a necessidade de arbitragem ou julgamento.

Logo após a Ação n. 92, descrita no quadro acima, o PNSP estabelecia o "Compromisso n. 12 – Capacitação Profissional e Reaparelhamento das Polícias" (Brasil, 2000, p. 27). Tal compromisso teria efeito na Ação n. 93, talvez a ação de maior impacto no PNSP: para financiar a segurança pública, deveria ser criado o Fundo Nacional de Segurança Pública (FNSP).

1.6.2 Fundo Nacional de Segurança Pública (FNSP)

A Lei n. 10.201, de 14 de fevereiro de 2001 (Brasil, 2001a), instituiu o FNSP com o objetivo de apoiar projetos de responsabilidade dos governos dos estados e do Distrito Federal, na área de segurança pública, e dos municípios, onde houver guardas municipais. O FNSP também pode apoiar projetos sociais de prevenção à violência, desde que enquadrados no PNSP e recomendados pelo Gabinete de Segurança Institucional da Presidência da República ao Conselho Gestor do Fundo.

Em seu art. 4º, a Lei n. 10.201/2001 estabelecia que o FNSP apoiasse projetos na área de segurança pública, destinados, entre outros, a:

> Art. 4º [...]
> I – reequipamento das polícias estaduais;
> II – treinamento e qualificação de polícias civis e militares e de guardas municipais;
> III – sistemas de informações e estatísticas policiais;
> IV – programas de Polícia Comunitária; e
> V – polícia técnica e científica. (Brasil, 2001a)

Em sua monografia de especialização, Souza (2004) apresentou uma análise dos orçamentos de 1992 a 2003, com especial atenção para os convênios firmados pelo FNSP desde sua criação. O autor mostrou a evolução dos dispêndios do FNSP, de 2000 a 2003, como vemos no Gráfico 1.1, a seguir.

Gráfico 1.1 – Evolução dos gastos do FNSP (2000-2003)

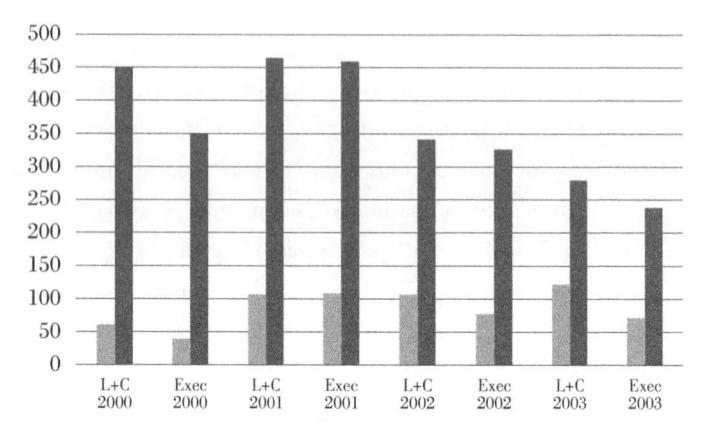

| | L+C 2000 | Exec 2000 | L+C 2001 | Exec 2001 | L+C 2002 | Exec 2002 | L+C 2003 | Exec 2003 |

▨ Outras despesas correntes
■ Investimentos

Fonte: Adaptado de Souza, 2004, p. 39.

O ano de 2001 foi o de maior investimento do fundo. Resumindo, a destinação dos gastos foi, em média, em treinamento (5%); reaparelhamento das polícias (24%); sistema de acompanhamento das polícias (1%); intensificação do policiamento ostensivo em áreas críticas (40%); e polícia comunitária (30%). As prioridades foram os institutos de identificação, os sistemas informatizados e as equipes especializadas e a polícia técnico-científica.

Em 2007, o professor doutor Arthur Costa e o economista Bruno Grossi publicaram na *Revista Brasileira de Segurança Pública* o artigo "Relações intergovernamentais e segurança pública: uma análise do Fundo Nacional de Segurança Pública" (Costa; Grossi, 2007), no qual mostraram os estados que receberam recursos do FNSP até 2003, como mostra a Tabela 1.1, a seguir.

Tabela 1.1 – Fundo Nacional de Segurança Pública – convênios 2002-2003

Estados	2000		2001		2002		2003	
	Valores	%	Valores	%	Valores	%	Valores	%
Acre	7.102	1,80	10.431	2,00	7.218	1,80	3.956	1,40
Alagoas	7.691	2,00	9.756	1,90	4.052	1,00	3.870	1,40
Amapá	4.615	1,20	8.363	1,60	368	0,10	8.345	3,00
Amazonas	7.691	2,00	14.763	2,80	34.025	8,60	7.754	2,70
Bahia	23.074	5,90	29.130	5,50	12.872	3,30	10.523	3,70
Ceará	13.844	3,60	21.673	4,10	12.062	3,10	9.217	3,30
Distrito Federal	12.306	3,20	21.711	4,10	7.060	1,80	5.693	2,00
Espírito Santo	12.306	3,20	21.639	4,10	0	0,00	8.000	2,80
Goiás	30.491	7,80	26.482	5,00	3.008	0,80	8.315	2,90
Maranhão	12.306	3,20	12.544	2,40	10.294	2,60	5.052	1,80
Minas Gerais	18.459	4,70	33.616	6,40	22.759	5,80	30.024	10,60
Mato Grosso	12.306	3,20	14.933	2,80	2.333	0,60	8.338	2,90
Mato Grosso do Sul	12.306	3,20	18.119	3,40	9.737	2,50	9.000	3,20
Pará	14.111	3,60	19.512	3,70	13.583	3,40	11.474	4,10

(continua)

Polícia comunitária e gestão integrada

(Tabela 1.1 – conclusão)

Estados	2000		2001		2002		2003	
	Valores	%	Valores	%	Valores	%	Valores	%
Paraíba	4.615	1,20	12.544	2,40	4.463	1,10	5.500	1,90
Pernambuco	23.074	5,90	27.018	5,10	27.026	6,80	15.115	5,30
Paraná	21.536	5,50	29.039	5,50	30.056	7,60	6.845	2,40
Piauí	7.691	2,00	9.840	1,90	1.695	0,40	5.727	2,00
Rio de Janeiro	30.765	7,90	37.158	7,10	14.911	3,80	38.737	13,70
Rio Grande do Norte	4.615	1,20	9.756	1,90	1.142	0,30	8.000	2,80
Rio Grande do Sul	23.074	5,90	24.949	4,80	8.718	2,20	19.981	7,10
Rondônia	3.092	0,80	11.429	2,20	491	0,10	4.166	1,50
Roraima	4.615	1,20	9.418	1,80	3.066	0,80	3.671	1,30
Santa Catarina	15.383	3,90	1.045	0,20	24.920	6,30	7.252	2,50
São Paulo	48.870	12,50	73.276	14,00	125.451	31,80	39.348	13,90
Sergipe	6.153	1,60	8.711	1,70	3.045	0,80	3.840	1,40
Tocantins	7.691	2,00	8.363	1,60	13.326	3,40	2.362	0,80
Total Geral	389.783	100,00	525.218	100,00	397.685	100,00	290.102	100,00

Fonte: Adaptado de Costa; Grossi, 2007, p. 17.

O artigo também mostrou que apenas 7% dos projetos eram inovadores (Costa; Grossi, 2007). Ainda assim, o FNSP constituiu um avanço na cooperação interagências, e mesmo com a mudança de orientação do governo federal com a eleição de Luiz Inácio Lula da Silva, continua, com pequenas alterações, a ser um instrumento indutor das políticas federais de segurança pública.

1.6.3 Sistema Único de Segurança Pública

O *Projeto de Segurança Pública para o Brasil* (Instituto Cidadania, 2001), elaborado pela organização não governamental (ONG) Instituto Cidadania, antes da eleição era coordenado pelo próprio ex-presidente Lula e por José Alberto de Camargo. Após as eleições, foi transformado pela Secretaria Nacional de Segurança Pública (Senasp) em Sistema Único de Segurança Pública (Susp), por apresentar um projeto mais brando em relação a propostas polêmicas, como a desmilitarização das PMs e BMs e a unificação forçada das Polícias Estaduais, e teve coordenação temática de Antônio Carlos Biscaia, Benedito Domingos Mariano, Luiz Eduardo Soares e Roberto A. R. de Aguiar.

O Fundo Nacional de Segurança Pública também foi alterado, permitindo financiar os Corpos de Bombeiros e as Guardas Municipais, conforme nova redação dos arts. 1º, 4º e 5º da Lei n. 10.201, de 14 de fevereiro de 2001, com a lei n. 10.746, de 10 de outubro de 2003.

> Art. 4º [...]
> I – reequipamento, treinamento e qualificação das polícias civis e militares, corpos de bombeiros militares e guardas municipais;
> II – sistemas de informações, de inteligência e investigação, bem como de estatísticas policiais;

> III – estruturação e modernização da polícia técnica e científica;
> IV – programas de polícia comunitária; e
> V – programas de prevenção ao delito e à violência.

■ Princípios e metas

O Plano de Segurança para o Brasil tinha como princípio a Constituição Federal (CF) de 1988 (Brasil, 1988) e como meta a redução daquelas modalidades de violência que se manifestam sob a forma da criminalidade, com a perspectiva de atender às pessoas, universalmente, com a segurança pública. Por isso, o segundo PNSP, para o quadriênio 2003 a 2007, ficaria conhecido como *Susp*.

A partir de um diagnóstico inicial, em cem páginas, o Susp previa reformas para a União, estados e municípios. Pretendia estimular ações que diminuíssem a violência doméstica, de gênero e contra as minorias, bem como aquelas que ampliassem o acesso à Justiça, estimulando o fortalecimento da Defensoria Pública e a criação urgente dessa entidade onde não houvesse. Previa também a inclusão do aperfeiçoamento do sistema penitenciário, assim como um amplo diagnóstico da segurança privada. Propunha a proibição do segundo emprego dos agentes da segurança pública (policiais federais, civis e militares, bombeiros, agentes penitenciários e guardas municipais), a criação de programas de proteção às testemunhas ameaçadas e de combate à violência no trânsito, encerrando com a proposta de desarmamento para o Brasil.

Para alcançar todo esse rol de ações, o Susp tinha princípios e metas gerais, que mostramos no Quadro 1.2, a seguir.

Quadro 1.2 – *Princípios e metas gerais do Susp – PNSP 2*

Princípios	Metas gerais
Direitos humanos e eficiência policial são compatíveis entre si e mutuamente necessários.	Promover a expansão do respeito às leis e aos direitos humanos.
O Sistema de Justiça Criminal deve ser democrático e justo, isto é, orientado pela equidade, acessível a todos e refratário ao exercício violento e discriminatório do controle social.	Contribuir para a democratização do Sistema de Justiça Criminal.
Ação social preventiva e ação policial são complementares e devem se combinar na política de segurança.	Aplicar com rigor e equilíbrio as leis no sistema penitenciário, respeitando os direitos dos apenados e eliminando suas relações com o crime organizado.
Polícias são instituições destinadas a servir os cidadãos, protegendo direitos e liberdades, inibindo e reprimindo, portanto, suas violações.	Reduzir a criminalidade e a insegurança pública.
Às polícias compete fazer cumprir as leis, cumprindo-as.	Controlar o crime organizado.

(continua)

(Quadro 1.2 – conclusão)

Princípios	Metas gerais
Policiais são seres humanos, trabalhadores e cidadãos, titulares, portanto, dos direitos humanos e das prerrogativas constitucionais correspondentes às suas funções.	Eliminar o poder armado de criminosos que impõem sua tirania territorial a comunidades vulneráveis e a expandem sobre crescentes extensões de áreas públicas.
	Bloquear a dinâmica do recrutamento de crianças e adolescentes pelo tráfico.
	Ampliar a eficiência policial.
	Reduzir a corrupção e a violência policiais.
	Valorizar as polícias e os policiais, reformando-as e requalificando-os, levando-os a recuperar a confiança popular e reduzindo o risco de vida a que estão submetidos.

Fonte: Adaptado de Brasil, 2017d.

Em relação ao policiamento comunitário, objeto deste livro, o Susp previa o seguinte:

> A metodologia de policiamento denominada "comunitária" recebe nomes diferentes, como "de proximidade" ou "interativa", conforme os países e as tradições. Mas o que importa é seu conteúdo e os valores que encerra. Esses têm, felizmente, atravessado fronteiras e se expandido no rastro da extensão da consciência cívica democrática e dos direitos de cidadania. Em poucas palavras, policiamento comunitário é a modalidade de trabalho policial ostensivo e preventivo correspondente ao exercício da função policial definida pelo compromisso inalienável com a construção social da paz e com o respeito aos direitos humanos. Equivale também ao aperfeiçoamento profissional, uma vez que implica mais qualificação e mais

eficiência na provisão da segurança pública. Os exemplos brasileiros e internacionais são ricos em experiências bem-sucedidas de policiamento comunitário, nas quais decrescem as taxas de crimes e as práticas violentas, enquanto cresce, na mesma proporção, a confiança popular na polícia. A memória da história recente ajuda a contextualizar a importância e o sentido da nova metodologia.

Nos anos 1950 e 1960, pensava-se que o contato da polícia com a população deveria ser evitado, por ser considerado uma fonte perigosa de corrupção. Aos policiais que patrulhavam as ruas, os Cosmes e Damiões, se recomendava distância dos moradores, dos comerciantes e dos pedestres. Eles deveriam inibir o crime por sua mera presença e manter-se alerta para responder a alguma emergência. Aos poucos, a presença nas ruas dos policiais solitários ou em duplas foi sendo substituída pelo patrulhamento motorizado, ganhando-se em velocidade e capacidade de locomoção. Nos Estados Unidos, por exemplo, na medida em que os carros tornaram-se mais velozes e a tecnologia da comunicação conquistou um lugar central nos Departamentos de Polícia, os policiais competiam entre si para saber quem chegaria mais rápido ao local do crime. Qual era o tempo médio de resposta aos chamados? Essa era a pergunta chave.

Criaram-se critérios de avaliação quantificáveis, que encantavam os admiradores da mecanização dos serviços. Celebrava-se o triunfo da objetividade no juízo sobre a competência relativa dos departamentos. A impressão crescente era que a administração da segurança pública se tornava mais precisa. Os cálculos, as comparações objetivas, o controle sobre o tempo, a introdução de novos recursos para encurtá-lo, tudo isso sugeria um mundo novo para os policiais, mais moderno, mais eficiente, mais afinado com a linguagem da técnica e da ciência.

Esse foi o tempo áureo dos rádios nos automóveis e das estratégias de deslocamentos por zonas. Boa polícia era sinônimo de boa distribuição dos carros e um sistema ágil de remessa de ordens de deslocamento. Pronta resposta era o desafio prioritário.

Os anos 1970 e 1980 foram muito problemáticos. O impulso econômico que alimentava o otimismo norte-americano bateu de frente com a crise do petróleo e com os próprios limites do modelo de desenvolvimento adotado. As crises que surgiram a partir de 68 balançaram a confiança nas instituições tradicionais e nos seus valores. Os movimentos pelos direitos civis dos negros e das mulheres, as primeiras mobilizações dos homossexuais, a crítica à Guerra do Vietnã e à política externa norte-americana combinaram-se ao crescimento proporcional do número de jovens no conjunto da população. O questionamento dos padrões de comportamento, a transformação das referências valorativas e os conflitos políticos produziram um quadro inesperado e desconhecido para as polícias. A polícia se tornou parte do problema e sua agenda tradicional foi varrida pelo avanço democrático do debate público. Toda a história, a imagem, o processo de recrutamento e o treinamento das instituições policiais foram postos em xeque e tiveram que se adaptar aos novos tempos.

Isso se fez com muito desgaste, enormes custos sociais, grandes conflitos, muita resistência e sucessivos avanços e recuos. Essa é uma dinâmica que ainda está em curso. Alguns departamentos progrediram mais, outros menos, de acordo com os estímulos que receberam dos respectivos contextos políticos. Outro fator importante nesse enredo foi a economia. O choque dos anos 1970 impediu que os Departamentos de Polícia continuassem investindo com a mesma liberalidade em tecnologia de comunicação e veículos mais potentes. E isso valia para praticamente todo o mundo ocidental. O Brasil pagou sua cota de sacrifício e desaceleração, sobretudo porque atravessou esses anos sob o braço armado da ditadura. Os tempos bicudos, de relativa escassez, mesmo nas democracias e sobretudo nelas, exigiram que a imaginação inventasse novas concepções e outros recursos.

Curiosamente, na área da segurança, como em várias outras esferas da vida mais eficaz de policiamento e o mais compatível com o respeito aos direitos humanos, mesmo e sobretudo nas regiões mais pobres e desassistidas das cidades. (Instituto Cidadania, 2001c)

Assim, o Susp ficou marcado pela criação dos Gabinetes de Gestão Integrada (GGIs) Estaduais, os quais se tornaram uma condição para que os estados acessassem recursos do FNSP.

Gabinetes de Gestão Integrada Estaduais

Os GGIs Estaduais previam a integração prática das agências pertinentes ao campo da Justiça Criminal; não implicariam a unificação das Polícias Estaduais, mas a integração prática das SSPs, Secretarias de Justiça, representantes da Senasp, das Polícias Federal (PF) e Rodoviária Federal (PRF), do Ministério Público (MP), do Poder Judiciário, do sistema penitenciário, da perícia, da Polícia Militar (PM), da Polícia Civil (PC) e da Guarda Municipal (GM).

Os gabinetes atuam como fóruns deliberativos e executivos que operam por consenso, sem hierarquia, respeitando a autonomia das instituições que o compõem.

Sobre a origem dos GGIs em 2003, a Senasp relata:

O ponto que impulsionou ações rápidas do governo federal foi um episódio violento que chocou o país, o assassinato de um juiz da Vara de Execuções Criminais, em Vitória. Ocorreu uma junção de forças dos governos federal e estadual com o objetivo de combater o narcotráfico e o crime organizado no Estado. A experiência conjunta foi determinante para posterior criação do GGI, a partir de uma experiência integrada entre o governo federal e governo estadual, envolvendo a Polícia Federal, Receita Federal, Polícias Civil e Militar e o Ministério Público. (Brasil, 2009e, p. 29)

Mais uma vez, a tragédia impulsionava um plano de segurança pública: o ano de 2003 foi considerado um ano perdido, com o menor investimento do governo federal entre 2000 e 2016, mas assinala a criação dos GGIs.

Essa criação do Susp em 2003 se centrava nos GGIs estaduais. Em 2003, os 26 estados aderiram ao Susp e criaram seus GGIs*. O Estado do Paraná aderiu tardiamente ao Susp, criando seu GGI apenas em 2011.

---

* Protocolo n. 001, de 07/04/2003: Rio Grande do Sul – neste também foi criada uma representação da Senasp no RS; Protocolo n. 002, de 22/04/2003: Espírito Santo; Protocolo n. 003, de 13/05/2003: Minas Gerais; Protocolo n. 004, de 13/05/2003: Rio de Janeiro; Protocolo n. 005, de 26/05/2003: Santa Catarina; Protocolo n. 006, de 28/05/2003: Alagoas; Protocolo n. 007, de 28/05/2003: Rio Grande do Norte; Protocolo n. 008, de 28/05/2003: Piauí; Protocolo n. 009, de 30/06/2003: São Paulo; Protocolo n. 010, de 23/06/2003: Mato Grosso do Sul; Protocolo n. 011, de 08/07/2003: Acre; Protocolo n. 012, de 09/07/2003: Rondônia; Protocolo n. 013, de 09/07/2003: Roraima; Protocolo n. 014, de 08/07/2003: Amazonas; Protocolo n. 015, de 10/07/2003: Pará; Protocolo n. 016, de 10/07/2003: Amapá; Protocolo n. 017, de 22/07/2003: Bahia; Protocolo n. 018, de 22/07/2003: Sergipe; Protocolo n. 019, de 23/07/2003: Paraíba; Protocolo n. 022, de 24/07/2003: Ceará; Protocolo n. 025, de 06/08/2003: Goiás; Protocolo n. 026, de 05/08/2003: Mato Grosso.

Para saber mais

Minuta de lei, o Susp pode se tornar lei: conheça a minuta e a tramitação do Projeto de Lei n. 3.734/2012, que teve origem no Projeto de Lei n. 1.937/2007, cujo escopo é regulamentar o art. 7º da Constituição Federal de 1988. Veja no *site* da Câmara dos Deputados: BRASIL. Câmara dos Deputados. **Projeto de Lei n. 3.734**, de 23 de abril de 2012. Disciplina a organização e o funcionamento dos órgãos responsáveis pela segurança pública, nos termos do §7º do art. 144 da Constituição, institui o Sistema Único de Segurança Pública – Susp, dispõe sobre a segurança cidadã, e dá outras providências. Disponível em: <http://www.camara.gov.br/proposicoesWeb/fichadetramitacao?idProposicao=542102>. Acesso em: 5 fev. 2017.

1.6.4 Força Nacional de Segurança Pública

A Força Nacional de Segurança Pública foi criada pelo governo federal e é formada por policiais federais e dos estados – art. 4º, parágrafo 2º, do Decreto n. 5.289, de 29 de novembro de 2004 (Brasil, 2004). Ela é acionada quando situações de distúrbio público, originadas em qualquer ponto do território nacional, requerem sua presença. Para tanto, é necessária a aquiescência do governador do estado para sua utilização, o que veio a ser alterado em 12 de março de 2013, pelo Decreto Presidencial n. 7.957 (Brasil, 2013a), incluindo a intervenção nos estados também por interesse de qualquer ministro de Estado (governo federal), no que tange à proteção do meio ambiente. Por meio desse dispositivo, permite-se a interferência armada nos estados da União, sem que haja a solicitação por parte do governador do respectivo estado.

Na visão de Assis (2013), esse decreto é de constitucionalidade duvidosa, pois ainda existe a IGPM, e o poder de convocar as polícias e os bombeiros militares está vinculado ao Estado Maior do

Exército. Somente uma lei poderia criar um órgão – veja que a Força Nacional foi criada por decreto – e, no caso de polícia, somente uma emenda constitucional poderia fazê-lo. Não ocorreu julgamento da constitucionalidade da Força Nacional no Supremo Tribunal Federal (STF), mas o trabalho que ela faz tem sido mais importante do que a discussão legal.

A Força Nacional de Segurança Pública realizou sua primeira operação no Espírito Santo, para onde se deslocaram 146 PMs do Rio Grande do Sul, Rio Grande do Norte, Ceará, Paraíba, Amazonas e Sergipe, sob o comando de um major PM do Amazonas (Folha de S. Paulo, 2004).

Com isso, o PNSP manteve o respeito aos direitos humanos, mas levou as políticas públicas de segurança a uma nova visão sobre as ações de polícia. Esse período foi marcado pelo alto investimento em estruturação e reequipamento. O período em que houve mais apoio à polícia comunitária se deu na vigência do primeiro PNSP, mas o segundo PNSP ampliou demais o leque da segurança pública, e, embora a polícia comunitária continuasse sendo um referencial – uma vez que estava no centro das inovações e políticas públicas para a segurança – e sendo financiada pelo fundo nacional, faltavam recursos para que a teoria se concretizasse na prática.

O GGI tornou-se uma importante ferramenta de apoio à polícia comunitária, enquanto a Força Nacional de Segurança Pública entrou no rol de práticas tradicionais de polícia.

Síntese

Por meio de um paralelo com a evolução dos direitos humanos, descrevemos neste capítulo a evolução da polícia comunitária, destacando o respeito aos direitos humanos e a necessidade de cidadania para a participação nessa polícia.

Vimos que a Revolução Francesa, que destacou a necessidade de uma força pública para garantir os direitos humanos, é uma influência para a criação da polícia.

O modelo mais bem-sucedido de polícia comunitária, que chamamos de *escola de polícia oriental* (ideologia proativa), tem origem na transição do Japão feudal para o Japão como potência mundial, constituindo um fator importante para essa transição, pois manteve-se a ordem e a segurança necessárias para que o país e seus habitantes se dedicassem à construção do bem comum.

Após duros reveses, surgiu a escola anglo-saxônica (ideologia reativa e de controle social), em 1829, com a Polícia de Peel, a Nova Polícia de Londres (Scotland Yard). Excessivamente descentralizada, ela produziu bons exemplos na Irlanda e, recentemente, na Austrália e no Canadá; porém, em sua principal colônia, os Estados Unidos, tiveram boas experiências permeada pela "escola latina" (ideologia militarista*). Isso ocorreu principalmente em Nova Iorque, que, na década de 1990, investiu fortemente na polícia comunitária, passando a exercer um controle social com o Programa "Tolerância Zero".

No Brasil, a polícia comunitária demorou a chegar porque os direitos humanos demoraram a ser respeitados – por muito tempo, eles ficaram apenas "no papel". Com o respeito aos direitos humanos, a polícia passou a proteger os cidadãos. Terminando o governo

---

* É preciso diferenciarmos o caráter militar da ideologia militar: por isso o termo "escola militarista", tão destacado por Rico (1998), quando atribui aos EUA uma polícia e uma política militaristas, embora sejam polícias civis. Por outro lado, a Real Polícia Montada do Canadá é de caráter militar, mas atua de forma comunitária e respeitosa, sendo uma das melhores polícias do mundo.

militar, vicejaram projetos de policiamento comunitário. Com o Plano Nacional de Segurança Pública (PNSP) 1 e 2, a polícia comunitária passou a ser financiada pelo Fundo Nacional de Segurança Pública (FNSP), o que fez com que essa polícia não fosse apenas mais uma experiência.

Questões para revisão

1) Enumere, colocando em ordem os objetivos básicos da Nova Polícia de Londres, cujos agentes são os "Bobs":
   ( ) Proteger o inocente
   ( ) Sustentar a lei
   ( ) Restabelecer a fé do público

2) Qual dos conceitos abaixo **não está** entre os princípios da polícia moderna estabelecidos por Robert Peel?
   a. A polícia deve se esforçar para manter constantemente com o povo um relacionamento que dê realidade à tradição de que a polícia é o povo e o povo é a polícia.
   b. O uso da força pela polícia é necessário para a manutenção da segurança, devendo ela agir em obediência à lei para a restauração da ordem e usar a força quando a persuasão, o conselho e a advertência forem insuficientes.
   c. As questões de caráter confidencial de que o policial tenha conhecimento serão mantidas em segredo, a menos que o cumprimento do dever ou as necessidades da Justiça exijam estritamente o contrário.
   d. O nível de cooperação do público para desenvolver a segurança pode contribuir para a redução proporcional do uso da força.

e. A capacidade da polícia de realizar suas obrigações depende da aprovação pública de suas ações.

3) Por que a polícia comunitária do Japão é considerada a mais antiga no mundo?

4) Qual é a importância dos Conselhos Comunitários de Segurança (Consegs)?

5) O que foi o Sistema Modular de Policiamento Urbano (SMPU), na década de 1980, no Brasil?

Questões para reflexão

O chamado PNDH-1, o primeiro Programa Nacional de Direitos Humanos, foi importante para a evolução do policiamento comunitário brasileiro. Passados 20 anos, será que o policiamento comunitário também foi importante para a efetivação dos direitos humanos no Brasil?

II

Conteúdos do capítulo:

» Conceito de polícia comunitária.
» Conceito de policiamento comunitário.
» Policiamento comunitário comparado ao policiamento tradicional.
» Modelos de países que adotaram o policiamento comunitário.

Após o estudo deste capítulo, você será capaz de:

1. identificar os principais conceitos de polícia comunitária e policiamento comunitário;
2. reconhecer os princípios do policiamento comunitário;
3. diferenciar a polícia comunitária do policiamento comunitário;
4. identificar a gestão comunitária da segurança pública;
5. diferenciar policiamento comunitário do policiamento tradicional;
6. apontar os países que são exemplos em policiamento comunitário.

Polícia comunitária

2.1 Conceito de polícia comunitária

É mais fácil reconhecermos a polícia comunitária do que exprimirmos um conceito que realmente a defina, pois, sendo uma filosofia, essa polícia depende do entendimento daqueles que a experimentam para ser reconhecida como uma estratégia que melhora a qualidade de vida dos cidadãos, em um ambiente no qual eles realmente se sintam seguros.

Quando não há criminalidade aparente e os cidadãos se sentem protegidos, eles confiam na polícia e admiram os agentes de segurança. Em um ambiente no qual existe uma política de segurança pública participativa e uma Justiça que inibe a impunidade, bem como propicia a oportunidade daqueles que cometeram crimes de reparar o dano que causaram e se reintegrar à sociedade, existe uma polícia comunitária.

Em um ambiente assim, a comunidade compartilha seus medos e anseios com as autoridades, a mídia não noticia problemas de segurança pública e raramente vemos notícias sobre crimes e violência. Esse cenário não é utópico: ele existe quando todos participam da construção da segurança.

Em um esforço de reunir esses aspectos práticos da polícia comunitária em uma definição única, alguns autores internacionais apresentaram os seguintes **conceitos de polícia comunitária**:

Quadro 2.1 – Conceitos de polícia comunitária

Professor Robert Trojanouwicz (*Michigan State University*)	Polícia comunitária é aquela na qual o policial deve compreender as pessoas que estão sendo protegidas, aplicando a lei para os criminosos, mas entendendo que a maioria das pessoas é ordeira. Polícia comunitária não é só "pés no chão", precisa também de coração.

(continua)

(Quadro 2.1 – conclusão)

Chefe inspetor Mathew Boggot, *(Metropolitan London Police Department)*	Polícia comunitária é uma atitude na qual o policial, como cidadão, aparece a serviço da comunidade, e não como uma força. É um serviço público, antes de ser uma força pública.
Patrick V. Murphy *(Criador da Police Executive Research Forum)*	Numa sociedade democrática, a responsabilidade pela manutenção da paz e pela observância da lei é da comunidade, não somente da polícia. É necessária uma polícia bem treinada, mas o seu papel é o de complementar e ajudar os esforços da comunidade, não de substituí-los.
Chefe Bob Kerr *(Polícia Metropolitana de Toronto)* **Chefe Cornelius J. Behan**	Polícia comunitária é o policiamento mais sensível aos problemas de sua área, identificando todos os problemas da comunidade, que não precisam ser só os relacionados à criminalidade, mas tudo o que possa afetar as pessoas pelo exame da polícia. É uma grande parceria entre a polícia e a comunidade.
Chefe Cornelius J. Behan *(Baltimore County Police Department)*	Polícia comunitária é uma filosofia organizacional, assentada na ideia de uma polícia prestadora de serviços, agindo para o bem comum, para junto da comunidade criar uma sociedade pacífica e ordeira. Não é um programa e muito menos relações públicas.

Fonte: Elaborado com base em Brasil, 2007c, p. 5-6.

O livro *polícia comunitária: polícia cidadã para um povo cidadão*, de Bondaruk e Souza (2007), apresenta um conceito brasileiro de polícia comunitária:

> A atividade de Polícia Comunitária é um conceito mais amplo que abrange todas as atividades voltadas para a solução dos problemas que afetam a segurança de uma determinada comunidade, que devam ser praticadas por órgãos governamentais ou não. A Polícia Comunitária envolve a participação das seis grandes forças da sociedade, frequentemente chamadas de "os seis grandes".

São eles a **polícia**, a **comunidade**, **autoridades civis eleitas**, a **comunidade de negócios**, **outras instituições** e a **mídia**. (Bondaruk; Souza, 2014, p. 48, grifo nosso)

De acordo com esse conceito, a polícia, órgão encarregado da preservação da ordem pública, quando na atividade de polícia comunitária, agiria em conjunto com toda a sociedade, didaticamente dividida em seis grandes elementos, que devem atuar de forma dinâmica para solucionar os problemas que afetam a segurança, além de impedir o crime ou, ao menos, manter as taxas de criminalidade em níveis suportáveis.

Para a comunidade envolvida, temos a melhoria da qualidade de vida, proporcional ao envolvimento no chamado "trabalho de polícia". Por essa razão, os políticos devem dedicar o seu mandato a iniciativas tendentes a construir um ambiente seguro e agir de modo diligente na fiscalização e na execução do cumprimento das leis.

Dessa forma, temos que a sinergia entre Estado, polícia e comunidade – a união de todas as pessoas de bem, e não apenas as diretamente envolvidas, de forma perene, sincera e ética – é fundamental para o sucesso dessa estratégia de atuação com a filosofia de prevenir.

A obra que desde 1994 é referência brasileira para a implantação de polícia comunitária no Brasil é *Policiamento comunitário: como começar*, de Robert Trojanowicz e Bonnie Bucqueroux (1994) traduzida por Mina Seinfeld de Carakushansky – com o título original *Community policing: how to get started*. Em uma versão que leve a compreensão do que pretendiam originalmente os autores, o título seria *Gestão comunitária da segurança: primeiros passos*, pois a obra trata de polícia comunitária, e não apenas de policiamento comunitário.

No século 21, polícia comunitária é sinônimo de "gestão comunitária da segurança pública". A expressão *polícia comunitária* é empregada quando se trata de uma filosofia da qual a polícia é apenas uma parte; a comunidade, os políticos, a justiça, o Poder Público, a imprensa, a sociedade civil organizada e até a sociedade civil desorganizada se unem para controlar o crime, diminuir a violência e aumentar a segurança. É uma filosofia e uma estratégia – pensar e agir.

O professor doutor George Felipe de Lima Dantas foi um dos primeiros no Brasil a definir gestão comunitária da segurança pública:

> A equação que orienta a gestão comunitária da segurança pública envolve como variáveis básicas as necessidades da comunidade e os recursos técnicos e políticos disponíveis para os agentes da segurança pública. As premissas básicas são a confiança e a capacidade de cooperação entre os agentes da segurança pública e os membros da comunidade. (Dantas, 2004, p. 3)

Thomas C. Frazier (1999, p. 4), do Escritório de Serviços de Policiamento Comunitário"* dos EUA, definiu o *community policing* (policiamento comunitário) da seguinte forma: "Quando uma agência de polícia e cidadãos obedientes à lei trabalham juntos para realizar quatro tarefas: prender criminosos; inibir a criminalidade; solucionar problemas existentes e melhorar a qualidade de vida da comunidade".

Nesse conceito, é importante destacarmos a partícula conjuntiva *e*, ou seja, soma-se a polícia e os cidadãos obedientes à lei. Na visita que fez ao Brasil em 1999**, Frazier destacou que a implementação

---

* Integrante do Departamento de Justiça em Washington. Em 1999, ano que visitou o Brasil (São Paulo e Pernambuco), Thomas Frazier era responsável pela implementação da polícia comunitária em todos os Estados Unidos.
** I Fórum Internacional de polícia comunitária e Direitos Humanos, de 3 a 5 de novembro de 1999, Anhembi, São Paulo (Frazier, 1999).

de um programa de polícia comunitária depende 50% da comunidade e 50% da polícia (Frazier, 1999).

O policiamento dirigido à comunidade leva naturalmente a um governo dirigido à comunidade. A aplicação da lei se torna um elo fundamental, e as polícias vinculam agências de governo, associações de bairro, comunidades empresariais e organizações de valor para assegurar que os bairros sejam locais seguros e produtivos.

É a união da comunidade atendida com o policiamento comunitário, a ação operacional da polícia que prioriza o relacionamento adequado com a comunidade no seu dia a dia. Tal atividade é realizada dentro de características próprias da ação policial, porém, deve ser executada segundo as necessidades e os recursos locais.

Souza (2013), em um artigo inédito, relatou que, para a Associação Internacional dos Chefes de Polícia (*International Association of Chiefs of Police* – IACP), existem diversas formas ou estratégias de atuação da polícia na gestão comunitária de segurança pública.

O fundamental, conforme os especialistas Goldstein (2003), Trojanowicz et al. (1998), é que duas características estejam presentes:

1. *ênfase* na solução de problemas, também conhecida como "policiamento orientado por problemas" ou POP (do inglês *Problem-Oriented Policing*); e
2. envolvimento comunitário e construção de parcerias entre a polícia, a cidadania, outros órgãos governamentais e organizações não governamentais (ONGs), ou Cops (*Community Oriented Policing Services*).

Sem essas características, mesmo presente o respeito aos direitos humanos e a disponibilidade da polícia para "ouvir" a comunidade, o policiamento será favorável à construção de uma polícia comunitária. Porém, enquanto a comunidade não estiver envolvida em todas as fases da polícia comunitária, não haverá gestão comunitária da segurança pública (Souza, 2013).

2.1.1 A polícia comunitária é mais ampla

A polícia comunitária é mais do que a prevenção de crimes, uma vez que a polícia tradicional também é capaz de prevenir os crimes por meio de policiais especialistas cujas tarefas incluem a disseminação de informações sobre a tal prevenção, mediante rondas e prisão de criminosos. Mais do que prevenir, o policiamento comunitário requer que o pessoal operacional participe do processo de resolução de problemas da comunidade, o que inclui um forte enfoque na **proatividade***, eliminando condicionantes que favorecem a criminalidade.

A polícia comunitária também é mais do que relações públicas, mais do que campanhas episódicas: é um compromisso permanente com todos e um compromisso de todos, é a proteção às minorias e aos vulneráveis.

Também, a polícia comunitária é mais que uma tática ou uma técnica – não é apenas um programa. O policiamento comunitário faz parte da gestão comunitária da segurança pública e não é um esforço limitado para ser tentado e depois abandonado. É, sim, uma cooperação definitiva, para que a comunidade seja servida pelo serviço policial da forma como ela necessita e exige.

A polícia comunitária é ainda mais que os sistemas de vigilância eletrônica, mais do que os sistemas computadorizados de gerenciamento de chamadas. Essas tecnologias podem fornecer aos policiais mais tempo livre de patrulha para ser aproveitado na resolução de problemas da comunidade, mas é preciso que eles se dediquem à comunidade, submetam-se à sociedade, sejam parceiros. É por

---

* Entendemos *proatividade* como a característica daquele que é proativo. A palavra vem do sufixo grego *pro*, "que vem antes", "que visa a antecipar futuros problemas, necessidades ou mudanças; antecipatório" (Houaiss; Villar, 2009). É um neologismo para a tradução do termo *proactive*.

isso que a polícia comunitária é mais do que o acesso a terminais de computador, telefones celulares, secretárias eletrônicas, *faxes* e outros avanços tecnológicos. Seus policiais não podem ser escravos de números e metas estabelecidos "de cima para baixo", mas atuar verdadeiramente na proatividade, de acordo com os anseios e as necessidades da comunidade.

A polícia comunitária, enfim, é mais que um nome pomposo, novos uniformes, ou uma campanha temporária de ação policial. Os policiais comunitários lidam com problemas reais: crimes graves, drogas ilícitas, medo do crime. O enfrentamento desses problemas junto com a comunidade faz com que o espectro das dinâmicas que permitem que tais problemas se instalem seja reduzido e que o resultado seja duradouro.

Para os norte-americanos, polícia comunitária, ou *community policing*, significa mais que a ação da polícia, conjugando os dois significados de *policing*, que transmite a noção de **policiar** e **vigiar**, e *policy*, cujo significado é **"política"** e transmite a noção de **participar**.

No Brasil, os autores separam **policiamento comunitário**, como a atividade dos órgãos de segurança, e **polícia comunitária**, como a participação da polícia juntamente com as forças vivas da sociedade na definição, na execução e na avaliação da melhoria da qualidade de vida da comunidade, no combate ao crime e na redução do medo advindo deste – trata-se da gestão comunitária da segurança pública, que produz segurança. Como diz Frazier (1999), do ponto de vista prático, somente existirá policiamento comunitário quando houver polícia comunitária.

2.2 O policiamento comunitário

O chamado ***policiamento comunitário*** é a parte da polícia comunitária que cabe aos órgãos policiais e a seus integrantes. Assim, as ações da polícia ao agir proativamente, tendo como filosofia e estratégia a polícia comunitária, caracterizam o policiamento comunitário. De acordo com a obra *Community Policing: Would You Know It if You Saw It?* (em tradução livre, *Policiamento comunitário: você o reconheceria se o visse?*), de Hartman e outros (1988), citado por Dantas (2007), o policiamento comunitário incluiria essencialmente:

a. o envolvimento da comunidade no processo decisório da gestão da segurança pública;
b. a descentralização dos órgãos de execução da segurança pública;
c. a resolução de problemas específicos da comunidade; e
d. acima de tudo, um maior respeito pelas comunidades, principalmente em suas aspirações específicas por segurança. (Dantas, 2007, p. 2)

Conforme Bondaruk e Souza (2014), o policiamento comunitário brasileiro ocorre quando a polícia atua no policiamento ostensivo específico de bairros divididos em subsetores, por policiais que, via de regra, atuam sozinhos em viaturas, de bicicleta, a cavalo ou a pé, em um sistema interativo com a comunidade; ocorre por meio do policiamento voltado para a solução dos problemas apontados pela comunidade. Ao mesmo tempo, a Polícia Judiciária atua em sua missão de encaminhar as situações apresentadas, buscando, sempre que possível, priorizar o atendimento aos policiais comunitários oriundos do policiamento ostensivo e visando a atribuir confiabilidade ao sistema comunitário, reforçando assim as possibilidades de engajamento da comunidade.

Enfim, a participação da polícia dentro da polícia comunitária é chamada de *policiamento comunitário* e deve respeitar os seus princípios, que foram definidos por Trojanowicz et al. (1998) nos Estados Unidos, em 2003. Bondaruk e Souza (2014) adaptaram esses princípios da seguinte forma:

1. **Filosofia e estratégia organizacional** – O policiamento comunitário é colocar em prática a filosofia de polícia comunitária em uma estratégia organizacional que tem participação ativa da comunidade num trabalho conjunto com a polícia, na busca de soluções para criminalidade, medo do crime e problemas que afetem a comunidade.
2. **Comprometimento com a concessão de poder à comunidade** (não há cidadania sem participação) – Na verdade, é reconhecer que o poder está na comunidade, é aceitar que a comunidade exerça sua cidadania. As prioridades devem ser debatidas e estabelecidas em conjunto com a comunidade.
3. **Policiamento descentralizado e personalizado** – Por meio do contato pessoal e direto do policial comunitário diariamente com as pessoas da comunidade, é prestado um serviço personalizado e adaptado para a necessidade de cada cidadão que recorre ao serviço policial comunitário. Por isso, descentralizado do comando da unidade policial da área, o policial comunitário tem autonomia.

4. **Resolução preventiva de problemas em curto e em longo prazo** – O trabalho do policial comunitário vai muito além do atendimento posterior em locais de crime. Em seus contatos diários com a comunidade, com criatividade e ajuda desta, o policial encontra soluções viáveis para problemas do dia a dia das pessoas, mesmo que não sejam estes necessariamente problemas policiais, mas que potencialmente viriam a ser, reduzindo ou eliminando-os no curto ou no longo prazo as consequências desses problemas.
5. **Ética, legalidade, responsabilidade e confiança** – A base do policiamento comunitário é a confiança! Para esta ser alcançada, o policial deverá ser mantido no mesmo espaço geográfico, e até nos mesmos horários; não devendo, em hipótese alguma, ter atitudes ilegais ou arbitrária, pois se ele desrespeitar a população, perderá a confiança. Os integrantes da comunidade, principalmente os jovens, por quem o policiamento comunitário tem especial atenção, se sentirão induzidos a proceder com responsabilidade dentro da legalidade, considerando que são conhecidos pessoalmente pelo policial.
6. **Extensão do mandato policial** – O policial comunitário extrapola a sua função predominantemente reativa, atuando mais preventivamente. A reatividade e a força repressiva de qualquer policial permanecem latentes no policial comunitário, mas estas deixam de ser a tônica da vivência profissional.
7. **Ajuda para as pessoas com necessidades específicas** – O policiamento comunitário amplia as relações polícia-comunidade, passando a atuar na solução de problemas que podem ir do aconselhamento à resolução de conflitos interpessoais.

8. **Criatividade e apoios básicos** – Sem esquecer os benefícios da tecnologia, o policiamento comunitário tenta apresentar formas criativas e simples de ajuda para a solução de problemas que preocupam as pessoas da comunidade, formar redes de apoio, divulgar boas práticas, promover o encontro de empresários e pessoas desempregadas, de empreendedores com financiadores.
9. **Mudança interna** – a implantação do policiamento comunitário envolve o engajamento de todo o sistema de segurança pública exigindo mudanças na forma de encarar o papel da polícia dentro da comunidade [...] O policial comunitário não é menos importante que os demais policiais, o departamento de polícia deve valorizar o policial comunitário e lembrar que segurança pública exige colaboração e não "competição".
10. **Construção do futuro** – qualidade de vida da população em um país de complexas carências é um tema bastante difícil de ser abordado, mas possível de ser discutido quando a polícia busca assumir o papel de catalisador dos anseios sociais.

Fonte: Adaptado de Bondaruk; Souza, 2014, p. 49.

Com isso, devemos deixar claro que, para o sucesso do policiamento comunitário, é necessário que todas as forças vivas da comunidade assumam um papel relevante na sua própria segurança e nos serviços relacionados ao bem comum, reencontrando assim a polícia comunitária. A melhoria ocorrerá para todos, inclusive nas escolas, onde as crianças e os jovens poderão aprender e não ser vitimadas ou seduzidas para o tráfico ou para o crime, e em locais onde as pessoas possam empreender um pequeno comércio sem serem assaltadas. Segurança significa melhoria da qualidade de vida e atrai turistas, investimentos, saúde, longevidade, redução dos gastos com as vítimas da violência, redução do custo de presídios e melhoria dos vencimentos dos policiais.

Em diferentes locais, o policiamento comunitário também é apresentado como *Polícia da Família* (Acre), *Polícia de Proximidade* (Rio de Janeiro), *Polícia Interativa* (Espírito Santo e Santa Catarina) e *Polícia Cidadã* (Bahia). Em suma, quando os dez princípios que apresentamos anteriormente estiverem presentes, estaremos diante do policiamento comunitário.

2.2.1 Prática de policiamento comunitário

Em junho de 2003, Luis A. Cobarruviaz* realizou em Porto Alegre uma palestra sobre a prática de *policiamento comunitário*, apresentando sua própria definição sobre o termo:

> *O policiamento comunitário é uma filosofia de uma instituição inteira que reconhece que a polícia não consegue controlar a criminalidade sem a ajuda de todos os membros legítimos da comunidade. A polícia precisa trabalhar de mãos dadas com a comunidade a que serve e tornar-se parte – e não afastar-se dela. O policiamento comunitário é posto em prática por intermédio de parcerias com a comunidade como um todo. A aceitação do policiamento*

---

* Louis A. Cobarruivaz é natural de Fremont, Califórnia. Serviu no Exército dos EUA no Batalhão 101st Airborne, tem diploma de bacharel pela *San José State University* e é mestre em Justiça Criminal pela Universidade de Boston. Ele liderou o programa do Departamento de Justiça dos EUA para treinar e equipar 18 mil membros da Polícia Nacional de El Salvador, no período entre 1998 e 2004. Durante seu mandato, a criminalidade grave no país reduziu em 40% e o governo salvadorenho concedeu-lhe a maior honraria civil da nação, a Ordem de José Matias Delgado.

comunitário por todos os membros do departamento deve começar de cima. (Cobarruviaz, 2003, p. 7)

O palestrante ressaltou a importância dos dez princípios do policiamento comunitário de Trojanowicz et al. (1998), alertando que, em sua experiência pessoal, os principais problemas seriam:
a. medo da criminalidade;
b. desordem física e social;
c. decadência dos bairros.

Para Cobarruviaz (2003), nem sempre é necessário haver maior autonomia para que as mudanças aconteçam: às vezes, para liderar uma transformação, basta comprometimento e uma vontade firme. Com base em sua experiência, são fatores preponderantes: **liderança, oportunidade** e **qualidade da equipe**. Assim, com o treinamento adequado, todos podem ser policiais comunitários.

Para o palestrante, a polícia serve como uma força catalisadora, não como "resolvedora" de todos os problema, mas encaminhando soluções. O policiamento comunitário acrescenta, assim, um elemento vital e proativo ao papel tradicional e reativo da polícia, resultando em um serviço policial de grande abrangência (Corrabuviaz, 2003).

Destacando a realidade de El Salvador, Cobarruviaz (2003) demonstrou que o policiamento comunitário promove o uso criterioso da tecnologia, mas ele também acredita que nada supera o que seres humanos dedicados podem conseguir com diálogo e trabalho conjunto. O palestrante exemplificou essa ideia com o uso de vestes balísticas pela Polícia de El Salvador, que somente se tornou realidade pela doação de coletes usados pelo Departamento de Polícia de Nova Iorque (Cobarruviaz, 2003).

A palestra foi bastante esclarecedora, demonstrando que podemos aprender sobre a polícia comunitária tanto com El Salvador, quanto com o Japão, que, como vimos, tem o sistema mais antigo dessa espécie de polícia. Da mesma forma, a própria experiência brasileira no policiamento comunitário pode ajudar outras nações e comunidades. Assim, ver o policiamento comunitário na prática é a melhor escola.

2.3 Policiamento comunitário comparado

Robert Peel preambulou seus nove princípios com a frase: "É preciso uma força policial baseada em parte num modelo militar de disciplina interna para fazer frente ao fracasso de um sistema de vigilantes ineficiente e indisciplinado e à reação violenta e desproporcionada dos militares para as situações de ordem" (Bondaruk; Souza, 2014, p. 17). Ao fazer isso, Peel estava fazendo uma crítica à Polícia Francesa, considerada por ele uma polícia violenta. Ele não queria abrir mão da hierarquia e da disciplina, mas desejava uma nova polícia e, com isso, estava comparando os modelos de polícia do reino inglês com as da Europa Continental.

Dessa forma, Peel fez mais que estruturar a nova polícia: ele estabeleceu as bases do modelo inglês de policiamento. Por isso, é importante conhecermos o que outros países, estados e municípios estão realizando em termos de policiamento comunitário e segurança pública, o que faremos a partir do próximo tópico.

2.3.1 Estados Unidos

Os EUA são uma República Constitucional Federal Presidencialista, com 50 estados e um Distrito Federal, localizada na América do Norte. O país apresenta um sistema policial municipalista herdado da Inglaterra, mas adaptado ao modo norte-americano e com o reforço de agências de polícia.

O relatório completo norte-americano mais recente disponível para consulta é do *Federal Bureau of Investigation* (FBI), de 2011. Os levantamentos preliminares, com dados mais relevantes, vão até 2015 coletando os dados das "agências de aplicação da lei" (*law enforcement agencies*) e nos mostram o tamanho e a complexidade do Sistema de Segurança e Justiça dos EUA:

> *O relatório contém dados de 17.985 agências policiais estaduais e locais com pelo menos um agente em tempo integral ou o equivalente em agentes por tempo parcial, incluindo:*

12.501	Departamentos de polícia locais
3.063	Escritórios de xerifes
50	Agências de aplicação da lei estaduais
1.733	Agências especiais de jurisdição (especializadas)
683	Outras agências, principalmente escritórios de polícia do condado no Texas.

Fonte: USA, 2017.

Em grandes números, podemos dizer que existem nos EUA 18 mil polícias. Os escritórios do xerife se referem às chefias que são eleitas diretamente. Nos departamentos de polícia, as chefias são indicadas pelo prefeito; já as chefias dos departamentos estaduais e das agências de jurisdição especial são indicadas pelo governador. Exemplo de jurisdição especial é a Polícia Rodoviária, que é estadual. Tanto as cidades quanto os condados têm polícias, sem esquecer as agências federais de imposição da lei, que também são polícias especializadas em fronteiras, drogas, tabaco, álcool e semelhantes.

Segundo Reis (2017), em alguns estados norte-americanos, os juízes e promotores também podem ser eleitos. O ingresso na carreira judiciária varia de estado para estado, podendo ocorrer por indicação do governador ou do Poder Legislativo, ou, ainda, por eleição da população, prevalecendo o Júri, para causas penais e cíveis; (a participação democrática nos Estados Unidos também implica em participar do Júri). Os membros da carreira federal são indicados pelo presidente da República (Reis, 2017).

Dias Neto (2000) aborda a evolução do modelo policial norte-americano e apresenta de forma clara e direta as questões que envolvem o policiamento comunitário. Esse autor realiza uma breve descrição da evolução histórica da polícia norte-americana, que pode ser dividida em três períodos fundamentais. O primeiro ficou convencionado como **policiamento moderno**, ou seja, é um sistema de aplicação da lei que envolve um órgão permanente; no qual, os policiais se dedicavam em tempo integral ao patrulhamento contínuo, visando à prevenção dos crimes. Essa fase ficou conhecida como *era política*, devido aos vínculos existentes entre policiais e grupos políticos:

> *Até o início deste século, a situação da polícia norte-americana era de absoluta desorganização. Instrumentalizada pelas máquinas políticas locais, a instituição policial era vista como fonte de empregos, renda e poder pessoal, sendo pilar de um sistema generalizado de corrupção e favorecimento.* (Dias Neto, 2000, p. 21)

O segundo período foi marcado pela **profissionalização** e pela **modernização** do aparato policial, que se desvinculou das influências políticas. A esta fase deu-se o nome de *era da reforma* ou *profissional*, surgindo assim o **modelo profissional de polícia**. Por último, o terceiro período, que surgiu nas últimas décadas com as inovações visando redefinir o perfil da instituição, é considerado por Dias Neto (2000) como **militarizado**. Essas inovações indicariam uma nova fase na polícia norte-americana, a qual ficou conhecida como *era comunitária*, pelo fato de se procurar um relacionamento de proximidade entre polícia e sociedade, bem como buscar soluções para prevenir os problemas locais.

Como demonstramos, o sistema policial norte-americano é deveras complexo e extenso, com tantos departamentos de polícia que é provável que nem todos tenham chegado à era comunitária.

Skolnick e Bayley (2002) afirmam que, nos EUA, o policiamento comunitário é mais aspiração do que implementação, uma vez que, em algumas cidades, as polícias têm utilizado o policiamento comunitário mais como "enfeite". Assim, esse policiamento não está amplamente implementado nas forças policiais, destacando-se apenas em pequenos departamentos de polícia.

No segundo volume da série *Mundo Afora**, edição *Programas de Combate* à *Violência Urbana* (2005), são apresentados artigos sobre as medidas adotadas por vários países em relação às questões de segurança pública e criminalidade. Aqui, vamos destacar as cidades de Nova Iorque, Los Angeles e Boston.

Santos (2005), trata da cidade de Nova Iorque**. Ele apresenta como principal programa o "'Tolerância Zero", iniciado com a eleição do prefeito Rudolph Juliani, em 1993, e a nomeação de William Bratton***, em 1994.

---

* A série *Mundo Afora* foi criada pelo Ministério das Relações Exteriores, com o objetivo de reunir informações a respeito de políticas públicas e privadas de outros países sobre temas de interesse que possam contribuir para o debate desses temas no Brasil.

** O estado de Nova Iorque tem 19.227.088 habitantes, enquanto que a cidade de Nova Iorque tem 8.085.742 habitantes.

*** William Bratton foi o estrategista do Programa Tolerância Zero de Nova Iorque entre 1994 e 2001, que fez com que os homicídios caíssem 80%, atingindo o menor nível desde 1964.

Esse programa resultou em uma notável queda nos índices de criminalidade (média de 69,26%) e se baseou na chamada *teoria das janelas quebradas*, descrita no artigo "Broken Windows: the Police and Neighborhood Safety" (Wilson; Kelling, 1982).

Para saber mais

Se você quiser ler o lendário artigo de 1982, "Broken Windows: the Police and Neighborhood Safety, de James Q. Wilson e George L. Kelling (em inglês), vá ao portal de notícias da revista *The Atlantic*: WILSON, J. Q.; KELLING, G. L. Broken Windows: the Police and Neighborhood Safety. The Atlantic, Mar. 1982. Disponível em: <https://www.theatlantic.com/past/docs/politics/crime/windows.htm>. Acesso em: 28 mar. 2017.

Santos (2005) relata ainda que a ênfase é dada ao trabalho policial, à responsabilidade territorial e ao *compstat*, sistema estatístico computadorizado que mostra de forma instantânea o índice de criminalidade. Os *commanding officers* (oficiais comandantes) são responsáveis por atingir metas de redução da criminalidade, participando de reuniões periódicas de avaliação.

O autor relata que, em Nova Iorque, a violência urbana é tratada como um problema comportamental, e não como uma questão econômica e social. Assim, a tática de saturação, com um policiamento ostensivo maciço que cobre todas as áreas, é um dos pilares da atuação (Santos, 2005). Também ocorreu uma ação muito forte para apurar desvios de conduta e substituir os maus policiais.*

Esse programa de Nova Iorque pode ser resumido nos pontos que são mostrados no Quadro 2.2, a seguir.

Quadro 2.2 – Nova Iorque: Broken Windows, critérios e pilares

Critérios de reestruturação da polícia	Pilares da eficácia do Programa
» Estabelecimento de objetivos claros. » Aperfeiçoamento dos sistemas de informações. » Responsabilidade territorial. » Reuniões periódicas de avaliação – metas e desempenho. » Resolução de problemas. » Ações específicas em áreas de maiores problemas criminais.	» Sistema estatístico computadorizado. » Recursos logísticos totais. » Intensa ação comunitária. » Eficácia nas chamadas de emergência. » Ações policiais "Tolerância Zero".

Fonte: Elaborado com base em Santos, 2005.

---

* Atacar a corrupção policial – valendo-se de sua experiência como promotor que debelou a máfia italiana em Nova Iorque, Giuliani decidiu dar prioridade à limpeza do aparato policial. Atacou em primeiro lugar os bairros do Harlem e do Bronx, onde os policiais, a exemplo de muitas capitais brasileiras, se associaram aos bandidos. O prefeito formou 2.000 recrutas, escolhidos entre alunos e ex-alunos de escolas de direito. Bratton treinou pessoalmente 400 deles. O passo seguinte foi colocar os homens de confiança nas delegacias com problemas de corrupção. No Harlem, muitas delas foram inteiramente esvaziadas dos antigos policiais e as vagas foram preenchidas com os recrutas de confiança. Até alguns prédios das velhas delegacias foram demolidos para que se apagasse da memória da comunidade a má fama do lugar. Os uniformes dos policiais foram redesenhados. A ideia era romper com todos os laços com o passado (Alcântara, 2017).

Estudo de caso

Como parte do *Model of Reduction Strategy* (Modelo Estratégico de Redução), o Departamento de Polícia de Nova Iorque (NYPD) atua em operações integradas com o FBI, a Agência Federal de Investigação, com a *Drug Enforcement Agency* (DEA), a Agência de Combate às Drogas, e com o *District Attorney's Office* (DA), o procurador do distrito, equivalente ao escritório do Ministério Público. Desde o início das operações com esse modelo estratégico, ocorreu a redução dos índices de criminalidade, conforme dados do *Compstats*:

Crimes	Redução
Estupro	37,2%
Assassinato	71,8%
Roubo	74%
Arrombamento	74,1%
Latrocínio	56,1%

Fonte: Elaborado com base em Santos, 2005.

Segundo Pimentel (2005), a cidade de Los Angeles* apresenta relações populacionais, sociais e econômicas complexas. Com acentuada diversidade étnica, o Departamento de Polícia de Los Angeles (LAPD) enfrenta dificuldades e tem um histórico de casos emblemáticos, como o espancamento do cidadão negro Rodney King e a absolvição de seus agressores, fatos ocorridos em 1992.

---

* O estado da Califórnia tem 35.893.799 habitantes, a Grande Los Angeles tem 12.576.000 habitantes e a cidade de Los Angeles tem 3.819.951 habitantes.

A ênfase do Departamento está na solução processual e na execução penal, com critérios rígidos de aplicação das penas. Contudo, há controvérsias diante de situações de desproporcionalidade do uso da força. As principais críticas ao modelo são (Pimentel, 2005):

» a construção de múltiplos presídios;

» a questão do aumento do contingente policial.

Por outro lado, como resultados efetivos, temos:

» a redução da criminalidade;

» exemplo para outros estados.

Em 2002, William Bratton assumiu a chefia do Departamento. Com uma visão voltada ao **policiamento orientado ao cidadão** (policiamento comunitário), é o responsável pela reengenharia e ampliação do LAPD, assim como pela redução da burocracia, descentralização para comandos locais, redução do tempo resposta para o atendimento de ocorrências, atendimento às demandas da comunidade, controle de gangues e uso de inteligência para o controle de ameaças de terrorismo.

O LAPD é reconhecido por sua inovação, sendo o primeiro departamento de polícia norte-americano a ter sua *Swat* (sigla de *Special Weapons and Tactics*), o desenvolvedor do Programa Dare (*Drug Abuse Resistance Education*). Além disso, em 1994, após uma consulta popular, passou a aplicar a lei de *three strikes*: essa lei tem esse nome devido à regra do basebol, pela qual o rebatedor que errar três vezes é desqualificado. Assim, o criminoso tem três chances: na reincidência, a pena é em dobro e, na terceira vez, ocorre o encarceramento. Apesar dos apelos das associações de direitos humanos e do aumento da população penitenciária, essa lei já foi copiada por mais dez estados (Pimentel, 2005).

Para saber mais

Para saber mais sobre a equipe Swat, acesse o link do Departamento de Polícia de Los Angeles:
LOS ANGELES. LAPD – Los Angeles Police Department. **SWAT**: Special Weapons and Tactics. Disponível em: <http://www.lapdonline.org/inside_the_lapd/content_basic_view/848>. Acesso em: 4 fev. 2017a.

Segundo Costa e Méio (2005), a partir da década de 1990, a cidade de Boston* adotou uma estratégia essencialmente comunitária, por meio de estudos que resultaram em planos de ação para cada um dos dez distritos policiais da cidade.

A ênfase comunitária ocorreu da seguinte forma: "As equipes – compostas por lideranças comunitárias, moradores, políticos, líderes religiosos e policiais – debateram as respectivas necessidades, aspirações e conflitos de ideias a respeito de segurança pública" (Costa; Méio, 2005, p. 93).

Adotou-se o critério de maior fixação na lotação dos policiais em relação à área de atuação – ou seja, uma maior responsabilidade territorial –, relação de mútua confiança, reuniões regulares de avaliação e descentralização do poder decisório, obtendo-se assim resultados expressivos:

> O policiamento de Boston passou a basear-se no desenvolvimento de parcerias entre magistrados, probation officers, professores, jovens, lideranças religiosas, empresários e policiais. Todos os grupos mencionados merecem parte do crédito pela redução na criminalidade verificada em

---

* Estado de Massachusetts tem 6.416.505 habitantes, e a cidade de Boston tem 581.616 habitantes.

> Boston ao longo da década de 1990, uma decorrência
> da adoção de abordagem multifacetada do trabalho po-
> licial, com enfoque em prevenção, intervenção e respeito
> às leis. Curiosamente, nenhum dos grupos envolvidos no
> processo de reformas reclamou para si o mérito exclusi-
> vo pelos avanços obtidos, ressaltando a importância do
> trabalho desenvolvido por seus parceiros na prevenção e
> combate ao crime. (Costa; Meio, 2005, p. 93)

O Programa Tolerância Zero é muito citado quanto à redução da criminalidade. Antes dos atentados terrorista de 11 de setembro de 2001, a tolerância zero era apenas com os maus policiais, que eram presos e demitidos; policiais à paisana se passavam por solicitantes – ou seja, por vítimas – e até por criminosos, as ações eram filmadas, enfim, valia tudo para manter os policiais longe da corrupção, e o policiamento era comunitário, como vemos nesta situação relatada por Soares. Após o 11 de Setembro, Nova Iorque passou a priorizar a **vigilância** e o **controle**.

Estudo de caso

Aconteceu em Nova Iorque, em 1994, no bairro mais pobre da ilha de Manhattan, o Harlem. A violência era constante e fugia ao controle da polícia. O sargento responsável pela área mais problemática do bairro chamava-se Rivera e deu uma lição sobre as potencialidades do método comunitário que adotava. Ele costumava dizer que seu telefone celular era mais importante do que a arma. Atuando como um mediador de conflitos, um pacificador, um restaurador da ordem urbana democrática, ele procurou, em primeiro lugar, compreender por que aconteciam tantos crimes, tantos roubos e assassinatos.

Descobriu que o cerne do problema eram as relações explosivas entre os camelôs recém-chegados de países africanos e os comerciantes estabelecidos, americanos negros ou imigrantes orientais. [...] "Quem falava por cada grupo?", procurou saber o sargento Rivera. Era preciso conversar com os grupos, "baixar a poeira", considerar que os comerciantes que pagavam impostos tinham direitos inalienáveis, ainda que seus métodos de ajuste de contas fossem criminosos, e reconhecer que os camelôs não poderiam ser simplesmente reprimidos. Se isso ocorresse, os conflitos se multiplicariam e atingiriam uma escala ainda mais grave.

Porém, não havia porta-vozes, lideranças ou representantes. Os grupos não estavam organizados. Como negociar em um quadro assim fragmentado? Rivera não perdeu tempo. Conseguiu salas e impressoras emprestadas de Igrejas e empresários locais. Distribuiu panfletos, visitou o local inúmeras vezes e pressionou ambos os grupos a escolherem seus representantes para dialogar em seus respectivos nomes. [...] Restava o mais difícil: conversar com os porta-vozes dos dois grupos e encontrar uma solução razoável para todos. No início, ambos os lados estavam inflexíveis e impermeáveis a novas abordagens de seus problemas.

Aos poucos, chegou-se a um esboço de entendimento: os camelôs aceitariam legalizar sua situação, pagar impostos e abandonar pacificamente o local em que atuavam, desde que lhes fosse oferecida uma alternativa comercialmente viável e houvesse, em um primeiro momento, alguma tolerância por parte do Poder Público na cobrança das taxas. [...] Rivera considerou pertinentes as condições e mobilizou seus contatos na Prefeitura, nas ONGs, nas Igrejas e no meio empresarial. [...]

O novo espaço foi identificado. Não era o ideal – longe disso –, mas poderia ser melhorado. Rivera concebeu uma saída e negociou com a Prefeitura a seguinte solução: durante seis meses, a nova área comercial seria divulgada gratuitamente nos meios de comunicação, e todos os ônibus de turismo que visitassem o Harlem seriam obrigados a incluir o novo espaço em seus *tours*. Empresários do setor de *marketing* presenteariam o grupo com uma logomarca e assessoria temporária. Associações comerciais ofereceriam cursos breves de Administração e Contabilidade, assim como serviços gratuitos nessas matérias, durante determinado período. A Prefeitura implantaria serviços de saneamento, eletricidade e retardaria a cobrança de impostos, por seis meses. Quando o novo ponto de comércio começasse a funcionar, todos pagariam suas contas. Apoio, sim; paternalismo, não.

— "E se não funcionar", perguntou o representante dos camelôs?

— "Se não funcionar a gente começa de novo e inventa outra solução. [...]

O acordo foi endossado, e a estratégia funcionou.

O sargento não apenas reduziu a criminalidade em sua área de responsabilidade, como ajudou muita gente a melhorar de vida. Ele se orgulhava de ser um policial comunitário. Rivera se tornou um personagem popular e querido. O uniforme que ele vestia também.

Fonte: Soares, 2006.

■ Inovações em seis cidades americanas

Bayley e Skolnick (2001) contam que o Departamento de Justiça dos EUA, por meio do *National Institute of Justice*, solicitou à *Police Foundation* de Washington, DC, que determinasse com exatidão as melhores ideias para controlar o crime em áreas urbanas.

Os autores relatam que, de uma forma não muito científica, foram escolhidas seis cidades (Denver, Detroit, Houston, Newark, Oakland e Santa Ana), razoavelmente espalhadas pelo país, com exceção do sudeste, tendo em vista o sucesso que algumas delas estavam tendo com determinadas inovações adotadas; de outras, dizia-se que a vida da polícia era particularmente difícil, além de que a receptividade era grande em todas elas.

Bayley e Skolnick (2001, p. 18-19) descreveram o ponto de partida do estudo, o que não estava funcionando em 1982, que podemos resumir da seguinte forma:

a. Primeiro, que aumentar o número de policiais não reduz necessariamente o índice de criminalidade nem a proporção dos crimes solucionados, sendo que o mesmo se pode afirmar sobre a participação da polícia no orçamento. O que podemos dizer é que, se não existissem policiais, ocorreriam mais crimes; no entanto, existe um limiar de cobertura, após o qual não se resolve nada com o aumento de efetivos, nem com o aumento de investimentos.

b. Em segundo lugar, determinou-se que patrulhas motorizadas aleatórias não reduzem a criminalidade nem aumentam as chances de se prender suspeitos, além de não tranquilizarem os cidadãos suficientemente para reduzir o medo do crime, nem reforçarem a confiança na polícia. Por outro lado, o patrulhamento a pé em dupla, embora não tenha um impacto comprovado sobre os índices de criminalidade, reduzem a percepção de medo do crime por parte dos cidadãos.

c. Em terceiro, determinou-se que não faz diferença escalar um ou dois policiais em uma mesma viatura; além disso, não foi encontrada nenhuma evidência de que é maior a probabilidade de ocorrerem mais incidentes nas viaturas com um único policial.

d. Quarto, que o patrulhamento intensivo reduz temporariamente a quantidade de crimes, uma vez que apenas os deslocam para outro lugar.

e. Quinto, que os crimes que mais preocupam o norte-americano-padrão dificilmente são enfrentados por um policial durante sua patrulha; normalmente, no seu turno de trabalho, o policial patrulha passivamente e presta serviços de emergência.

f. Sexto, que a melhoria no tempo de atendimento das emergências não tem qualquer efeito sobre a probabilidade de se prender os criminosos ou sobre a satisfação dos cidadãos envolvidos. Um estudo da época determinou que as chances de realizar uma prisão em flagrante caem 10% se se passar um minuto após a ocorrência; além disso, a vítima-padrão leva de quatro a cinco minutos e meio para chamar a polícia, mesmo estando diante do criminoso.

g. Sétimo, chegou-se à conclusão de que a prisão dos delinquentes, em sua maioria, ocorre em virtude de flagrante, ou de o infrator ter sido identificado no local, ou ainda, porque os investigadores normalmente trabalham considerando suspeitos conhecidos. Se nenhuma dessas hipóteses acontecer, a chance de que um crime seja resolvido cai para menos de 10%.

A partir dessas conclusões, os pesquisadores verificaram que as estratégias primárias adotadas pelos Departamentos de Polícia norte-americanos, antes de 1982, não reduziam o crime nem tranquilizavam a população.

Após realizarem estudos sobre Denver, Detroit, Houston, Oakland e Santa Ana, Bayley e Skolnick (2001) chegaram à conclusão de que as experiências de sucesso pareciam estar relacionadas à capacidade de os líderes da polícia local infundirem na cabeça dos cidadãos um senso de responsabilidade e de cobranças por resultados em relação ao trabalho de policiamento. Eles também determinaram o quanto era importante transformar esses novos valores em mudanças concretas na organização policial do local. Com esse trabalho, tentou-se mudar os conceitos arraigados na cultura policial e os que estão na mente dos cidadãos comuns, melhorando inclusive o relacionamento entre a entidade pública responsável pela segurança e os cidadãos que recebem o serviço (Bayley; Skolnick, 2001).

Finalmente, Bayley e Skolnick (2001) sustentam que as inovações devem ser defendidas pelo comandante, pelos policiais e pelo público. Sem o apoio público, há pouca probabilidade de sucesso e longevidade de uma inovação:

> *Em nossa experiência, os programas inovadores de prevenção do crime instituídos e implementados com a ajuda da comunidade têm condições de obter apoio inesperado da parte do público. Mesmo os bloqueios de ruas que observamos em Newark eram aparentemente aprovados quando foram introduzidos e explicados de maneira adequada. As visitas de casa em casa feitas pelos policiais em Houston e em Detroit, que achávamos que seriam fonte de grandes críticas, foram apreciadas com entusiasmo.*
> (Bayley; Skolnick, 2001, p. 237)

Bayley e Skolnick (2001) também relatam os obstáculos às inovações:

» Primeiro, a pressão da tradição, ou seja, o "sempre foi assim" da cultura organizacional.

» Segundo, o comodismo do público, ou seja, "a polícia age assim", "tem que ser assim".

» Terceiro, os sindicatos continuarão a mostrar ceticismo quanto às inovações.

» Quarto, os custos da inovação, principalmente nos momentos de transição.

Ao finalizar, os autores afirmam: "introduzir, implementar novas ideias policiais não é fácil, mas é possível. Mais do que isso, é essencial que consigamos oferecer segurança pública elementar nas cidades norte-americanas e ganhar a confiança daqueles que estão sendo policiados" (Bayley; Skolnick, 2001, p. 241).

A principal lição que podemos retirar da realidade estadunidense é que, neste país, o policiamento comunitário é tão eficiente quanto a popular "Tolerância Zero", pois, no mesmo período do Programa de Nova Iorque, Boston reduziu 70% de seus assassinatos e 44% do índice geral de criminalidade (Abdenur, 2005).

Por outro lado, é preciso considerarmos que os EUA apresentam uma realidade e uma polícia muito díspares: Saint Louis, com 59,23 assassinatos por 100 mil habitantes, está em 13º lugar no rol das cidades mais violentas do mundo (Seguridad, Justiça e Paz, 2016), enquanto Nova Iorque, em estudo da revista *The Economist*, consta na 10ª posição entre as mais seguras do mundo (Nômades Digitais, 2017).

O diferencial dos EUA é investir pesadamente em pesquisa e avaliação. Sendo disponibilizada, essa inteligência permite aproveitar tanto os acertos quanto os erros e equívocos dos norte-americanos – basta saber interpretar os fatos e as circunstâncias.

Nos EUA, mesmo nas crises, o policiamento comunitário não é abandonado. À luz dos acontecimentos de 2014, que revelaram conflitos nas relações entre a polícia local e as comunidades que ela deveria servir e proteger, em 18 de dezembro do mesmo ano, o presidente Barack Obama assinou a Ordem Executiva n. 13.684, que institui a força-tarefa para definir qual seria o policiamento do século XXI (*Task Force on 21st Century Policing*), que, em maio de 2015, divulgou seu relatório (COPS, 2015).

A seguir, destacamos trechos do sumário executivo, o qual apresenta os seis pilares para a reforma da polícia nos EUA propostos pela força tarefa.

Pilar 1: Construção de confiança e legitimidade
O cidadão é o principal alicerce subjacente à natureza das relações entre as agências de aplicação da lei e as comunidades a que servem. A aplicação da lei não pode construir a confiança da comunidade se o policial é visto como um integrante de "força de ocupação", alguém vindo de fora para impor controle sobre a comunidade. Ele deve ser um protetor ao invés de um guerreiro.

A transparência e prestação de contas é importante. [...]

Finalmente, a polícia deve se esforçar para criar uma força de trabalho que represente uma ampla gama da diversidade, incluindo raça, sexo, língua, experiência cultural e de vida, para melhorar a compreensão e eficácia em lidar com todas as comunidades.

Pilar 2: Política e supervisão
A polícia realiza suas responsabilidades de acordo com políticas estabelecidas, essas políticas devem refletir os valores da comunidade. [...]

Para atingir este fim, as agências de aplicação da lei devem ter políticas claras e abrangentes sobre o uso da força (incluindo a formação sobre a importância da progressividade), manifestações de massa (incluindo o uso adequado de equipamentos, particularmente rifles e veículos blindados), consentimento antes das buscas e revistas, atuação diferenciada por gênero e orientação sexual, impessoalidade racial, e normas de desempenho, entre outros, como investigação externa e independente e persecução criminal de policial envolvido em tiroteios, entre outras situações de emprego de força e custódia de pessoas.

Pilar 3: Tecnologia e mídia social
O uso da tecnologia pode melhorar práticas de policiamento e ajudar a construir confiança e legitimidade junto a comunidade, mas a sua aplicação deve ser construída sobre uma política definida quanto a seus propósitos e com objetivos claramente definidos. Implementação de novas tecnologias pode dar aos departamentos de polícia uma oportunidade para envolver totalmente e orientar as comunidades em um diálogo sobre suas expectativas de transparência, responsabilidade e privacidade. Mas a tecnologia muda rapidamente em termos de novo *hardware*, *software*, e outras opções. [...]

Pilar 4: Policiamento comunitário e redução do crime
O quarto pilar centra-se na importância do policiamento comunitário como filosofia orientadora para todos interessados. O policiamento comunitário enfatiza trabalhar com residentes no bairro para coproduzir segurança pública. [...]

Pilar 5: Formação e educação continuada
Para garantir a alta qualidade e eficácia da formação e da educação continuada, as agências de aplicação da lei devem envolver membros da comunidade, particularmente aqueles com notória especialização no processo ensino aprendizagem, na formação de liderança a todo o pessoal em todos os níveis (não só aos comandantes, lembrar que no policiamento comunitário, todos são minichefes de seus postos). Continuamente todo o departamento e a comunidade deve ser capacitado para enfrentar uma ampla variedade de desafios incluindo narcoterrorismo, terrorismo internacional, a evolução das tecnologias, a imigração crescente, atualização legislativa, cultural e costumes.

Recomenda-se a criação de um instituto de pós-graduação nacional de policiamento comunitário destinado a capacitar executivos seniores (da polícia e demais agências) com currículo padrão que prepare os comandantes que vão liderar as polícias e agências encarregadas de aplicar a lei no século XXI. [...]

Pilar 6: Oficial de bem-estar e segurança

O bem-estar e a segurança dos policiais é fundamental não só para eles e seus colegas, e suas Corporações, mas também ao público em geral. O pilar seis enfatiza o apoio e a implementação de bem-estar aos policiais e a segurança destes e de suas famílias, um esforço múltiplo:

1. encorajar e apoiar os departamentos na implementação métodos cientificamente comprovados para o cumprimento e para a aplicação da lei.
2. expandir os esforços para recolher e analisar dados tanto sobre mortes de policiais quanto sobre as lesões e "quase-acidentes".[...]

Recomendações

A administração, através de políticas e práticas já em vigor, deve atender as recomendações constantes neste relatório.

O presidente deve orientar todas as Polícias e Agências a implementar as recomendações deste relatório, na medida do possível, e o Departamento de Justiça dos EUA deve explorar as oportunidades de parcerias público-privadas, e com fundações para avançar na implementação das recomendações.

Finalmente, o Escritório de Serviços de Policiamento Orientado à Comunidade (COPS) e do Gabinete de Programas de Justiça (OJP) devem adotar as ações específicas para auxiliar as agências, os escritórios de xerifes e os departamentos de polícias nos desafios atuais e futuros (COPS, 2015, p. 1-4).

Fonte: Cops, 2015, p. 1.4, tradução nossa.

Dessa forma, os membros da *Força-tarefa policiamento do século XXI* estão convictos de que as recomendações contidas no relatório, cujo resumo reproduzimos, propiciarão melhorias a médio e a longo prazo nas formas como as polícias e os policiais agem e interagem, com mudanças positivas para suas comunidades (Cops, 2015). Eles reafirmam o que Peel escreveu em 1829: a polícia é o povo, e o povo é a polícia, e restabelecer a fé do público é a forma como serão evitados novos conflitos por causas raciais.

2.3.2 Austrália

A Austrália – oficialmente *Comunidade da Austrália* – é o maior país da Oceania, ocupando todo o "continente australiano" e várias ilhas adjacentes.

A Austrália é uma monarquia constitucional. O chefe de Estado é a rainha Elizabeth da Grã-Bretanha, representada pelo governador-geral australiano. O governo emana de um Parlamento eleito por sufrágio universal. O Parlamento Federal é composto pelo Senado e pela Câmara dos Representantes (Australia, 2017)

A Austrália é um Estado federal constituído por seis estados e dez territórios. Tem superfície de 7.686.850 km² e população de 23,6 milhões de habitantes (dezembro de 2014).

Os estados mais populosos são Nova Gales do Sul e Victoria; os demais são Queensland, Austrália do Sul, Tasmânia, Austrália Ocidental. Os maiores territórios são o Território do Norte e Território da Capital Australiana, seguidos de Ilha Christmas, Ilhas Cocos Keeling, Ilhas Ashmore e Cartier, Território Antártico Australiano, Ilhas Coral Sea, Território Jervis Bay, Ilha Norfolk, Território da Ilha Heard e Ilhas McDonald.

A capital do país, Camberra (localizada no Território da Capital Australiana), tem pouco mais de 380 mil habitantes e suas maiores cidades são: Sydney, com 4,5 milhões de habitantes, e Melbourne, com 4 milhões de habitantes (Australia, 2017).

A seguir, temos um resumo da história australiana:

A Austrália faz parte do continente mais novo do mundo – a Oceania. Apesar de ser habitada por aborígenes há mais de 40 mil anos, somente há 2 séculos se iniciou a sua colonização por europeus. Geograficamente para o mundo, a Austrália era um continente invisível, uma vasta terra desconsiderada pelos cartógrafos sem nada que justificasse a sua ausência nos mapas do mundo. Segundo algumas versões, portugueses e holandeses, bem como outros povos, passavam ao largo da costa e, no entanto, nunca a acharam convidativa a uma possível colonização. É por esta altura que o capitão inglês James Cook é enviado para fazer uma expedição científica neste desconhecido lugar. Conta a história que, a 28 de abril de 1770, após circunavegar o continente, desembarca finalmente na costa leste australiana. Continua a viagem para norte e, a 22 de agosto do mesmo ano, proclama a posse do território, a que se deu o nome de *New South Wales*. Iniciava-se assim a colonização inglesa da Austrália. No começo, esta era feita apenas com o objetivo de "esvaziar" as cadeias britânicas. Os condenados, após cumprirem a sua pena em solo australiano, recebiam uma pequena parcela de terra, caso não houvesse habitantes nativos nelas. Aos poucos, o domínio dos ex-saqueadores ingleses foi sendo ampliado naquele vasto e desprotegido continente até que, por volta de 1950, o censo mundial estimou a população australiana em menos de 5 milhões de habitantes. .

Fonte: Projeto de Aprendizagem, 2017.

A Austrália tem sete forças policiais estaduais e uma força federal (AFP, 2017) que realiza o policiamento em geral na área da capital e em quatro territórios. As forças policiais australianas desenvolvem o policiamento comunitário principalmente nas áreas de prevenção do crime com base na comunidade e na ampliação do serviço policial para uma clientela especial. Em 2002, a vigilância de bairros se expandiu por meio de *police stations* (estações policiais) colocadas em todos os bairros (Skolnick; Bayley, 2002).

Skolnick e Bayley (2002) relatam que a polícia australiana é competente, equipada e educada, sendo requerimento básico para se tornar um policial ter nível de escolaridade superior.

A maioria das ruas com grande movimento é monitorada em uma central de comunicações, por meio de câmeras de vídeo instaladas em postes, sinais de trânsito e locais turísticos.

Na Austrália existe um setor para a revisão de procedimentos no Departamento de Polícia, que está atento às situações policiais e criminais fundamentado livremente no modelo *Compstat* de Nova Iorque. Os Departamentos de Polícia na Austrália são uma organização de aprendizagem, semelhantes ao apregoado por Peter Senge (citado por Riche; Alto, 2001) – ou seja, ao invés da responsabilidade individual, temos a **responsabilidade compartilhada**, que propicia um ambiente de aprendizagem.

O sistema policial apresenta responsabilidade pelos resultados, as investigações são compartilhadas e incluem perspectivas locais e incorporadas. Filosofias como essas permitem que o serviço policial seja uma organização de aprendizagem que constrói os seus sucessos e estuda os erros, de modo a evitá-los (Skolnick; Bayley, 2002).

Para saber mais

Para saber mais sobre organizações de aprendizagem, recomendamos o artigo "As organizações que aprendem, segundo Peter Senge: a quinta disciplina", de Georges Ayoub Riche e Ricardo Monte Alto: RICHE, G. A.; MONTE ALTO, R. As organizações que aprendem, segundo Peter Senge: "a quinta disciplina". **Cadernos Discentes Coppead**, Rio de Janeiro, n. 9, p. 36-55, 2001. Disponível em: <http://www.mettodo.com.br/pdf/Organizacoes%20de%20 Aprendizagem.pdf>. Acesso em: 28 mar. 2017.

A investigação e o combate ao crime fazem parte de uma estratégia ampla de policiamento. Essa estratégia atinge todos os níveis no Estado australiano. Usando o modelo desse país, é essencial para um chefe de polícia desenvolver um plano de ação que tenha como base a relação com a comunidade em todos os níveis. Esse plano, descrito em um documento, transmitirá uma mensagem clara aos integrantes do policiamento comunitário sobre essas áreas.

Essa ampla ação deve ser traduzida pelos gerentes e supervisores em estratégias e táticas para combater o crime nas áreas em relação às quais eles têm responsabilidade, particularmente em cada distrito. É essencial assegurar uma aproximação e uma interação consistentes, evitando tanto a ocorrência de crimes quanto a insegurança da população.

Até a década de 1980, as tradicionais posições práticas de polícia, bem como a ausência de integração com a comunidade, impediu estratégias conjuntas, muito mais apropriadas ao mister da segurança pública, uma missão comum. Isso começou a mudar em 1994, como relatam Skolnick e Bayley (2002), quando nos departamentos de polícia australianos passaram a ter destaque os policiais que fossem capazes de alinhar suas metas com as necessidades da comunidade, um dos maiores desafios do serviço policial, na filosofia do policiamento comunitário (Skolnick; Bayley, 2002). Tais esforços de adaptar iniciativas amplas a condições locais não são novos. Experimentar ideias e aproximações novas é algo que gerentes policiais progressistas têm feito durante algum tempo. O diferencial na Austrália é que essa iniciativa foi encorajada para todos os gerentes e supervisores, dirigidos pelo imperativo de servir a comunidade e melhorar a qualidade de vida dos bairros.

A Austrália é um exemplo de atuação no campo do policiamento comunitário, pois existe integração entre os Departamentos de Polícia, sejam eles federais ou estaduais; há uma rede de postos policiais, cada um deles com um chefe "empoderado" que define as prioridades e as estratégias em conjunto com a comunidade atendida; as propostas são transparentes, com planos de ação amplamente divulgados; os perigos a que estão sujeitos os moradores fazem parte de relatórios periódicos de crimes; as crianças e os jovens participam de programas de prevenção a drogas e à violência; e a mídia divulga os crimes com ênfase na captura de marginais, e não como sensacionalismo.

Dessa forma, a Austrália, que há 200 anos era uma colônia prisional, em termos de polícia comunitária tem muito a ensinar ao Brasil, que, há exatos 200 anos também era um Reino Unido* – a condição política atual da Austrália.

---

* Em 1815, no Rio de Janeiro, o príncipe regente português Dom João VI assinou um decreto que criava o Reino Unido de Portugal, Brasil e Algarves. Com isso, o Brasil deixou de ser colônia e foi elevado à categoria de reino. Embora não tivesse se tornado um país independente, o país passava a ter condição de igualdade com a antiga metrópole do reino, Portugal (Britannica Escola, 2017).

2.3.3 Canadá

O Canadá é um Estado parlamentarista federal, cuja capital é Ottawa. O país tem uma população de 30 milhões de habitantes e é oficialmente bilíngue, com 75% da população falando inglês, e os demais 25%, francês – estes últimos habitantes se concentram principalmente na província de Quebec. A população canadense ocupa um território de aproximadamente 10 milhões de quilômetros quadrados, dividido em dez províncias e dois territórios autônomos (Statistics Canada, 2017).

Para Skolnick e Bayley (2002), um dos aspectos importantes, que melhor caracterizam a polícia canadense, é a importância dos distritos como bases territoriais de atuação e sua estreita relação com a comunidade a que serve. Existe no país uma extensa rede de postos de atendimento aos cidadãos. Em função da sua capacidade de absorver as influências e as mudanças que ocorrem em outras regiões da América, principalmente do país vizinho, os EUA, o Canadá tem sido capaz de conciliar aspectos como a descentralização e a eficiência de resultados operacionais. Nesse sentido, Murphy (citado por Skolnick; Bayley, 2002, p. 42) diz que "O policiamento comunitário é mais uma fonte de organização e de reforma administrativa potencial, pois é uma reforma do papel da polícia em relação às comunidades policiadas".

Descrita por Souza (2007), a Polícia Canadense está estruturada em três níveis de responsabilidade: em nível federal, existe a Real Polícia Montada Canadense (*Royal Canadian Mounted Police* – RCMP), responsável pelo cumprimento das leis federais em todo o Canadá. Por intermédio de acordos (*contracts*) com as províncias, que no passado tinham polícias próprias – salvo Ontário e Quebec –, a Polícia Montada assumiu a responsabilidade do serviço de polícia provincial (fora das cidades), sendo que um acordo como esse foi firmado com mais de 160 cidades. Encontramos situação similar nos territórios autônomos do país, onde o serviço da polícia, nas áreas territoriais e municipais, é prestado exclusivamente pela Polícia Montada. Em 1999, essa polícia tinha cerca de 22 mil integrantes, sendo que 70% deles se dedicavam ao serviço regular de policiamento (Souza, 2007).

Cada uma das províncias canadenses promulga suas leis de polícia e assume as responsabilidades legal, administrativa e financeira com os respectivos serviços policiais. Elas podem, ainda, ser contratadas por pequenos municípios para assumir a responsabilidade de execução da Polícia Municipal. Esse é o exemplo da província de Quebec, cujo serviço de policiamento local atende a 22 pequenos municípios (RCMP, 2017b).

Com exceção da província de Quebec, que apresenta municípios estruturados, cidades semelhantes às brasileiras, as demais províncias têm uma organização primária e secundária, uma vila e um condado, podendo cada um ser também uma cidade. As forças policiais dos municípios prestam serviços de policiamento local, os quais também podem ser exercidos pela força provincial ou federal (RCMP, 2017b).

A força de polícia municipal se encarrega de fazer cumprir o Código Penal, as leis provinciais e os regulamente e normas municipais, podendo, em áreas metropolitanas, reunir-se para a prestação de diversas missões.

A RCMP é militar, como atesta as campanhas pelas quais passou: "participação da RCMP na rebelião North-West (1885), na Guerra Sul-Africana (1899-1902), na Primeira Guerra Mundial (1914-1918), na Segunda Guerra Mundial (1939-1945) e em missões das Nações Unidas (1989 até ao presente)" (RCMP, 2017a, tradução nossa).

■ Polícia comunitária: o exemplo do Canadá

Em maio de 1997, uma comitiva canadense esteve em São Paulo para participar do seminário São Paulo sem Medo, promovido pela

Universidade de São Paulo (USP) e pela Rede Globo. Em outubro do mesmo ano, a Universidade de Ottawa retribuiu o convite: delegados, policiais militares, sociólogos, ativistas dos direitos humanos e jornalistas foram a sete cidades do Canadá conhecer como funciona a polícia canadense, considerada uma das melhores do mundo. Dessa visita surgiu uma série de reportagens exibidas nos telejornais locais da Rede Globo de São Paulo e um documentário distribuído pelo Instituto São Paulo sem Medo.

A seguir, reproduzimos um trecho do relatório dessa visita feita ao Canada em 1997:

> A delegação foi recepcionada em Toronto por um magnífico fim de outono com temperaturas equivalentes ao nosso inverno paulista e um colorido exclusivo das terras canadenses graças aos tons avermelhados das folhas da *maple tree* [bordo]. As atividades da viagem tiveram início com uma visita à Parkdale, distrito da cidade de Toronto que, apesar de seus modestos 17,2 km², é o que mais recebe queixas telefônicas contra o grande problema de drogas e de prostituição. Aqui, há dez anos a parceria entre comunidade, polícia, políticos e imprensa é responsável pelo êxito do policiamento comunitário e de projetos de prevenção contra o crime. Para isso, aparelharam um trailer em plena praça pública onde os moradores trocam sugestões com os policiais para tornarem o bairro mais seguro. Foi dessa experiência que surgiram ideias como a de se colocar divisórias nos assentos públicos para impedir que sejam usados como cama por aqueles que vivem nas ruas.

Calgary: policiamento comunitário em pleno oeste canadense
Até os anos 1970, Calgary tinha uma polícia centralizada e de difícil contato com a população. No entanto, as denúncias de abusos e desrespeito aos direitos humanos fizeram com que a

instituição tivesse que passar por uma mudança significativa e fossem tomadas iniciativas no sentido de aproximar a polícia da comunidade, aumentar a sua participação no desenvolvimento de programas de combate ao crime e envolver voluntários nos trabalhos de policiamento comunitário. Nos postos de policiamento comunitário são feitas queixas sobre acidentes de trânsito, batidas de automóveis, pequenos roubos e pequenas fraudes, entre outros problemas.

Calgary é também conhecida em todo o país pela sua excelente Comissão de Controle Civil da Polícia, que, com orçamento próprio tem como função estabelecer as prioridades estratégicas para a polícia, escolher a chefia da polícia, fazer o levantamento de recursos financeiros e analisar as queixas contra a chefia e policiais. Todas as reclamações encaminhadas à Comissão são aceitas e quando julgadas injustificadas, pode-se apelar para outra instância.

Fonte: ISPCC, 1998, p. 9.

Enfatizamos que é a partir dessa troca de visitas (ISPCC, 1998) que se agrega fortemente o referencial teórico sobre polícia comunitária no Brasil, primeiro pelo exemplo e segundo pela proximidade geográfica: aqui, não temos exemplos asiáticos ou europeus, mas sim da América.

Para saber mais

Indicamos o documentário *"Polícia comunitária: o exemplo do Canadá"*, que trata da visita da comissão paulista ao Canadá, em 1997:

NEV – Núcleo de Estudos da Violência. **Polícia comunitária**: o exemplo do Canadá. 2012. Disponível em: <https://www.youtube.com/watch?v=Lvcn8rJ0oAA>. Acesso em: 28 mar. 2017.

2.3.4 Policiamento comunitário latino-americano

Rico (1998) define que, na busca por democratização e por um modelo de proximidade, a América Latina depende da estrutura político-administrativa de cada Estado. O mesmo autor esclarece que existem no mundo dois grandes modelos de organização policial: um serviço bem definido e integrado em relação a outras agências governamentais, com ampla jurisdição em todo o território nacional, como é o caso da França e da Itália, na Europa, ou Chile, Colômbia, El Salvador, Guatemala, Honduras, Nicarágua e Panamá, na América Latina – estas seriam as **polícias centralizadas**. O outro sistema seria o das **polícias descentralizadas**, que tem um campo judicial limitado e muitas vezes são sobrepostas, devido à multiplicidade de serviços e critérios que não coincidem necessariamente com relação à sua organização, às regras de seleção e treinamento de pessoal e às suas funções; aqui são exemplos o Canadá e os EUA e, na América Latina, Costa Rica e Venezuela, bem como aqueles países com uma estrutura política federal: Argentina, México e Brasil.

A principal crítica de Rico (1998) ao modelo centralizado de serviços policiais é o risco de se criar um "Estado policial", especialmente quando a polícia está ligada à Defesa Nacional, normalmente em uma estrutura fortemente militarizada, como prevaleceu nos países da Europa Ocidental, os quais têm forte influência na América Latina. Nosso legado é português e espanhol, tanto que existe uma Associação de Gendarmarias e Polícias com *status* militar na Europa e no Mediterrâneo, cuja sigla é *Fiep*, formada com as iniciais das polícias fundadoras: França, Itália, Espanha e Portugal.

Ainda segundo Rico (1998), nesse **modelo militarizado**, a chefia normalmente é entregue a integrantes ou ex-integrantes das Forças Armadas, e há pouca transparência, efetivos, armamentos, equipamentos e distribuição territorial – esses aspectos são segredo de Estado.

Rico (1998) também alerta que a desmilitarização não é garantia de um modelo democrático, pois não se sabe o que esse termo significa; por outro lado, muitos países democráticos têm Polícias Militares:

> *O tema da desmilitarização da polícia como um indicador do grau de sua democratização é um problema complexo, na medida em que, por um lado, nada se definiu sobre este prazo e, por outro lado, existe, em toda a Europa, países democráticos cujos serviços policiais são sujeitos a ministérios de defesa e apresentam características militares.** (Rico, 1998, p. 174, tradução nossa)

Assim, vemos que a polícia pode ser de caráter militar e executar um serviço de natureza civil, desde que as práticas sejam democráticas e respeitosas. Por isso, devemos aceitar a "ingerência" de civis.

Ao descrever os tipos de polícias existentes, Rico (1998) entende as polícias norte-americanas como um **sistema policial misto**: elas têm estrutura militarizada, mas são subordinadas a uma autoridade civil, embora tenham inspiração na polícia de Peel.

---

* Do original: "*El tema de la desmilitarización de la policía como un indicador del grado de su democratización es un problema complejo en la medida en que, por una parte, no se ha conceptualizado este término y, por otra parte, existen, sobre todo en Europa, países democráticos cuyos servicios policiales están adscriptos a ministerios de defensa y presentan características militares*".

O autor acredita que a razão para a "militarização" seja o profissionalismo militar, as virtudes dos soldados (disciplina, poder, coragem e força física), além do o senso de urgência e a necessidade de sua função, a possibilidade de exercer seu mister sem a interferência política e sem corrupção (Rico, 1998).

Ele descreve ainda que essas condições permitem aos policiais norte-americanos enfrentar situações perigosas e extraordinárias (ruas escuras, desordem pública, crime e medo do crime), que necessitam de intervenções "autoritárias" e emergenciais, "razão pela qual nas polícias norte-americanas prevalece um modelo militarizado, com a criação de mais *swat teams* do que de *cops-pop*"* (Rico, 1998, p. 174).

Para compreender o contexto dessa crítica de Rico (1998), podemos nos lembrar da ideia de Skolnick e Bayley (2002) de que, nos Estados Unidos, a polícia comunitária é mais uma aspiração do que uma efetivação. A constatação em relação à *Swat* se torna crível quando nos lembramos de que a inspiração dessa unidade está nos Comandos Especiais, e que elas normalmente são treinadas por integrantes ou ex-integrantes de Tropas Especiais das Forças Armadas, como os *Seals* (fuzileiros navais) norte-americanos ou SAS ingleses. Para o professor Rico, isso é sinal de "militarização", de trazer para a atividade de policiamento o conceito bélico de destruição do inimigo.

---

* Os *Swat teams* são os esquadrões de armas e táticas especiais, e os *Cops-pop* são os *Community Oriented Policing Services* e *Problem Oriented Policing*, os esquadrões de atendimento comunitário ou de resolução de problemas. No Brasil, a expressão equivaleria a "ter mais 'Caveiras' do que PMs comunitários", ou seja, aqui prevalece a resposta violenta sobre a prevenção.

2.3.5 Chile

Rico (1998, p. 175) descreve que até 1990, no Chile, a centralização da polícia era extrema, pois havia uma única força policial: "*los Carabineros, fuertemente militarizado y adscrito desde 1973 al Ministerio de la Defensa*". O autor correlaciona esse grupo às *Gendarmerías* de Espanha, França e Itália, que também apresentam centralização administrativa.

Mesmo quando passaram a se subordinar ao Ministério do Interior, os Carabineiros continuaram sendo uma força militar – secundariamente, estão subordinados ao Ministério de Defesa. Ao lado da Polícia da Colômbia, estas são as únicas na América Latina que, além da legitimidade institucional, têm alta aceitabilidade da população, com índices acima de outras instituições, ao contrário do conjunto na região: uma pesquisa internacional, realizada em 2003 em 18 países da América Latina, revelou que 62% da população expressa a confiança no Igreja católica, 29% na polícia e 20% na Justiça (Rico, 1998).

Fonseca Júnior e Santarosa (2005) descrevem a existência de três forças policiais no Chile: os **Carabineiros**, a maior e mais tradicional; a **Polícia de Investigação** (a PDI); e a **Gendarmaria** (Polícia Penal), que é específica para o sistema penitenciário. Todas elas foram desmembradas dos Carabineiros (o PDI, em 1933), mas ainda são subordinadas aos Ministérios do Interior e da Defesa, ao primeiro hodiernamente.

Criados em 27 de abril de 1927, os Carabineiros – nome derivado da arma *carabina* que os Corpos de Cavalaria portavam – são encarregados de garantir a soberania, a ordem pública e o respeito às leis no Chile. Em 2016, o general-diretor era Bruno Villalobos Krumm, e o lema da instituição é "Sempre um amigo" ("Un amigo siempre") (Carabineros de Chile, 2017).

Os Carabineiros são subordinados ao Ministério da Defesa Nacional e se vinculam administrativamente ao Ministério do Interior.

Na América Latina, os Carabineiros são destaque há muito tempo, por serem uma polícia eficiente e com os melhores resultados. O policiamento comunitário chileno tem seu expoente na **polícia de quadrantes**, como veremos no estudo de caso a seguir.

De acordo com o art. 4º da Lei Orgânica da Polícia de Investigações do Chile (Fonseca Júnior; Santarosa, 2005), a PDI tem como missão investigar crimes, seguindo as orientações do Ministério Público, sem prejuízo das ações legais que não dependem dos promotores.

Na mesma Lei, o art. 5º desdobra as missões da Polícia de Investigações em:

» *Contribuir para a manutenção da ordem pública.*

» *Evitar que a perpetração de atos criminosos e de atos que violem a estabilidade das agências estatais.*

» *Cumprir as ordens do Ministério Público para fins de investigação, bem como as ordens de autoridades judiciais e de autoridades administrativas que envolvam cortes especiais.*

» *Fornecer a cooperação para o tribunal em matéria penal.*

» *Verifique a entrada e saída de pessoas no país.*

» *Fiscalizar a permanência de estrangeiros no país.*

» *Representar o Chile como membro da Organização Internacional de Polícia Criminal (Interpol).*

» *Cumprir outras funções definidas em leis.* (Fonseca Júnior; Santarosa, 2005, p. 53-54)

A PDI atua em um ciclo completo – ou seja, realiza a prevenção e a repreensão – embora não exerça patrulhamento preventivo, sendo mais assemelhada à Polícia Federal brasileira, com missões de fiscalização, administrativas e judiciárias.

Por fim, a Gendarmaria do Chile é subordinada ao Ministério da Justiça e encarregada da ordem, da segurança e do cumprimento das penas nas penitenciárias; baseia-se na hierarquia e na disciplina e é uma polícia uniformizada e armada. De 1927 até 1975, era denominada *Serviço de Prisões* e integrava os Carabineiros do Chile (Carabineros de Chile, 2017).

Estudo de caso

Plano de vigilância de quadrantes

O plano de vigilância de quadrantes é uma iniciativa que visa aumentar a sensação de segurança entre a população, melhorando o trabalho da polícia os níveis de vigilância e, acima de tudo, incentivando uma parceria cada vez mais estreita e harmoniosa entre os Carabineiros do Chile e a comunidade.

Objetivos:
» Prevenir o aumento da criminalidade.
» Estreitar a comunicação e a parceria.
» Conhecer ainda mais as características e os problemas do setor.
» Desenvolver um conjunto de projetos e planos de prevenção.
» Prestar um serviço mais confiável, rápido e eficiente.
» Atender cada vez mais às expectativas das pessoas.

Missão:
Permitir e facilitar a integração da instituição com a comunidade. Tornar-se um fiel parceiro na resolução de problemas que afetam a qualidade de vida e, acima de tudo, gerar uma sensação de paz pública que aumenta a sensação de segurança.

Fundamentos:
» *Necessidade de readaptar os métodos de trabalho* – harmonia com os processos de mudança e/ou mutações que sofre o corpo social.

» *Necessidade de desenvolver serviços amigáveis* – a fim de alcançar os objetivos e/ou metas operacionais regularmente avaliados. *Estabelecer serviços preventivos* – abordando para atender à necessidade levantada pelos cidadãos, nas áreas de sua segurança pessoal e de sua propriedade.

» *Melhorar a produtividade policial* – prevenir crimes e processar aqueles que tenham transgredido a lei. Este é o grande desafio da instituição.

Objetivos específicos

» *Melhorar* os níveis de policiamento, para alcançar maior eficácia no controle do fenômeno da criminalidade.

» *Garantir* que os cidadãos "sintam" que o policial está perto, preocupado com o que lhes acontece, comprometido com as preocupações, natural e facilmente acessível.

» *Gerar* confiança, solucionar de problemas e mediar de conflitos, com o objetivo de diminuir a percepção de insegurança que se manifesta à cidadania.

» *Reduzir* os tempos de resposta, na medida em que há um real aumento de recursos de colocados à disposição.

Conceito de quadrante:
Subsetor de responsabilidade, parametrizado de acordo com critérios pré-estabelecidos, que são administrados e/ou executam ações programadas de vigilância policial preventiva e reação operacional.

Como se define o quadrante:
» Elaborar um diagnóstico da situação atual do policiamento em uma determinada área da sede, para aferir a oferta real de serviços de polícia, demanda e o déficit existente.

> Definir um nível crítico de policiamento que permite reduzir e controlar a criminalidade e atos que afetam a segurança das pessoas e sua propriedade em conjunto com uma comissão da comunidade atendida.
> Requisitos adicionais do dimensionamento dos recursos necessários para atingir o nível crítico de vigilância e traduzi-los em um plano plurianual de investimentos.
> Uma distribuição racional e equitativa dos recursos da polícia, de tal forma de entregar para a comunidade, independentemente do seu estado e localização geográfica, o mesmo nível de vigilância policial.
> Definição de critérios para a elaboração de indicadores de desempenho da função de policiamento.

Convite:
Às donas de casa, aos chefes de família, associações de bairro, clubes desportivos, centros de juventude, associações de pais e mestres, diretores e professores, avós, jovens e crianças – aproximem-se dos Carabineiros que estão nos seus bairros. Eles estão na vizinhança para ajudá-los na rápida solução de suas preocupações.

Fonte: Carabineros de Chile, 2002, tradução nossa.

No *site* <http://www.carabineros.cl/#>, cada cidadão consegue obter informações sobre o seu quadrante, quem é o responsável por ele, o endereço da base física, orientações de emergência e de autoproteção, dados estatísticos, informações de utilidade pública, e informações sobre os Carabineros, inclusive com publicações e ligações externas (Carabineros de Chile, 2017).

Para saber mais

Para saber mais sobre a polícia do Chile, sugerimos a leitura da reportagem a seguir:
G1. **Chile consegue vencer o desafio da segurança pública.** 2014b. Disponível em: <http://g1.globo.com/jornal-da-globo/videos/t/edicoes/v/chile-consegue-vencer-o-desafio-da-seguranca-publica/3321431/>. Acesso em: 7 mar. 2017.

O professor José Maria Rico utiliza em seus estudos o *site* Latinobarómetro (2017), que avalia a democracia e o conhecimento dos cidadãos sobre as práticas de corrupção e o grau de confiança que estes têm nas instituições, inclusive policiais e judiciais. A coleta de dados é realizada em quase todos os países latino americanos, com exceção de Cuba e da República Dominicana, ou seja: Argentina, Bolívia, Brasil, Chile, Colômbia, Costa Rica, Equador, El Salvador, Guatemala, Honduras, México, Nicarágua, Panamá, Paraguai, Peru, Uruguai e Venezuela. Entre todos, o maior grau de confiança é observado na Polícia do Chile.

Para verificar a atualidade das informações de Rico (1998), buscamos o *site* e verificamos que o Chile continua sendo o país latino-americano em que seus cidadãos mais confiam na Polícia, como mostra o Gráfico 2.1, a seguir.

Gráfico 2.1 – Grau de confiança nas polícias da América Latina

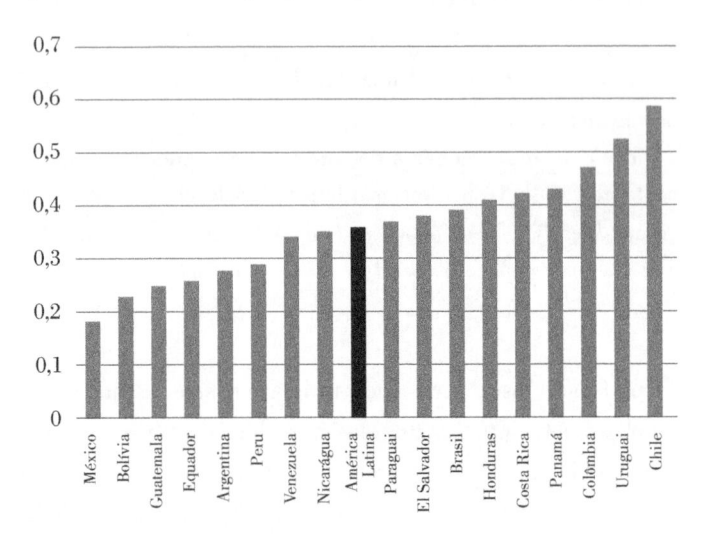

[Gráfico de barras mostrando o grau de confiança nas polícias, com valores aproximados:
México 0,18; Bolívia 0,22; Guatemala 0,24; Equador 0,26; Argentina 0,28; Peru 0,29; Venezuela 0,34; Nicarágua 0,35; América Latina 0,36; Paraguai 0,37; El Salvador 0,38; Brasil 0,39; Honduras 0,41; Costa Rica 0,42; Panamá 0,43; Colômbia 0,47; Uruguai 0,52; Chile 0,59]

Fonte: Adaptado de Latinobarómetro, 2017.

Neste mesmo gráfico, vemos que a população de Honduras, Costa Rica, Panamá, Colômbia, Uruguai e, é claro, do Chile, confiam mais em suas polícias do que a população brasileira, um povo que não demonstra confiança na sua polícia. Sendo assim, temos que fazer algo para ampliar essa confiança, reestabelecer a fé do público na instituição.

2.3.6 Colômbia

Rodrigues (2005), no estudo coordenado pelo Itamaraty* *mundo afora: programa de combate* à *violência urbana*, apresentou a política pública para a redução da violência em Bogotá, capital da Colômbia, relatando: "A cidade foi premiada em outubro de 2002, na cidade de Bruxelas, durante o I Congresso Internacional de Prevenção da

---

* Ministério das Relações Exteriores (MRE) do Governo Federal.

Violência, promovido pela Organização Mundial de Saúde (OMS), pelo reconhecimento de política pública exitosa na redução da violência, verificada no período entre 1995-2002" (Rodrigues, 2005, p. 66).

Rodrigues (2005) afirma ainda que uma das razões para os bons resultados foi a criação de estruturas de gerências, de coordenação e controle, destacando a criação do *Observatorio de Violencia y Delincuencia de Bogotá*, o qual reúne, processa e disponibiliza às autoridades municipais informações oficiais, confiáveis, acerca da violência urbana na capital. Com isso, torna-se uma das principais plataformas de processamento de dados e de coordenação de análises capazes de orientar a execução de políticas na área de segurança pública na Colômbia (Rodrigues, 2005).

Outra estrutura de destaque neste país é o *Consejo Distrital de Seguridad*, integrado pelas seguintes autoridades: prefeito, comandante da Guarnição Municipal, comandante de Polícia Metropolitana, subdiretor do Departamento Administrativo de Segurança, delegados designados pelo procurador-geral da Nação, pelo diretor seccional de Ordem Pública e pelo secretário de Governo Municipal.

Os objetivos do Conselho são os seguintes (Rodrigues, 2005):

a. Recomendar a elaboração de políticas públicas específicas de combate à violência e à perturbação da ordem social.

b. Manter estreita coordenação com as várias instâncias do poder público relacionadas à manutenção da segurança.

c. Supervisionar a implementação dos planos de segurança pública adotados pelo município.

Os dados a serem utilizados nas análises do Observatório são compilados pelo Sistema Unificado de Informação sobre Violência e Delinquência na Capital (SUIVD), o qual expede publicações e comunicações específicas, disponibilizadas na internet e por meio de boletins impressos (Rodrigues, 2005, p. 67-68).

A Colômbia apresenta uma Polícia Nacional subordinada ao Ministério da Defesa Nacional, que é militar e realiza o ciclo completo de polícia. O país tem também oito Diretorias Operacionais: a) Segurança Cidadã (subdividida em Segurança Urbana e Rural); b) Carabineiros; c) Investigação Criminal; d) Inteligência Policial; e) Antinarcóticos; f) Proteção e Serviços Especiais; g) Antissequestro e Antiextorsão; e h) Trânsito e Transportes. Tem também três Polícias Metropolitanas (Bogotá, Santiago de Cali e Valle de Aburrá) e 53 Departamentos de Polícia. O lema da Polícia Nacional é "Todos por um novo país. Paz, equidade, educação" (*Todos por un nuevo país. Paz, equidad, educación*) (PNC, 2017a; 2017b).

Os observatórios locais ou regionais, instalados em bairros ou nas cidades, estabelecem pequenos núcleos de coleta e disponibilização de informações sobre a violência. Dessa forma, a população acompanha a evolução do problema e se integra de forma mais direta na elaboração de propostas concretas para a redução da criminalidade. Com isso, o sucesso do modelo colombiano de combate à violência motivou o governo do Rio de Janeiro a conhecer melhor e a se inspirar nele para reduzir os índices de crime e violência no estado.

Em 2007, a *Revista Época* publicou a matéria "As lições da Colômbia para o Brasil" (Aquino, 2007). A matéria mostra como um país com dilemas maiores que os brasileiros reduziu drasticamente os índices de criminalidade nas grandes cidades, em pouco mais de uma década:

> *a sensação de segurança nas ruas é incomparável [com Rio de Janeiro e São Paulo]. Bogotá e Medellín atraem hoje cartéis do bem: urbanistas, arquitetos, sociólogos do mundo todo. Cabral irá em visita oficial, com assessores, para ouvir dos prefeitos das duas cidades (os homens mais poderosos no país depois do presidente) um segredo: como conseguiram reduzir de forma radical a criminalidade num país com dilemas mais complexos que os do Brasil. Qual a fórmula de segurança deles?*

Como argumentar que no Brasil falta dinheiro para a segurança, se o PIB da Colômbia equivale ao do estado do Paraná (US$ 98 bilhões) e o PIB do Brasil é oito vezes maior, US$ 796 bilhões? (Aquino, 2007, p. 1)

Para saber mais

Recomendamos que você leia a reportagem completa "As lições da Colômbia para o Brasil" e também assista ao documentário *O veneno e o antídoto: uma visão da violência na Colômbia*, de Estevão Ciavatta, que mostra a busca da Colômbia por caminhos para a paz em meio a um violento conflito interno.

AQUINO, R. de. As lições da Colômbia para o Brasil. **Revista Época**, Violência, n. 457, 19 fev. 2007. Disponível em: <http://revistaepoca.globo.com/Revista/Epoca/0,,EDR76433-6009,00.html>. Acesso em: 2 fev. 2017.

CIAVATTA, E. **O veneno e o antídoto**: uma visão da violência na Colômbia. 2008. Disponível em: <https://www.youtube.com/watch?v=Jk0ZwZawIq4>. Acesso em: 4 fev. 2017.

O brigadeiro-general José Roberto León Riaño, da Polícia Nacional da Colômbia, durante o 18º Simpósio Internacional sobre Criminologia de Ambientes e Análise Criminal, realizado na Academia Nacional de Polícia, em Brasília, de 6 a 9 de julho de 2009, apresentou as estratégias e os resultados da chamada *política de seguridad democrática* de seu país:

Implementação:
» Controlar o território do Estado.
» Desarticular (grupos armados ilegais).
» Fomentar a desmobilização.
» Estabelecer a confiança cidadã.

Consolidação:
» Consolidar o controle do território do Estado.
» Obter o monopólio legítimo da força.
» Fortalecer o Estado Social de Direito (Ecca, 2009).

No encerramento de sua apresentação, intitulada "Crímenes violentos en países en Desarrollo – Colombia", Riaño apresentou os resultados da Política de Segurança Pública Democrática, como mostra a Figura 2.1, a seguir.

Figura 2.1 – Perspectiva de Segurança Pública e Confiança na Colômbia

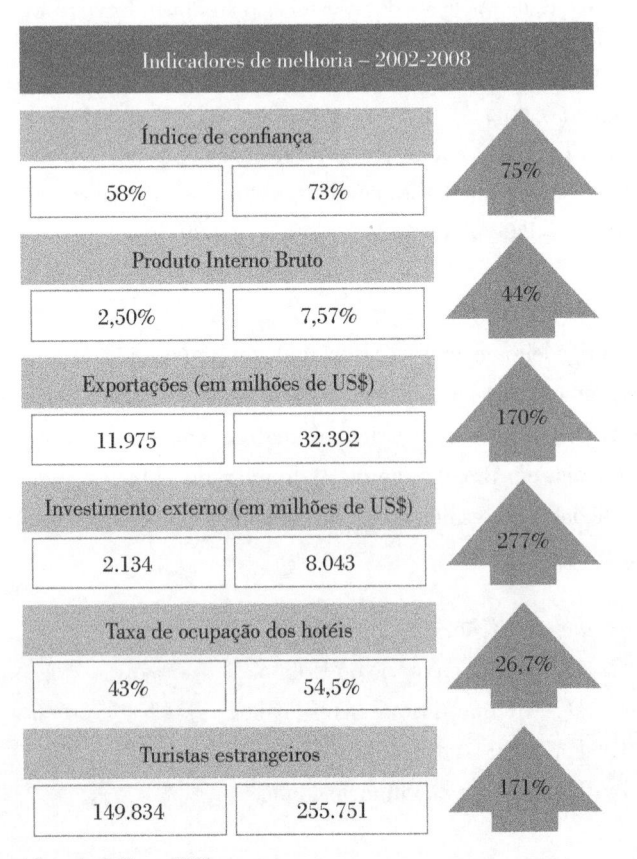

Indicadores de melhoria – 2002-2008		
Índice de confiança		75%
58%	73%	
Produto Interno Bruto		44%
2,50%	7,57%	
Exportações (em milhões de US$)		170%
11.975	32.392	
Investimento externo (em milhões de US$)		277%
2.134	8.043	
Taxa de ocupação dos hotéis		26,7%
43%	54,5%	
Turistas estrangeiros		171%
149.834	255.751	

Fonte: Adaptado de Ecca, 2009.

Antes, a situação colombiana foi mostrada na *Revista Época*: "não foi sempre assim. Em 1992, só 17% dos colombianos confiavam na polícia. Agora, 75% acreditam nesses homens fardados e armados" (Ecca, 2009, p. 8). Porém, em sua apresentação, o general Riaño mostrou como seu país superou a criminalidade e a violência endêmicas, e o quanto isso ajudou a economia e qualidade de vida do país e do seu povo. A cidade com maior taxa de assassinatos na Colômbia é Cali, com 64,27 assassinatos por 100 mil habitantes, a 10º mais violenta do mundo em 2015 (Seguridad, Justicia y Paz, 2016); porém, a situação era muito pior: na década de 1990, eram 126 assassinatos por 100 mil habitantes (Aquino, 2007).

2.3.7 Outros países da América Latina

Em 2006, o Grupo de Trabalho da Secretaria Nacional de Segurança Pública (Senasp) solicitou dados de programas de polícia comunitária na América do Sul. As informações foram publicadas no *Manual de promotor de polícia comunitária* (2007), as quais passamos a resumir.

Na **Argentina**, Corbetti (2007) informou que a política criminal está fundamentada na sistematização de dados criminais para combater localmente os crimes. O patrulhamento é variável de acordo com a demanda e com as informações da comunidade.

Quando alguém é ferido por um ato criminoso, a polícia coloca à sua disposição médicos e psicólogos da instituição. Programas internos de conscientização policial e autoestima também fazem parte do programa.

Na mídia, existe um programa de rádio que informa a comunidade sobre medidas preventivas, orientações policiais, médicas, legais ou psiquiátricas, totalmente gratuito. Na televisão, há uma campanha publicitária preventiva sobre a ingestão de bebidas e drogas por menores de idade.

Os dados gerais dos serviços públicos são direcionados a um centro, que administra essas chamadas, e a polícia passa a ser o referencial de solicitações públicas essenciais urgentes da comunidade. Recebida a solicitação, a polícia aconselha, orienta e, se for o caso, permanece no local com o cidadão até que chegue o serviço especializado.

Urbano (2007) informa que, no **Equador**, a política de segurança em relação à comunidade está evoluindo: a Polícia Nacional do Equador está abrindo seus quartéis e convidando a comunidade para participar de sua própria segurança. A polícia e a sociedade atuam em estratégias conjuntas em prol do bem comum e da segurança: "O relacionamento entre polícia e comunidade no Equador é feito pelas Brigadas de bairros, que resgatam os princípios de boa vizinhança, solidariedade e espírito cívico para motivar e conscientizar a coletividade a respeito da segurança de cada um dos membros e da comunidade" (Urbano, 2007, p. 77).

Urbano (2007) descreve ainda como funciona essa brigada, que realiza o diagnóstico, capacita, motiva e reúne os membros e as forças policiais, divulga resultados, perigos e atitudes a serem tomadas, e reúne periodicamente a comunidade e a Polícia Nacional, estreitando o relacionamento da polícia com as pessoas em geral.

Suzuki (2007) relata que, no **Paraguai**, a construção de uma polícia democrática começou com a centralização dos serviços, a partir de 1992, consequência da queda da ditadura ocorrida em 1989. Assim, a Polícia Nacional foi se afastando da política e passou a se dedicar a proteger os cidadãos, aproximando-se da comunidade e fortalecendo o respeito aos direitos humanos.

Suzuki (2007) destaca ainda os principais programas paraguaios: o Conselho Assessor Comunal, como parte integrante da organização das delegacias; a Defesa Civil, com atendimentos médico-odontológicos gratuitos pelos profissionais do Hospital da Polícia Nacional; a rádio A Voz da Polícia, com alcance aproximado de 100 quilômetros ao redor de Assunção, a capital do país. Com isso, "todas essas medidas apontam a busca de uma maior aproximação com a comunidade, em tempo de constituir valiosa contribuição na prevenção do delito, na manutenção da saúde moral da infância e da juventude, com a prevenção de atividades perigosas, amizades indesejáveis, consumo de drogas e abuso do álcool" (Suzuki, 2007, p. 82).

Garciaguirre (2007) relata que, em **El Salvador**, a polícia comunitária faz parte do Programa Aliança pela Segurança, por meio do fortalecimento da Polícia Nacional Civil, com estrutura e reequipamento.

A aproximação com a comunidade é estimulada principalmente na autoproteção e na denúncia cidadã. As patrulhas são incentivadas a manter contato com a comunidade, anotando data, horário e nome dos contatados; as reuniões com vizinhanças seguras também são estimuladas, bem como a busca por apoio da imprensa para divulgar as orientações da polícia.

Outras medidas que fortalecem a autoestima policial e o atendimento diferenciado para atuação em relação aos jovens e adolescentes também fazem parte das ações da polícia comunitária salvadorenha.

Como mostramos, o *Manual do promotor de polícia comunitária* (2007) apresenta esses programas de policiamento comunitário na Argentina, no Equador, no Paraguai e em El Salvador, mostrando que, além do sucesso chileno, existem na América do Sul outros programas de policiamento comunitário. Isso tanto na Argentina, que tem uma taxa de homicídios por 100 mil habitantes de 7,6, quanto no Equador, cuja taxa é 8,2 por 100 mil, Paraguai, 8,6 por 100 mil e até mesmo em El Salvador, com 64,2 assassinatos por 100 mil habitantes.

Em 2003, quando Cobarruviaz esteve no Brasil, a taxa em El Salvador era 37,2 assassinatos por 100 mil habitantes, e havia caído 40% desde em 1992, ano do final da guerra civil de El Salvador (Infogr.an, 2015).

Com a saída de Cobarruviaz, em 10 anos (2004-2014), a taxa de homicídios dobrou em El Salvador, o que mostra que o policiamento comunitário não pode depender do alto comando, de uma pessoa apenas. Em outras palavras, as reformas na polícia não bastam: a sociedade precisa estar engajada, e deve defender a polícia comunitária, para que as conquistas sejam perenes e cada vez melhores.

Para saber mais

Para dados estatísticos, inclusive o total de homicídios e a taxa por 100 mil habitantes de qualquer país do mundo, utilize o *site* espanhol a seguir:
DATOSMACRO.COM. **Expansión/Datosmacro.com**. Disponível em: <http://www.datosmacro.com/>. Acesso em: 5 fev. 2017.

2.3.8 China

A China, o país mais populosos do planeta, também tem seus programas de polícia comunitária, mas em um contexto histórico-político em que a comunidade realiza a vigilância, o que significa que as pessoas se vigiam – de forma pessoal e comunitária, com a polícia desempenhando um papel secundário, incluído na comunidade, tanto fornecendo suporte quanto vigiando para manter os ideais revolucionários.

A China tem um regime ditatorial com forte repressão à difusão de informações sobre a segurança. Nesse sentido, Lima Neto (2005) informa que o progresso acelerado chinês teve seu preço, com o aumento da disparidade de renda, o desemprego e a criminalidade.

Na atualidade, os crimes que mais aumentaram no país estão relacionados à prostituição, ao narcotráfico e à natureza econômica. No início do século XXI, a maior preocupação das autoridades era com pequenos roubos, que teve 2.861.727 casos em 2002 – um aumento de 120% em relação a 1998. Lima Neto (2005) nos apresenta como exemplo a Polícia de Xangai. Essa cidade, localizada no leste do país e com uma população de 20 milhões de habitantes, impõe um desafio à polícia, que tem um comando centralizado, diretamente ligado ao Ministério de Segurança Pública.

A Polícia de Xangai conta com um trabalho junto à comunidade ligado às **células comunitárias**, implementadas em 1954 como forma de controle e doutrinação; os residentes são obrigados a se registrar nas células, que controlam o trânsito e atuam na prevenção criminal.

Com as migrações e o enfraquecimento do regime, 50% dos crimes são praticados por não residentes na cidade, ou seja, migrantes e turistas (Lima Neto, 2005).

Além dos 28 departamentos especializados, a Polícia de Xangai também dividiu a cidade em setores para realizar o patrulhamento; como mostra da eficiência, a cidade é "fechada" em menos de 15 minutos, alocando-se equipes em todos os seus acessos. A tecnologia também é uma grande aliada da polícia, sendo que as viaturas são equipadas com sensores e câmaras. No que diz respeito a quem comete os crimes, Lima Neto (2005, p. 57) afirma: "A base do pensamento chinês é de que o criminoso pode ser reformado pela educação e pelo trabalho".

Os dados mais recentes disponíveis sobre a violência na China mostram que, em 2012, aquele país teve 11.286 assassinatos, menos de um assassinato por 100 mil pessoas (Datosmacro, 2017a). Para efeito comparativo, uma reportagem do *site* Globo.com de 2014, com dados da OMS, mostram o Brasil como o país onde ocorreram mais homicídios em 2012 (G1, 2014a).

Para saber mais

Recomendamos que você leia a reportagem completa "As lições da Colômbia para o Brasil" e também assista ao documentário O veneno e o antídoto: uma visão da violência na Colômbia, de Estevão Ciavatta, que mostra a busca da Colômbia por caminhos para a paz em meio a um violento conflito interno.

AQUINO, R. de. As lições da Colômbia para o Brasil. **Revista Época**, Violência, n. 457, 19 fev. 2007. Disponível em: <http://revistaepoca. globo.com/Revista/Epoca/0,,EDR76433-6009,00.html>. Acesso em: 2 fev. 2017.

CIAVATTA, E. **O veneno e o antídoto**: uma visão da violência na Colômbia. 2008. Disponível em: <https://www.youtube.com/watch?v=Jk0ZwZawIq4>. Acesso em: 4 fev. 2017.

2.3.9 Índia

A Índia, a despeito de o Brasil manter relações diplomáticas com o país, não consta no rol de Programas de Combate à Violência Urbana, da coleção *Mundo Afora*, mas foi apresentada como exemplo de Polícia Comunitária pela Altus Global Alliance (2004).

Criados pela Polícia do Punjab – estado a noroeste do país – em 2003, os Centros de Recursos da Polícia Comunitária (CRPC), promoveram alterações das práticas nas delegacias de polícia, sendo que aqui apresentamos a da cidade de Kapurthala, em Punjab:

As pessoas recorrem ao Centro de Recursos da Polícia Comunitária em Kapurthala para denunciar crimes, solicitar documentos para viagem e mesmo para pedir assistência jurídica. Este é um dos 13 CRPCs criados pela Polícia do Punjab em 2003. O diretor-geral da polícia, A.A. Siddiqui, explica:

"Os CRPCs ainda têm um longo caminho pela frente para fazer com que tanto a polícia quanto a comunidade tenham consciência de seus direitos e responsabilidades, e resultarão em uma maior responsividade e prestação de contas por parte da polícia. Os CRPCs vão ajudar a corrigir injustiças; funcionarão como um local central para propostas voltadas para a comunidade, como combate à violência doméstica, abuso de substância, assistência jurídica etc.; atuarão como central de informações; prestarão serviços em um só lugar; servirão de centro de apoio a vítimas, com linhas diretas para vítimas e mulheres". (Altus Global Alliance, 2004, p. 7)

O pessoal que trabalha no Centro é composto por policiais e agentes da polícia que usam trajes civis, juntamente com voluntários da comunidade, com o objetivo de proporcionar um ambiente em que todos se sintam mais à vontade: "As pessoas recorrem ao Centro de Recursos da polícia comunitária em Kapurthala para denunciar crimes, solicitar documentos para viagem e mesmo para pedir assistência jurídica" (Altus Global Alliance, 2004, p. 7).

Conforme a Altus Global Alliance (2004), os centros são prédios novos, com informatização e novas tecnologias, porém, a participação ativa da comunidade ainda era incipiente.

A Altus Global Alliance (2004) destacou como promissores os CRPCs em Punjab, com resultados efetivos. Ao lado da Delegacia Legal, no Rio de Janeiro, foram considerados exemplos de bons resultados, mesmo em países em desenvolvimento com altos índices de violência, como a Índia e o Brasil.

2.3.10 Japão

Cavalcante Neto (1996), no artigo "A polícia comunitária no Japão: uma visão brasileira", descreveu o policiamento comunitário no país do Extremo Oriente. Considerando esse artigo e as informações constantes nos estudos de Bayley (2002) e Skolnick e Bayley (2002), vemos que o sistema policial japonês está estruturado em Polícias Provinciais subordinadas administrativamente aos municípios e centralizadas por meio da Agência Nacional de Polícia (*Kolsatsucho* – JNPA), a qual é subordinada à Comissão Nacional de Segurança Pública (*Kokka Koan Linkal*).

Desse modo, o controle, o relacionamento e a coordenação entre as polícias locais, bem como a administração de assuntos ligados ao treinamento, às comunicações, às estatísticas criminais e ao controle de todos os equipamentos utilizados pelo sistema policial japonês são harmonizados como se houvesse uma polícia única, com especial destaque para a Polícia de Tóquio, a capital do país.

Desde o fim da Segunda Guerra Mundial, o Japão não tem Forças Armadas, mas tem uma estrutura de autodefesa. O mesmo acontece com a Polícia Japonesa, que é uma organização civil, mas que tem estrutura, formação e disciplinas nos moldes de uma corporação militar, com missões que envolvem o ciclo completo de polícia – qual seja, o policiamento preventivo e os serviços relativos à Polícia Judiciária.

A JNPA está subordinada diretamente à Comissão Nacional de Segurança Pública e é o seu órgão executivo. Apresenta uma estrutura organizacional composta por cinco departamentos: Administrativo, de Investigações Criminais, de Trânsito, de Segurança e de Comunicações. Vinculadas à JNPA estão a Academia Nacional de Polícia, o Instituto Nacional de Pesquisas Científicas de Polícia e o Quartel-General da Guarda Imperial. A JNPA é chefiada por um comissário-geral, que também dirige e controla, para efeito de integração nacional, as atividades das polícias locais, cuja estrutura é composta pelas Comissões Locais de Segurança Pública e pelos respectivos quartéis-generais. No caso da cidade de Tóquio, existe ainda um Departamento de Polícia Metropolitana.

O policiamento local em cada prefeitura é dividido em subáreas e, em cada uma delas, existe uma guarnição policial (*Police Station*) com jurisdição sobre aquela parte da cidade. A guarnição constitui a linha de frente das unidades operacionais das polícias locais, pois é encarregada da manutenção da ordem pública e da prevenção criminal.

Essas guarnições têm módulos policiais (*koban*) instalados em vários locais nos centros urbanos mais densamente habitados. Os módulos podem ser de três tipos: comuns (*koban*), que seguem a arquitetura do local onde estão instalados; residenciais (*chuzaichos*), que, em pequenas vilas e comunidades, também se destinam à residência da família do policial; e módulos de segurança policial, utilizados para a segurança de determinadas instalações. O número de policiais empregados em cada uma delas varia de acordo com as necessidades do serviço policial (Cavalcante Neto, 1996).

Cavalcante Neto (1996, p. 5) explica que, embora diferentes, *kobans* e *chuizaishos* são considerados parte do mesmo Sistema *koban*: o *chuzaisho* normalmente se localiza em bairros residenciais de pouca densidade populacional ou em áreas rurais. Trata-se de uma casa que serve de Posto de Polícia 24 horas por dia e onde um agente policial reside com seus familiares. Na ausência do agente, sua esposa atende aqueles que procuram o posto e a polícia, recebendo uma ajuda de custo para tanto. As despesas mensais de taxas, luz, gás, água etc. são pagas pela prefeitura (Cavalcante Neto, 1996).

Por outro lado, o *koban* funciona 24 horas por dia, com equipes compostas por três ou mais policiais, cada uma, e são localizados nos centros urbanos, normalmente nos locais onde há um grande fluxo de pessoas, como zonas comerciais, turísticas, áreas de serviço, ou próximos de estações de metrô, trem ou outros meios de transporte. Em geral, o atendente do koban é um policial aposentado. Aproximadamente 80% dos cerca de 127 milhões de japoneses são atendidos por *Kobans*, enquanto o restante é atendido por *Chuzaishos* (Cavalcante Neto, 1996).

Segundo Monet (2001, p. 189), "embora ostente uma taxa de criminalidade extremamente baixa, o Japão constitui um dos países desenvolvidos onde o crime organizado é particularmente florescente". Além disso, devemos lembrar que, no mesmo período (1986-1990), "o Japão registra uma taxa de elucidação de crimes de 96,7%" (Monet, 2001, p. 136).

Nesse sentido, Canabrava e Nakata (2005) relatam que, em 1992, foi estabelecida uma legislação para melhorar o controle sobre grupos de crime organizado, chamados de *Boryokudan*, que no Ocidente conhecemos como *Yakuza* (Canabrava; Nakata, 2005).

Canabrava e Nakata (2005, p. 125) registram ainda que "o crescente risco de envolvimento de cidadãos comuns em tais conflitos (do crime organizado) tem levado a sociedade civil japonesa a exigir medidas institucionais de combate ao crime organizado". Os autores descrevem as principais iniciativas adotadas:

> » *Participação em 1988 no novo Acordo de Drogas, promulgação da Lei de Medidas Especiais contra Drogas e criação da Divisão de Medidas contra Drogas na Agência Nacional de Polícia. [...]*
>
> » *Promulgação da Lei de Medidas contra Grupos de Crime Organizado e criação em 2001 do Departamento de Medidas contra o Crime Organizado na Agência Nacional de Polícia. [...]*

» *Criação em 1994 da Divisão de Medidas contra Armas Brancas e de Fogo na Agência Nacional de Polícia. [...]*

» *Promoção da cooperação internacional e criação em 1994 do Departamento Internacional na Agência Nacional de Polícia. [...]*

» *Promulgação em 1999 de Leis de Medidas contra o Crime Organizado.*

» *Tratamento interministerial conferido ao crime organizado e a criação do Centro de Coordenação de Medidas contra o Crime Organizado diretamente no Gabinete do Primeiro-Ministro.* (Canabrava; Nakata, 2005, p. 124-127)

Em 2016, por meio de seu *White Paper*, a Agência Nacional Japonesa informou que está realizando progressos no combate ao crime organizado, fruto de um esforço contínuo e conjugado para vencer o mais difícil desafio de qualquer país, que é combater tal espécie de crime e a criminalidade transnacional, conforme o primeiro capítulo, intitulado "O progresso e as perspectivas futuras de medidas contra o crime organizado" (NPA, 2016):

Relata que o número de casos criminais no Japão aumentou continuamente entre 1996 a 2002, quando atingiu 2,85 milhões, o maior número desde o final da Segunda Grande Guerra. A situação da segurança pública piorou, em parte, devido à escalada na gravidade dos crimes cometidos por grupos criminosos estrangeiros, relacionados ao contrabando, tráfico de drogas, de armas de fogo e crimes e, em parte, devido ao crime organizado doméstico, Boryokudan.

Com o objetivo de controlar o crime organizado, foi criado o Departamento da Agência Nacional de Polícia de Combate ao Crime Organizado em abril de 2004 e foram reforçadas as medidas contra o crime organizado, que incluem: repressão estratégica sobre o crime organizado através de inteligência, agregando a análise de informações relevantes; iniciativas para eliminar o Boryokudan e as fontes de financiamento de organizações criminosas, aperfeiçoamento do controle de fronteiras, em cooperação com agências internacionais.

Os recentes resultados indicam que os esforços por parte da polícia foram positivos. Por exemplo, empresas de pequeno e médio porte de Boryokudan e grupos financeiros coligados estão sofrendo de uma escassez de fundos afetando aos membros do Boryokudan. Também os crimes relativos a estrangeiros no Japão e à criminalidade transnacional têm vindo a diminuir. [...]

Membros e associados do Boryokudan têm diminuído em número desde 2005. No final de 2014, o número total de membros era 53.500, o menor número desde que foi promulgada a lei sobre Prevenção das Condutas Injustas de Grupos de Crime Organizado (Lei Anti-Boryokudan) em 1992. Mais de 70% dos membros e associados da Boryokudan pertencem ao Yamaguchi-gumi, Sumiyoshi-kai ou Inagawa-kai, desde sempre as três maiores organizações de Boryokudan. (NPA, 2016, p. 1-3)

O *White Paper* está disponível no *site* da JNPA, que é multilíngue e também tem informações de 2015 sobre a Polícia do Japão ("Visão geral da Polícia Japonesa em 6 de abril de 2015"). Constitui uma mostra de transparência da Polícia Japonesa, que, além da estatística correta dos crimes, relata as taxas de criminalidade e os números exatos de efetivos e de equipamentos. No *site*, a Força Policial Japonesa é apresentada da seguinte forma:

> *A partir de 2014, a força policial japonesa atingiu o número de 293.700 profissionais, divididos em:*
>
> *Agência Nacional de Polícia do Japão – 7.700:*
>
> *Sendo 2.000 policiais (police officers), 900 guardas imperiais e 4.800 auxiliares de policiais (police staff).*
>
> *O número de profissionais nas polícias provinciais é de 285.300, sendo:*
>
> *257.000 policiais e 28.300 auxiliares de polícia.*
>
> *Desse total, aproximadamente 19.900 são mulheres, sendo 12.300 auxiliares de polícia.* (Japão, 2016)

Na Figura 2.2, a seguir, consta o número de profissionais de cada uma das 47 províncias japonesas. O mapa mostra a distribuição da força policial japonesa, com destaque para a Polícia Metropolitana de Tóquio.

Figura 2.2 – Distribuição das forças policiais japonesas

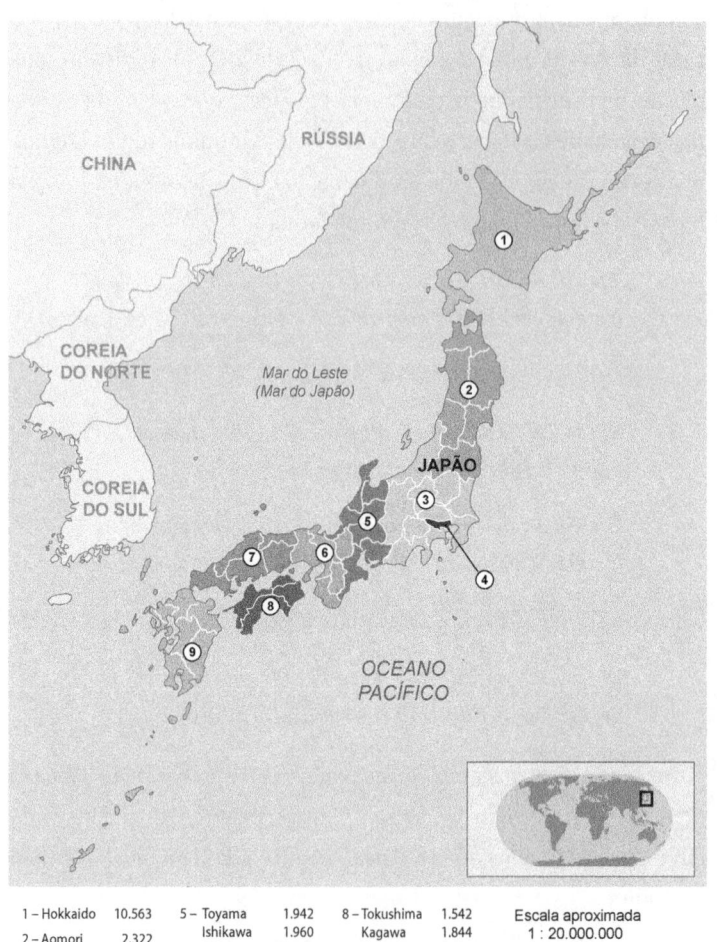

1 – Hokkaido	10.563	5 – Toyama	1.942	8 – Tokushima	1.542
2 – Aomori	2.322	Ishikawa	1.960	Kagawa	1.844
Iwate	2.177	Fukui	1.717	Ehime	2.446
Miyagi	3.831	Gifu	3.489	Kochi	1.596
Akita	1.966	Aichi	13.479	9 – Fukuoka	11.017
Yamagata	1.990	Mie	3.047	Saga	1.702
Fukushima	3.552	6 – Shiga	2.256	Nagasaki	3.054
3 – Ibaraki	4.770	Kyoto	6.517	Kumamoto	3.079
Tochigi	3.395	Osaka	21.338	Oita	2.073
Gunma	3.406	Hyogo	11.881	Miyazaki	2.017
Saitama	11.396	Nara	2.460	Kagoshima	3.016
Chiba	11.494	Wakayama	2.191	Okinawa	2.657
Kanagawa	15.583	7 – Tottori	1.226		
Niigata	4.148	Shimame	1.501		
Yamanashi	1.667	Okayama	3.485		
Nagano	3.455	Hiroshima	5.146		
Shizuoka	6.142	Yamaguchi	3.120		
4 – Tóquio	43.343				

Escala aproximada
1 : 20.000.000
1 cm : 200 km

0   200   400 km

Projeção de Lambert
Base cartográfica: Instituto Brasileiro
de Geografia e Estatística (IBGE)

Fonte: Adaptado de NPA, 2016.

Ângelo Ishi e Júlio Moreno realizaram um comparativo entre Tóquio e São Paulo no ano de 1998:

> A maior cidade do planeta, com 24 milhões de habitantes, teve apenas 501 assaltos e 117 assassinatos em 1996. Estes números, por si sós, já causam espanto. Quando comparados aos de outras metrópoles, tomam-se ainda mais impressionantes. Na maior cidade brasileira, São Paulo, onde moram 15 milhões de pessoas, ocorreram no mesmo período 54 518 assaltos e 4 891 assassinatos. Em Tóquio foram roubados 1983 carros, contra 180 mil paulistanos que perderam seu veículo. Mas é nas estatísticas dos assaltos a banco e dos sequestros que se tem a real dimensão de como é possível viver sem sobressaltos a cada minuto. Estas ocorrências (em Tóquio) são tão raras que nem constam das estatísticas divulgadas anualmente pela polícia. (Ishi; Moreno, 1998, p. 95)

Na Tabela 2.1, a seguir, podemos ver a estrutura da Polícia de Tóquio em 2015.

Tabela 2.1 – Força policial de Tóquio (a partir de 1º de abril de 2015)

Policiais	43.422
Funcionários civis	2.907
Auxiliares de polícia	3.120
Guarnições Policiais	102
Kobans	826
Chuzaishos	258
Centros de Segurança da Comunidade	82
Carros de patrulha	1.286
Motos da polícia	960
Barcos da polícia	22

(continua)

(Tabela 2.1 – conclusão)

Helicópteros	14
K-9s (cães)	36
Cavalos	16

Fonte: Japão, 2016.

A importância dada ao policiamento comunitário pela polícia japonesa, o qual é seguido à risca, deve-se a algumas premissas consideradas imprescindíveis:

a. *A impossibilidade de investigar todos os crimes pressupõe um investimento de recursos na prevenção de crimes e acidentes, para aumentar a confiança da população nas leis e na polícia.*
b. *Impedir o acontecimento de crimes e acidentes é muito mais importante do que prender criminosos e socorrer vítimas acidentadas.*
c. *A polícia deve ser levada aonde está o problema, para manter uma resposta imediata e efetiva aos incidentes criminosos individuais e às emergências, com o objetivo de explorar novas iniciativas preventivas, visando à resolução do problema antes de que eles ocorram ou se tornem graves. Para tanto descentralizar é a solução, sendo que os maiores e melhores recursos da polícia devem estar alocados na linha de frente dos acontecimentos.*
d. *As atividades junto às diversas comunidades e o estreitamento de relações polícia e comunidade, além de incutir no policial a certeza de ser um "minichefe" de polícia descentralizado em patrulhamento constante, gozando de autonomia e liberdade de trabalhar como solucionador dos problemas da comunidade, também é a garantia de segurança e paz para a comunidade e para o seu próprio trabalho.* (Cavalcante Neto, 1996, p. 13)

Sobre o policiamento comunitário no Japão, Silva palestrou em Queluz (Portugal), em 6 de maio de 2004, encerrando sua fala aos policiais lusófonos dizendo:

> *Não sendo um sistema diretamente transponível para a realidade portuguesa, o sistema Koban pode, no entanto, conter alguns ensinamentos e soluções que a experiência de mais de 100 anos e a sua aplicação pela Polícia Nacional Japonesa mostram ser válidas e eficazes.*
>
> *Países como os EUA e o Canadá desde há algum tempo acompanham com interesse a realidade Koban. O Brasil é outro país que vem estudando atentamente o sistema Koban e o entrosamento social que este permite à polícia alcançar com as comunidades locais. Aliás, o Brasil não só vem acompanhando a realidade Koban como inclusive vem aplicando de forma entusiástica o sistema Koban de policiamento comunitário, tendo a decorrer em vários pontos do seu território experiências neste domínio há já alguns anos.*
>
> *Termino, permitindo-me sugerir-vos que estejam atentos ao sistema Koban, àquele que pode vir a ser o seu desenvolvimento e às soluções que dele possam emergir para concretos problemas comunitários. Penso que no sistema Koban, vós, futuros capitães da Guarda, podereis colher ensinamentos válidos para o vosso dia a dia, enquanto militares e enquanto comandantes da força policial.* (Silva, 2004, p. 15)

Assim, a maior cidade do mundo é também a mais segura (Nômades Digitais, 2017): Tóquio está preparada para as Olimpíadas de 2020, com uma resolução de 97,6% dos crimes. Não satisfeita, a Polícia Japonesa continua buscando a excelência.

Segundo a Polícia Metropolitana de Tóquio, para tornar os Jogos Olímpicos de 2020 os mais seguros da história, foram traçadas cinco diretivas:

1. *Estar preparado para emergências a fim de preparar um futuro seguro: Nós vamos lidar com qualquer ameaça com a nossa gestão de crises de categoria mundial.*
2. *A luta é com inimigos invisíveis: Vamos garantir o ciberespaço com a nossa competência altamente sofisticada.*
3. *Luta com grupos do crime organizado: Nós vamos fazer de Tóquio uma cidade internacional atraente, com as nossas medidas estratégicas.*
4. *Fortalecer o vínculo com as comunidades e manter Tóquio segura: Nós vamos construir uma das melhores cidades do mundo onde os cidadãos estão seguros e protegidos.*
5. *Manter Tóquio como a cidade de sorrisos: Vamos intensificar a infraestrutura de segurança para realizar o conceito "Tóquio, cidade mais segura do mundo".*

(Japão, 2016)

Para aqueles que não acreditam que um sistema policial pode ser copiado, é oportuno conhecermos o policiamento comunitário de Singapura, uma cópia do sistema japonês, implementado com o apoio integral do Japão.

2.3.11 Singapura

A *Revista Brasileira de Segurança Pública*, em seu número de estreia, escolheu como matéria principal a entrevista que Elizabeth Leeds realizou com David H. Bayley, apresentado como "estudioso da polícia reconhecido internacionalmente. Realizou diversos estudos sobre a história da polícia e a polícia em sociedades contemporâneas" (Bayley, 2007, p. 120).

Por meio de estudos e pesquisas, Bayley demonstrou como as polícias podem se tornar instituições democráticas e capazes de reduzir o crime e a violência na sociedade. À pergunta de Leeds sobre se nos países em que Bayley havia trabalhado, e que são parecidos com o Brasil, havia exemplos em que a intervenção do policiamento comunitário foi bem-sucedida, a resposta foi:

Bayley: *Vou dar um exemplo ainda melhor. Acredito que as maiores mudanças no comportamento policial ocorreram em Singapura nos anos 1980 e início dos anos 90, onde eles tinham um modelo de cima para baixo – uma mentalidade de distribuir os policiais, não consultar o público, fazer rondas em viaturas. Eles mudaram e adotaram o sistema japonês do Koban em aproximadamente três anos. Tinham consultas à comunidade, começaram a organizar grupos de vigilantes comunitários, tinham escritórios-satélites de delegacias – muitas práticas que eram japonesas e nunca tinham sido vistas no modelo inglês que havia vigorado por lá até os anos 1980. Os dirigentes da polícia disseram: "precisamos nos aproximar do público em uma sociedade multirracial e servi-lo melhor para que ele esteja do nosso lado".*

Leeds: *Qual foi o ímpeto para que isso acontecesse?*

Bayley: *O ímpeto foi que Lee Kwan Yew, primeiro-ministro de Singapura após a independência, queria realmente mobilizar a polícia para a criação do "novo homem de Singapura", como se chamava na época. De forma bastante confucionista, ele acreditava que deveria haver moralidade de cima a baixo e que o Estado deveria se*

> *emular a família. Houve um esforço de mobilização de todas as burocracias, para que a polícia e a sociedade civil trabalhassem em harmonia, trabalhassem juntas moral e politicamente. Ele percebeu que a polícia era crucial nesse esforço.* (Bayley, 2007, p. 122, grifo do original)

Esse sucesso de transposição do policiamento comunitário do Japão para Singapura em apenas três anos é mais uma das realizações desse país que, no início do século XXI, já apresentava um baixo nível de criminalidade, conforme relatou o diplomata Porto Júnior (2005), com dados entre 2000 e 2005. Há uma rigidez no tratamento de criminosos, incluindo menores e tráfico de drogas (pena de morte). A reintegração dos faltosos ocorre por meio de persuasão, educação e apoio da sociedade. Porto Júnior (2005) descreve:

> *Dois casos atuais, que me são familiares por haver ocorrido em círculo familiar à embaixada, me parecem oferecer mote fortemente denotativo da natureza do universo de segurança interna em Singapura. O primeiro refere-se a um adolescente malaio de 15 anos, recentemente detido por haver acompanhado um grupo de jovens, alguns dos quais assaltaram um transeunte no centro da cidade. O segundo a outro jovem, filho de família francesa, também aqui residente, preso em flagrante por uso de maconha.* (Porto Júnior, 2005, p. 60)

Porto Júnior (2005) relata que a população de Singapura é formada por múltiplas etnias, sendo predominante a chinesa (aproximadamente 70%), seguido de malaios e indianos, e outras de menor incidência. É um país jovem, que se tornou uma república independente apenas em 1965, ao se separar da Malásia, após um longo período como "entreposto britânico", quando então Lee Kuan Yew, o "Pai da Pátria", assegurou os valores asiáticos com forte influência confucionista ao povo singapuriano.

Nesse sentido, Porto Júnior (2005, p. 63) escreve: "A ação estatal contou, igualmente, com a colaboração da população para prevenir delitos. O cingapuriano, como o suíço, delatará não apenas infrações a lei, mas tudo quanto lhe pareça anormal, ou mesmo apenas inabitual".

Porto Júnior realiza uma comparação estatística de criminalidade, utilizando dados de 1993 (dez anos de implantação do Sistema *Koban* em Singapura) com a cidade de Los Angeles (antes da chegada de William Bratton*), que apresentamos na Tabela 2.2, a seguir.

Tabela 2.2 – *Comparativo de violência e criminalidade entre as cidades de Singapura e Los Angeles – 1993*

Ano de 1993	Singapura	Los Angeles
Homicídios	0	1.100
Estupros	80	1.855
Roubos	1.008	39.277
Furtos de automóvel	3.162	65.541

Fonte: Adaptado de Porto Júnior, 2005, p. 63.

Além da prevenção e das sanções, Singapura investe na reeducação dos criminosos, com apoio da sociedade civil. A colaboração da população se estende inclusive a ações antiterrorismo, como exemplificado por Porto Júnior (2005), nas prisões e no desmantelamento

---

* William J. Bratton, a quem já nos referimos anteriormente, foi o chefe do Departamento de Polícia de Los Angeles de 2002 a 2009, que reduziu os homicídios em 25,5% e a criminalidade em 26,4 % logo nos primeiros três anos no cargo. "During his first three years as Chief in Los Angeles, the LAPD has driven Part I crime down 26.4 percent, including a 25.5 percent reduction in homicide" (Los Angeles, 2017b).

do *Jemma Islamya* e do *Kumpulan Militan Malasya* (grupos terroristas de Singapura) antes de perpetrarem os atos planejados.

As informações disponíveis em 2016 sobre a criminalidade em Singapura mostram que há menos assassinatos no país atualmente do que na época em que Porto Júnior fez seu relato para o Itamaraty: em 2005, a taxa era de 0,5 por 100 mil, alcançando em 2008 a maior taxa da década, com 0,6 por 100 mil, e chegando em 2014 a 0,3 por 100 mil, a mesma taxa que o Japão nesse ano (Datosmacro, 2017c). Dessa forma,

> Singapura, com 14 assassinatos em 2014, 3 a menos que em 2013, ficou classificado como 7º país com as menores taxas de homicídio doloso (intencional) por 100 mil habitantes, dos 196 que publicamos em Datosmacro.com. A taxa em Singapura em 2014 foi 0,3 assassinato por 100 mil habitantes. Desses assassinatos, 62,5% foram homens, enquanto que 37,5% eram mulheres. Fazendo uma digressão temporal, podemos ver que em uma década, de 2004 a 2014, a taxa se reduziu de 0,5% para 0,3%; em números absolutos, houve 21 assassinatos em 2004, contra 14 em 2014. (Datosmacro, 2017c)

Skolnick e Bayley (2002, p. 52) já destacavam essa experiência: "no mundo, Singapura é o melhor exemplo de transformação das tradicionais estratégias reativas em um programa de policiamento comunitário amplo". Esse bem-sucedido policiamento comunitário, iniciado em junho de 1983, é um sistema de "Postos de Polícia da Vizinhança" que se espelhou no Sistema *Koban* japonês e teve assistência do próprio Japão. Como dissemos, em apenas três anos estava em funcionamento e, inclusive, aprimorou o sistema original, apresentando bases fixas homogêneas e mais confortáveis e apresentáveis do que as japonesas (Skolnick; Bayley, 2002).

2.3.12 Comparação dos modelos de policiamento

Apresentamos como exemplos de polícia comunitária os seguintes países: Estados Unidos, Austrália, Canadá, Chile, Colômbia, Índia, China, Japão e Singapura. Todos esses países apresentam mais de um organismo policial, e todos os departamentos policiais fazem parte da polícia comunitária, com alguns realizando prevalentemente o policiamento comunitário, embora os países sejam díspares quanto à extensão territorial.

Um ponto em comum a todos é que essas polícias executam o ciclo completo das funções policiais – ou seja, tanto polícia preventiva quanto investigação criminal – e ainda são responsáveis pela Polícia Judiciária, devendo prevenir e reprimir os crimes. Desse modo, são responsáveis diretamente pelos índices de criminalidade, sem poder colocar a culpa em "outra polícia".

Canadá, Chile e China têm polícias de caráter militar que atuam com sucesso no policiamento comunitário. No Japão e em Singapura, a polícia é de caráter civil, mas com disciplina e hierarquia semelhantes às do regime militar. Todos os países da América Latina apresentam pelo menos uma corporação policial com características militares, e as polícias civis que apresentamos são organizadas com base na hierarquia e na disciplina, como ocorre nas organizações militares.

Tanto a Polícia Administrativa quanto a Judiciária têm seus próprios agentes com subordinação direta, enquanto as atividades não policiais são realizadas por funcionários "não juramentados" auxiliares policiais.

A subordinação das forças policiais ocorre tanto em relação a Ministérios que integram o governo central do país a que pertencem quanto aos governos provinciais (estados) e municipais, mas em todos os casos existe uma coordenação central.

As tarefas das organizações policiais são múltiplas, não se restringindo apenas ao combate à violência e à criminalidade – trânsito, defesa civil e até atividades de bombeiros foram reportadas como atividades das agências policiais.

O policiamento ostensivo é realizado unicamente por pessoal uniformizado; pessoas em trajes civis podem ser encontradas somente nas áreas de investigação criminal ou em atividades exclusivamente burocráticas.

Existe a necessidade de as polícias terem instalações e equipamentos próprios, bem como o domínio de técnicas para a execução de perícias e exames técnicos, para o pleno desempenho de suas atividades de investigação.

Mostramos que países com bases físicas locais apresentam os melhores resultados na prevenção dos crimes e na redução do medo do crime, destacando-se que cada país tem procurado se ajustar a isso de forma autônoma. Além disso, é possível identificarmos um grande predomínio de forças policiais com atuação local (município), mesmo sendo de caráter nacional, como a Real Polícia Montada do Canadá, ou com fortes agências nacionais, como ocorre no Japão.

Síntese

Quando Robert Peel afirmou entre os princípios da Polícia Moderna que "a polícia necessita realizar segurança com o desejo e cooperação da comunidade, na observância da lei, para ser capaz de realizar seu trabalho com confiança e respeito do público" (Bondaruk; Souza, 2014, p. 17), estava lançada a semente que frutificaria na polícia comunitária. No nosso entendimento, esta é o conjunto de atividades voltadas para a solução dos problemas que afetam a segurança da comunidade, devendo ser praticadas por órgãos governamentais ou não. Seja como for, é fundamental a participação da comunidade. A parte do órgão policial se chama *policiamento comunitário*, o qual apresenta práticas de referência em todo o mundo, destacando-se o Japão e Singapura e, na América, Canadá e Chile.

Questões para revisão

1) O que é policiamento comunitário?

2) Marque verdadeiro (V) para as frases que identificam o policiamento comunitário e falso (F) para as que não identificam:

   ( ) Os membros de cada equipe, que se voluntariaram a partir das fileiras de patrulha e outras atribuições de polícia, tinham experiência policial e eram oriundos do serviço militar.

   ( ) O patrulhamento intensivo reduz temporariamente o crime, uma vez que apenas o desloca para outro lugar.

   ( ) É colocar em prática a filosofia de polícia comunitária em uma estratégia organizacional que tem participação ativa da comunidade em um trabalho conjunto com a polícia, na busca de soluções para a criminalidade, o medo do crime e os problemas que afetam a comunidade.

   ( ) É fundamental a vigilância eletrônica e sistemas computadorizados de gerenciamento das chamadas para fornecer aos policiais mais tempo livre de patrulha e vigilância.

3) Qual dos países a seguir tem a mais antiga experiência de polícia comunitária?
   a. Brasil.
   b. Estados Unidos.

c. Japão.

d. Canadá.

4) Qual país registrou sua evolução em termos de policiamento como *era política*, *modelo profissional* e *era comunitária*?

5) Qual é o país da América do Sul que apresenta os melhores e os menores índices de criminalidade?

Questões para reflexão

Para implantar o seu programa de polícia comunitária, o Canadá levou mais de 20 anos realizando diagnósticos e construindo com a comunidade um sistema realmente participativo, comunitário, e reconhecendo o poder de influência da comunidade.

Desde 1928, a RCMT ampliou sua atuação para além da jurisdição federal. A Constituição do Canadá define o cumprimento da lei como uma responsabilidade provincial, mas a maioria das províncias decidiu que podiam atender a essa responsabilidade com maior eficiência por meio dos serviços da RPMC, a Polícia Montada do Canadá. O Brasil pode aproveitar essa experiência para atender a uma municipalização necessária do policiamento? Justifique sua resposta.

III

A polícia comunitária no Brasil

Conteúdos do capítulo:

» A polícia comunitária no Brasil do século XXI.
» A polícia comunitária dentro da política pública de segurança.

Após o estudo deste capítulo, você será capaz de:

1. identificar o que não é policiamento comunitário;
2. reconhecer os pontos de partida do policiamento comunitário no Brasil;
3. identificar na polícia pacificadora a presença dos pontos de partida do policiamento comunitário;
4. determinar a influência do policiamento comunitário japonês no Brasil.

3.1 A polícia comunitária no Brasil do século XXI

Como filosofia – para além da *Philosophy* de Trojanowicz et al. (1998), que se limita ao policiamento comunitário –, a polícia comunitária é a ideia, a vontade de que a polícia (órgão) proteja a comunidade na medida em que ela deseja, e que se materializa por meio do policiamento comunitário.

O século XIX consagrou o surgimento da polícia moderna, enquanto o século XX viu surgirem as polícias comunitárias em países, províncias ou cidades que realizavam o policiamento comunitário em sua plenitude. Japão, Singapura, Canadá e Chile, como vimos, foram países capazes de evoluir mediante programas de policiamento comunitário para a plenitude da polícia comunitária. Vemos que os níveis de criminalidades nesses países são ínfimos, mas, mesmo assim, as comunidades exigem melhorias na segurança pública. Por isso, os órgãos policiais se aperfeiçoam a cada dia e continuam sendo exemplo – e cada vez mais as cidades e os países se unem a esse grupo que conseguiu vencer os obstáculos para implementar e manter a polícia comunitária.

O século XXI – a era da inteligência – iniciou-se no Brasil com projetos-piloto de polícia comunitária; assim, embora de forma diferente dos países-modelo, algumas ações estão sendo realizadas aqui em termos de policiamento comunitário.

A demora em termos aqui um referencial teórico de polícia comunitária fez com que as iniciativas de policiamento comunitário no Brasil aumentassem a confusão e o modismo. Da mesma forma, os incentivos para o policiamento comunitário faziam com que, nos primeiros anos do século XXI, tudo fosse chamado de *policiamento comunitário*: uma viatura em uma via comercial, uma equipe que retornava no contraturno, um policial que morava em uma escola, são exemplos de que precisamos voltar ao referencial teórico.

3.1.1 O que o policiamento comunitário não é

Trojanowicz e Bucqueroux (1994) alertam sobre **o que não é policiamento comunitário**; todos os policiais que realizaram os cursos nacionais ou pioneiros de polícia comunitária receberam um exemplar dessa obra – em São Paulo, por exemplo, nos cursos estaduais o livro era entregue aos alunos. Até 2003, para a expansão da filosofia e da estratégia de polícia comunitária, cada estado elaborava seu material com base no material distribuído no curso nacional do ano 2000.

No Paraná, em 2002, foi elaborada uma apostila com essa metodologia, distribuída a todos que realizaram os cursos estaduais de polícia comunitária – cerca de 6 mil policiais. A partir de 2004, a matéria *polícia comunitária* passou a fazer parte do currículo de todos os cursos da Polícia Militar do Paraná (PMPR). Também a partir de 2004, a Secretaria Nacional de Segurança Pública (Senasp) padronizou os cursos de policiamento comunitário, elaborando o material para os cursos de multiplicador e promotor desse tipo de policiamento.

Silva (2003, p. 354-355), adaptando o conceito às condições brasileiras, faz sua interpretação do que **não é** policiamento comunitário:

a. não é uma panaceia, ou seja, não é uma solução para todos os problemas da segurança, da criminalidade e da ordem pública;
b. não é uma tática, uma técnica ou um programa, ou seja, não é parte, mas sim o todo;
c. não é relações públicas;
d. não é espalhafato;

e. não é elitismo;

f. não é algo concebido para favorecer os que têm poder;

g. não é um instrumento para captação de doações da comunidade;

h. não é a concentração de efetivos policiais em uma determinada área;

i. não é a proteção de áreas turísticas;

j. não é a massificação de efetivos em áreas comerciais.

Como cada estado brasileiro iniciou seus projetos na área sem uma supervisão ou coordenação central e, principalmente, sem recursos suficientes, as experiências de policiamento comunitário em nosso país ocorreram em espaços isolados, com baixa participação da comunidade e sem envolver a polícia como um todo, e pior, sem envolver todas as polícias.

3.1.2 Os cinco pontos de partida

Bondaruk e Souza (2014), ao descreverem o policiamento comunitário brasileiro, indicaram os pontos de partida para uma mudança cultural necessária para a implementação do policiamento comunitário, que levaria à polícia comunitária. São eles:

a. **Não há solução para o crime – só há controle**

O **crime** é um fenômeno complexo, com múltiplas condicionantes, e é um fenômeno social normal. Soluções definitivas, que eliminem totalmente a incidência criminal, são consideradas impossíveis.

Em um resumo simplista, poderíamos dizer que, se conhecêssemos a causa da criminalidade, bastaria eliminar essa causa e teríamos solucionado o problema. Contudo, a segurança pública nunca é simples: mesmo se se resolvesse o problema do crime, restaria o problema da desordem e do medo do crime, que igualmente afetam a qualidade de vida dos seres humanos que vivem em sociedade.

Assim, o policiamento comunitário não pode propor acabar com o crime como um passe de mágica, mas pode, em conjunto com a sociedade atendida, buscar o controle das condicionantes da criminalidade e ir além das políticas públicas que centram esforços no fenômeno criminológico/jurídico, bem como ampliar as medidas de prevenção aos atos criminosos, de redução da desordem, de estabelecimento de medidas que reduzam o medo do crime e que aumentem a segurança.

b. **Sem história, não há futuro**

O aprendizado deve ser constante, ou seja, um modelo que pretenda aplicar com a mínima possibilidade de eficiência melhorias da segurança pública passa, obrigatoriamente, pela análise dos fatos históricos que produziram o atual estado de coisas, notadamente as falhas dos sistemas aplicados anteriormente – não há maior desperdício de recursos que repetir erros do passado (Bondaruk; Souza, 2014).

c. **As coisas mudam**

As transformações cada vez mais rápidas determinam o acompanhamento, pela polícia e pela sociedade, das inovações no sistema de segurança pública que melhorem a qualidade de vida das pessoas. Novas leis e novos procedimentos surgem todos os dias (Bondaruk; Souza, 2014).

d. **O problema é nosso**

Não podemos pensar que o problema é sempre o outro, ou "filho dos outros". Todos os integrantes de uma sociedade são chamados a exercer sua função como partes integrantes dessa sociedade, beneficiários de uma segurança melhor e, portanto, também credores de atitudes positivas em direção a essa melhora (Bondaruk; Souza, 2014).

Assim, não adianta esperarmos o "super-homem", pois ele não existe. Os policiais unidos aos cidadãos de bem é que devem assumir a responsabilidade pelo estado de coisas que vivenciamos no Brasil.

e. **O plano não é nada – o planejamento é tudo**
A história tem nos mostrado planos mirabolantes para a solução imediata de graves questões brasileiras que redundaram em fracassos e, muitas vezes, agravaram o problema que se propunham a resolver. Essa atitude reduz a credibilidade do Poder Público e mina o engajamento da população quanto a empreitadas para a solução de problemas. Um planejamento esmerado, que, acima de tudo, envolva a participação popular, é muito mais eficiente do que tais planos(Bondaruk; Souza, 2014).

3.1.3 Prêmio Motorola

Monteiro (2005) relata que um dos incentivos à polícia comunitária no Brasil foi o **Concurso polícia comunitária Motorola**, lançado em abril de 2001 e organizado pelo Conselho Nacional de Comandantes Gerais das Polícias Militares e Corpos de Bombeiros Militares (CNCG) e pela empresa de telecomunicações Motorola. O Prêmio se propunha a homenagear algumas das inúmeras experiências desenvolvidas em vários estados brasileiros (Monteiro, 2005).

Esse concurso deu visibilidade a projetos de polícia comunitária, divulgando e disseminando a filosofia do policiamento comunitário, bem como reconhecendo projetos que obtiveram resultados expressivos. Nessa primeira edição, foram premiados três projetos: o de Vitória (ES), em primeiro lugar; o de Macapá (AP), em segundo lugar; e o de São Paulo (SP), que ficou em terceiro lugar.

O projeto primeiro colocado foi realizado em Vitória (ES), onde em 1997 foi implantada a "Polícia Interativa", pelo comando da Polícia Militar do Espírito Santo (1º Batalhão da PM), em uma das 16 favelas que formavam um bairro da zona sul da capital capixaba, o Morro do Quadro (Monteiro, 2005). A segunda colocada foi a Polícia Militar do Amapá (2º Batalhão da PM) que, em 1998, criou, juntamente com outros órgãos estaduais, a "Polícia Interativa e de Segurança Social", que foi introduzida em alguns bairros da capital, Macapá.

Andrade (2006), no *site* Comunidade Segura, informa que em 2003, na segunda edição do concurso, ainda com o patrocínio da Motorola, mas com organização da Senasp, os vencedores foram, em primeiro lugar, o projeto da comunidade de Taquaril, em Minas Gerais, e em segundo e terceiro lugares, os projetos da Polícia Militar de Santa Catarina (PMSC) e da Polícia Militar do Estado de São Paulo (PMESP).

A terceira edição, do concurso, em 2005, premiou a Polícia Militar de Goiás (PMGO), em primeiro lugar, pelo projeto Experiência do 14º Centro Integrado de Operações de Segurança (Ciops)* de Goiânia, uma Polícia Mais Próxima do Cidadão; em segundo lugar foi premiada a Base Comunitária do Jardim Ranieri (São Paulo), que teve a redução de 52% nos homicídios de 2002 a 2005; e o Projeto Teixeirão, em Cacoal, da PM de Rondônia, em terceiro.

Ao comentar o prêmio para São Paulo, Andrade (2006) assim se expressam:

> As visitas dos policiais às residências do Jardim Ranieri se baseiam em um projeto semelhante realizado no Japão. A propósito, a Base Comunitária conta com o apoio de um policial japonês. Receptivo, o inspetor Hideki Tokuda está em São Paulo desde 2005 para passar os ensinamentos do policiamento comunitário aos profissionais brasileiros. Trata-se de uma das medidas de um acordo de cooperação técnica assinado entre os países. (Andrade, 2006)

---

* O Ciops abriga as instalações da Polícia Militar, da Polícia Civil e do Corpo de Bombeiros.

O Prêmio Motorola, que serviu para estimular os projetos-piloto de policiamento comunitário, distribuía viaturas, motos e equipamentos. A partir de meados do século XXI, os estados brasileiros precisaram adotar a filosofia de polícia comunitária como essência e a estratégia do policiamento comunitário como ação para levar paz e tranquilidade aos lares brasileiros e essa premiação estimulava os comandantes locais a implementar programas de policiamento comunitário e foi positiva no sentido de criar um repositório de boas práticas, embora ainda não fosse uma Política de Segurança Comunitária.

3.2 A polícia comunitária dentro da política pública de segurança

No governo do presidente Fernando Henrique Cardoso, o professor e coronel José Vicente da Silva Filho foi secretário nacional de Segurança Pública e contou com os trabalhos do coronel Miguel Libório Cavalcante Neto como líder da equipe, o que deu um considerável impulso ao policiamento comunitário no Brasil.

Em 2003, essa liderança era do secretário à época, Luiz Eduardo Soares, que concebeu o Sistema Único de Segurança Pública (Susp) e tentava colocá-lo em prática; porém, acabou sendo exonerado em outubro de 2003. Havia um documento com propósitos, mas não uma liderança teórica na Senasp; assim, a saída do professor Luis Eduardo foi traumática, mas a chegada do delegado da Polícia Federal Luiz Fernando Correia foi considerada positiva pelo ministro da Justiça, Márcio Thomas Bastos. Assim, a teoria do professor Luiz Eduardo seria substituída pela prática do delegado Luiz Fernando.

A segurança pública seguia o rumo traçado no Susp, mas não era dada prioridade para o policiamento comunitário. A criação da Força Nacional foi uma ação de repressão pura, razão por que recebeu críticas, pois deslocava recursos de um estado para outro. Além disso, resolvia um problema para o governo, com o emprego das Forças Armadas em ações de segurança pública, mas causava outro: o estímulo à ideia de "quanto pior, mais recursos". Com isso, os estados-membros que propiciavam segurança pública a seus eleitores viam seus melhores policiais seguirem como voluntários para socorrer outros estados que não haviam investido o suficiente em segurança pública.

No Ministério da Justiça, a saída de Márcio Thomas Bastos, que foi substituído por Tarso Genro, propiciou mudanças na Senasp; uma dessas mudanças foi a concepção do Programa Nacional de Segurança Pública com Cidadania (Pronasci) e a ascensão do professor Ricardo Balestreri, que já fazia parte da Senasp, como diretor de Ensino e Pesquisa dessa secretaria e responsável pela criação da Rede Nacional de Altos Estudos em Segurança Pública (Renaesp), que oferece cursos a distância para operadores da segurança pública.

Humanista, defensor dos direitos humanos, Balestreri dá a importância devida ao policiamento comunitário, incluindo-o no Pronasci.

3.2.1 Programa Nacional de Segurança Pública com Cidadania (Pronasci)

Apresentado em 2007 pelo ex-presidente Lula e por seu ministro da Justiça à época, Tarso Genro, o **Programa Nacional de Segurança Pública com Cidadania (Pronasci)** pretendia ser uma iniciativa inédita no combate à criminalidade no Brasil. O governo baixou a Medida Provisória n. 384/2007, instituindo o Pronasci que, aprovada pelo Congresso, tornou-se a Lei n. 11.530, de 24 de outubro de 2007 (Brasil, 2007b).

Nele, articulavam-se políticas de segurança com ações sociais e priorizava-se a prevenção e o atingimento das causas que levam à violência, sem abrir mão das estratégias de ordenamento social e repressão qualificada. A revista *Carta Capital* destacou os principais eixos do Pronasci:

> *a formação e a valorização dos profissionais de segurança pública; a reestruturação do sistema penitenciário; o combate à corrupção policial e o envolvimento da comunidade na prevenção da violência. Para o desenvolvimento do programa, o governo federal investirá R$ 6,707 bilhões até o fim de 2012.* (Carta Capital, 2007)

As ações do Pronasci foram anunciadas como uma implementação do Susp. O ex-secretário nacional de Segurança Pública, Luiz Eduardo Soares*, principal coordenador do Susp, em artigo disponível na plataforma Scielo**, afirmou:

> *Eis alguns pontos do Pronasci que representam retrocesso, relativamente ao Plano de Segurança com o qual o presidente Lula venceu a eleição de 2002: (a) em vez de unidade sistêmica, fruto de diagnóstico que identifica prioridades e revela as interconexões entre os tópicos contemplados pelo plano, tem-se a listagem de propostas, organizadas por categorias descritivas (em si mesmas discutíveis), mas essencialmente fragmentárias e*

---

* Entre janeiro e outubro de 2003, Luiz Eduardo Soares foi secretário nacional de Segurança Pública. Foi também subsecretário de Segurança Pública e coordenador de Segurança, Justiça e Cidadania no Rio de Janeiro, no governo de Anthony Garotinho, entre janeiro de 1999 e março de 2000. Mestre em Antropologia, doutor em Ciência Política e pós-doutor em Filosofia Política, foi professor da UERJ e da Universidade Cândido Mendes. É autor de mais de 11 livros sobre segurança pública.

** A *Scientific Electronic Library Online* (SciELO) é uma biblioteca eletrônica que abrange uma coleção selecionada de periódicos científicos brasileiros. Disponível em: <http://www.scielo.br/scielo.php?lng=pt>.

inorgânicas, isto é, desprovidas da vertebração de uma política; (b) O envolvimento de um número excessivo de ministérios lembra o Piaps, com seus méritos e suas dificuldades. A intenção é excelente, mas o arranjo não parece muito realista, sabendo-se quão atomizada é nossa máquina pública, e quão burocráticos e departamentalizados são os mecanismos de gestão; (c) A única referência à regulamentação do Sistema Único de Segurança Pública (Susp) é brevíssima, superficial, pouco clara, e sugere uma compreensão restrita, reduzindo-o à dimensão operacional [...] (d) O tema decisivo, as reformas institucionais, não é sequer mencionado. (Soares, 2007, p. 93-94)

O Pronasci apresentou as seguintes características gerais:

Medidas policiais anunciadas
» Controle das rodovias pela Polícia Rodoviária Federal (PRF).
» Manutenção da Força Nacional de Segurança Pública, com sede em Brasília.
» Construção de Núcleos de Polícia Cidadã.
» Instalação de laboratórios de investigação de lavagem de dinheiro nos estados.
» Fortalecimento das corregedorias estaduais para combater a corrupção policial.

Medidas preventivas
» Campanha de Desarmamento e Controle de Armas e Munições.
» Programa de Resistência às Drogas e à Violência (Proerd).
» Seminários, simpósios e jornadas de direitos humanos nos estados.

> » Formação continuada de agentes penitenciários.
> » Formação de policiais para uso de armas não letais e utilização proporcional da força.
>
> **Ações estruturais**
> » Criação de presídios temáticos.
> » Plano de financiamento habitacional e bolsa de estudo para policiais para complementação salarial.
> » Nova Lei de Lavagem de Dinheiro.
> » Reforma do Código Penal (CP).
> » Tipificação do crime organizado.

Fonte: Brasil, 2007c.

O Pronasci foi composto por 94 ações, que envolviam a União, os estados, os municípios e a própria comunidade, agregando o conceito de **cidadania** à segurança pública.

Na formação policial, a qualificação das polícias incluía práticas de **segurança cidadã**, como a utilização de tecnologias não letais; técnicas de investigação; sistemas de comando de incidentes; perícia balística; exame de DNA forense; medicina legal; e direitos humanos, entre outros. Os cursos foram oferecidos pela Renaesp.

Em relação, ao policiamento comunitário o Programa previa:

> *A instituição do policiamento comunitário é imprescindível ao Pronasci. Trata-se de um conceito de segurança pública que se baseia na interação constante entre a corporação policial e a população. Os policiais comunitários acompanharão sempre a mesma região e serão capacitados em temas como direitos humanos, ética e cidadania – construindo, assim, uma relação de confiança com a população. No Pronasci, o policiamento comunitário será agregado em núcleos. Sempre que necessitar, a população poderá remeter-se a um deles para acionar o serviço. A ação contará*

com a realização de cursos pela Secretaria Especial de Direitos Humanos. (SEDH) (Brasil, 2007d, p. 15)

A imprensa veiculou que em todo o país seriam implantadas Bases Comunitárias de Segurança. A fonte da informação foi o coordenador-geral do Departamento de Política, Programas e Projetos da Senasp, o tenente-coronel Eraldo Marques Viegas, e tal divulgação foi realizada durante a 3ª Reunião Ordinária de Coordenadores Estaduais de polícia comunitária, nos dias 30 e 31 de maio de 2007, em Goiânia: "Como será uma política a ser adotada pelos estados, serão sugeridos projetos para construção das bases bem como o reaparelhamento e a assessoria de uma equipe do Japão para troca de tecnologia de informação e o intercâmbio e a capacitação para o manuseio dessa tecnologia" (Souza, 2007, p. 85).

Houve um programa de complementação salarial de R$ 400 para policiais que recebiam menos de R$ 1,4 mil, desde que realizassem alguns cursos disponibilizados; também houve o fornecimento de moradias aos policiais, desde que estes convencessem invasores a sair de 19 mil imóveis ocupados irregularmente distribuídos pelo Brasil e conseguissem crédito imobiliário.

O Pronasci previu recursos de "bolsas-auxílio" a mães e jovens em situação de risco, o que despertou críticas de que o programa estava realizando transferência de recursos da segurança pública para a assistência social:

> "A função de cidadania das polícias não mora no sorriso e na flor, mas na capacidade de prevenção, de resposta à ação criminosa", disparou o senador Demóstenes Torres, do ex-PFL de Goiás, estado do qual foi secretário de Segurança Pública. Para o senador, o conceito acaba por tratar a cidadania como "grife do queridismo sociológico". Segundo Torres, o Pronasci visa fazer com que a sociedade, vítima da delinquência, "sinta-se

culpada pela violência e passe a remunerar o bandido".
(Fortes, 2007, p. 39)

O valor anunciado, R$ 6,7 bilhões para serem investidos até 2012, era insuficiente; previa-se R$ 480 mil em 2007, descontingenciamento (liberação de orçamento já previsto) para a realização da segurança dos jogos Pan-Americanos. A previsão era R$ 1,4 bilhão por ano até 2011, e para 2012, previu-se R$ 600 milhões.

No Brasil, existem três Polícias Federais, duas Distritais, 54 Polícias Estaduais e aproximadamente 300 Guardas Municipais. Dividir a previsão anual de R$ 1.406.000,00 por estas 360 instituições significa R$ 4.000,00 por ano para cada uma delas; se excluirmos as Guardas Municipais, temos algo em torno de R$ 25.000,00 por ano. Além disso, havia as promessas de presídios federais. Com isso, o valor não foi suficiente para alcançar os objetivos, o que acabou por produzir mais um escândalo de desvio de recursos, por erros na execução do Pronasci:

> *A Justiça Federal no Paraná condenou por peculato e corrupção dirigentes de Oscips e o ex-coordenador nacional do Programa Nacional de Segurança Pública com Cidadania (Pronasci), do Ministério da Justiça, Francisco Narbal Alves Rodrigues. Segundo a sentença da Justiça Federal, foi comprovado crime de corrupção envolvendo Rodrigues, militante do PT no Rio Grande do Sul, que ocupava na época dos fatos o cargo de Coordenador Nacional de Projetos do Pronasci no Ministério da Justiça. Ele pegou 5 anos e 11 meses de reclusão em regime inicial semiaberto.* (Macedo, 2014)

O Pronasci se concentrou inicialmente (em 2007) nas 11 regiões consideradas as mais violentas do Brasil* e, depois, atendeu os Jogos Pan-Americanos de 2007. A partir de então, passou a atender a todo o Brasil.

A execução do Programa ocorria por meio de mobilizações comunitárias e policiais, a partir da instalação dos Gabinetes de Gestão Integrada Municipais (GGIMs) nos territórios definidos pelo próprio Pronasci (Brasil, 2007c).

O Pronasci seria, assim, a oportunidade de estabelecer uma Política de Segurança Comunitária, mas apresentou muitos problemas de execução. Mais uma vez, ações de governo na gestão do Estado, em um programa que tinha "cidadania" no nome, não foram elaboradas em conjunto com a comunidade. Em outros termos, o programa não partiu das necessidades de todos como credores de segurança, o que o Susp pregava como diagnóstico, e foi substituído, pelo menos em sua primeira versão, pela tradicional polícia de números.

Por fim, não podemos acusar o Pronasci de não fazer nada, mas sentimos que o programa realizou pouco, diante a propaganda que foi feita e da expectativa que se criou.

3.2.2 Primeira Conferência Nacional de Segurança Pública

Em 2009, sob a coordenação de Regina Miki, sendo secretário nacional de Segurança Pública o professor Ricardo Balestreri, foi realizada no Brasil a Primeira Conferência Nacional de Segurança Pública, cujo objetivo foi: "Definir princípios e diretrizes orientadores da Política Nacional de Segurança Pública, com participação da sociedade civil,

---

* Segundo dados dos Ministérios da Justiça e da Saúde, eram elas: Belém, Belo Horizonte, Brasília (Entorno), Curitiba, Maceió, Porto Alegre, Recife, Rio de Janeiro, Salvador, São Paulo e Vitória.

trabalhadores e Poder Público como instrumento de gestão, visando efetivar a segurança como direito fundamental" (Brasil, 2009d, p. 29).

Como preparação para a Conferência, foi realizada uma pesquisa nacional sobre os Conselhos de Segurança Pública, que identificou quatro tipos de conselhos comunitários, como podemos ver na Tabela 3.1, a seguir.

Tabela 3.1 – Distribuição dos Conselhos de Segurança Pública por tipo, 2008

Tipo	Frequência	Percentual	Percentual válido
Comunitário	447	82	85,3
Municipal	64	11,7	12,2
Estadual	10	1,8	1,9
Outro	3	0,6	0,6
Total	524	96,1	100
Não respondeu	21	3,9	–
Total	545	100	–

Fonte: Adaptado de Moraes, 2009, p. 30.

Responderam à pesquisa 21 estados* e o Distrito Federal, sendo que, de modo geral, descobriu-se que os Conselhos Comunitários estavam ligados ao Estado, o que foi motivo de preocupação por parte dos pesquisadores:

> Outros estudos que problematizam a atuação e funcionamento dos conselhos de segurança pública se dedicam a analisar os programas de policiamento comunitário que têm sido desenvolvidos no contexto das Polícias brasileiras. Tais abordagens são interessantes uma vez que

---

* Os seguintes estados não responderam: Acre, Amazonas, Maranhão, Pernambuco e Tocantins.

apontam que um dos papéis fundamentais do conselho de segurança pública está relacionado à melhoria da imagem pública da polícia, não exatamente à sua contribuição na construção ou no monitoramento das políticas públicas de segurança. Um dos documentos pesquisados, que regula o funcionamento dos conselhos de segurança em um dos estados do Brasil, destaca como um dos objetivos do Conselho: "aproximar as instituições policiais da comunidade, restaurando suas imagens, restituindo-lhes credibilidade e transmitindo mais confiança e sentimento de segurança à população". (Moraes, 2009, p. 20)

Para compreendermos a influência estatal nos conselhos de segurança, perguntou-se onde se reuniam os conselhos; foi obtida a distribuição que vemos na Tabela 3.2, a seguir.

Tabela 3.2 – *Locais onde são realizadas as reuniões dos Conselhos – 2008*

Locais	Nº de Conselhos	Percentual de Conselhos
Instituição de ensino	125	22,9
Sede da associação de moradores	109	20
Batalhão da Polícia Militar	101	18,5
Prefeitura (ou alguma outra instalação municipal)	100	18,3
Câmara Municipal	91	16,7
Igreja/templo	74	13,6
Sede da associação comercial	57	10,5
Sede própria do Conselho Comunitário de Segurança	38	7
Clube (Lions, Rotary, Clube Militar)	34	6,2

(continua)

(Tabela 3.2 – conclusão)

Locais	N° de Conselhos	Percentual de Conselhos
Sede de outra instituição estadual	29	5,3
Delegacia de Polícia Civil	19	3,5
Sede da Guarda Municipal	5	0,9
Hospital	3	0,6

Fonte: Adaptado de Moraes, 2009, p. 43.

Foram realizadas ainda etapas preparatórias: as etapas municipais, de março a maio de 2009, seguidas das etapas estaduais, em junho e julho. Ocorreram seminários temáticos e conferências livres e até virtuais, para, finalmente, de 27 a 30 de agosto de 2009, ser realizada a etapa nacional, em Brasília. Nos Quadros 3.3 e 3.4, a seguir, apresentamos o principal produto da conferência: os dez princípios e as dez diretrizes mais votadas relativos à segurança pública.

Quadro 3.1 – Princípios

	Votos	Princípios
1	793	Ser uma política de Estado que proporcione a autonomia administrativa, financeira, orçamentária e funcional das instituições envolvidas, nos três níveis de governo, com descentralização e integração sistêmica do processo de gestão democrática, transparência na publicidade dos dados e consolidação do Sistema Único de Segurança Pública (Susp) e do Programa Nacional de Segurança Pública com Cidadania (Pronasci), com percentual mínimo definido em lei e assegurando as reformas necessárias ao modelo vigente.
2	455	Pautar-se na manutenção da previsão constitucional vigente dos órgãos da área, conforme artigo 144 da Constituição Federal.

(continua)

(Quadro 3.1 – continuação)

Votos		Princípios
3	402	Ser pautada pela defesa da dignidade da pessoa humana, com valorização e respeito à vida e à cidadania, assegurando atendimento humanizado a todas as pessoas, com respeito às diversas identidades religiosas, culturais, étnico-raciais, geracionais, de gênero, orientação sexual e as das pessoas com deficiência. Deve ainda combater a criminalização da pobreza, da juventude, dos movimentos sociais e seus defensores, valorizando e fortalecendo a cultura de paz. Fomentar, garantir e consolidar uma nova concepção de segurança pública como direito fundamental e promover reformas estruturais no modelo organizacional de suas instituições, nos três níveis de governo, democratizando, priorizando o fortalecimento e a execução do Sistema Único de Segurança Pública (Susp), do Programa Nacional de Segurança Pública com Cidadania (Pronasci) e do Conselho Nacional de Segurança Pública com Cidadania (Conasp).
4	265	Pautar-se pelo reconhecimento jurídico-legal da importância do município como cogestor da área, fortalecendo sua atuação na prevenção social do crime e das violências.
5	258	Ser pautada na intersetorialidade, na transversalidade e na integração sistêmica com as políticas sociais, sobretudo na área da educação, como forma de prevenção do sinistro, da violência e da criminalidade, reconhecendo que esses fenômenos têm origem multicausal (causas econômicas, sociais, políticas, culturais etc.) e que a competência de seu enfrentamento não pode ser de responsabilidade exclusiva dos órgãos de segurança pública.
6	243	Reconhecer a necessidade de reestruturação do sistema penitenciário, tornando-o mais humanizado e respeitador das identidades, com capacidade efetiva de ressocialização dos apenados, garantindo legitimidade e autonomia na sua gestão, privilegiando formas alternativas à privação da liberdade e incrementando as estruturas de fiscalização e monitoramento.

(Quadro 3.1 – conclusão)

Votos		Princípios
7	135	Estar fundamentada no fortalecimento da família, na educação como garantidora da cidadania e de condições essenciais para a prevenção da violência.
8	122	Deve ser assumida por todos os segmentos da sociedade com vistas ao resgate de valores éticos e emancipatórios. Deve ainda considerar os trabalhadores da área como educadores, enfatizando sua formação humanista.
9	112	Estabelecer um sistema nacional de conselhos de segurança autônomos, independentes, deliberativos, participativos, tripartites para favorecer o controle social nas três esferas do governo, tendo o Conselho Nacional de Segurança Pública (Conasp) como importante instância deliberativa de gestão compartilhada.
10	108	Estar pautada na valorização do trabalhador da área por meio da garantia de seus direitos e formação humanista, assegurando seu bem-estar físico, mental, familiar, laboral e social.

Fonte: Adaptado de Brasil, 2009d, p. 80.

Quadro 3.2 – Diretrizes

Votos		Diretrizes
1	1.095	6.6 A – Sistema penitenciário – Manter no Sistema Prisional um quadro de servidores penitenciários efetivos, sendo específica a eles a sua gestão, observando a proporcionalidade de servidores penitenciários em policiais penais. Para isso: aprovar e implementar a Proposta de Emenda Constitucional n. 308/2004; garantir atendimentos médico, psicológico e social ao servidor; implementar escolas de capacitação.
2	1.094	4.16 – Autonomia das Perícias – Promover a autonomia e a modernização dos órgãos periciais criminais, por meio de orçamento próprio, como forma de incrementar sua estruturação, assegurando a produção isenta e qualificada da prova material, bem como o princípio da ampla defesa e do contraditório e o respeito aos direitos humanos.

(continua)

(Quadro 3.2 – continuação)

Votos		Diretrizes
3	1.013	7.7. B – Bombeiros – Manter as atribuições constitucionais e a autonomia dos Corpos de Bombeiros Militares, definição de piso salarial nacional; formação e capacitação continuada, bem como melhores condições de trabalho com equipamentos adequados.
4	868	2.6 A – Ciclo completo de polícia – Estruturar os órgãos policiais federais e estaduais para que atuem em ciclo completo de polícia, delimitando competências para cada instituição de acordo com a gravidade do delito sem prejuízo de suas atribuições específicas.
5	799	1.1 A (+1.3) – Conselhos Municipais – Criar, implantar, estruturar, reestruturar em todos os municípios, conselhos municipais de segurança, conselhos comunitários de segurança pública, com poderes consultivo e deliberativo, propositivo e avaliador das Políticas Públicas de Segurança, com representação paritária e proporcional, com dotação orçamentária própria, a fim de garantir a sustentabilidade e condições necessárias para seu efetivo funcionamento e a continuidade do Conseg como fórum maior de deliberações. Estruturar os GGIs (Estadual e Municipal) como forma de integrar a sociedade e o poder executivo, com a composição paritária e proporcional.
6	722	3.13. A – Lei Orgânica – Instituir Lei Orgânica que proteja direitos como um sistema remuneratório nacionalmente unificado, com paridade entre ativos e inativos, aposentadoria especial com proventos integrais, de 25 anos de serviço para mulher e 30 anos para homens, desde que tenham no mínimo 20 anos de efetivo serviço, para profissionais de segurança pública, instituindo cota compulsória à inatividade em favorecimento da progressão funcional e que garanta aposentadoria integral.

(Quadro 3.2 – conclusão)

Votos		Diretrizes
7	707	5.2 C – Policiamento comunitário – Desenvolver e estimular uma cultura da prevenção nas políticas públicas de segurança, através da implementação e institucionalização de programas de policiamento comunitário, com foco em três aspectos: um, dentro das instituições de segurança, com estudos, pesquisas, planejamento, sistemas de fiscalização e policiamento preventivo, transparência nas ações policiais, bem como a própria reeducação e formação das forças policiais; reduzindo a postura militarizada; dois, com programas educativos de prevenção dentro das escolas, famílias, movimentos sociais e culturais e a comunidade como um todo; três, apoiados no desenvolvimento de redes sociais e intersetoriais para a criação de uma ampla rede de prevenção e segurança.
8	697	2.18 B – Guardas Municipais – Regulamentar as Guardas Municipais como Polícias Municipais: definir suas atribuições constitucionais; regulamentar a categoria; garantir direitos estatutários, dentre eles jornada de trabalho, plano de carreira, aposentadoria, assistência física e mental, regime prisional diferenciado, programas habitacionais, seguro de vida, critérios do exame psicotécnico a cada quatro anos, concurso público, com exigência mínima de nível médio completo.
9	668	5.30 A – Enfrentamento ao preconceito – Criar mecanismos de combate e prevenção a todas as formas de preconceitos e discriminações e a impunidade de crimes por motivações preconceituosas, com os recortes em pessoas com deficiência, geracional, étnico-racial, orientação sexual e identidade de gênero.
10	580	7.1. A – Currículo escolar – Inserir no currículo e no calendário escolar em todos os sistemas de ensino: semana de prevenção a sinistros; aulas de primeiros socorros; temas afetos à defesa civil, à educação para o trânsito, à pessoa com deficiência, à educação ambiental e à segurança pública.

Fonte: Adaptado de Brasil, 2009d, p. 81.

Para saber mais

Veja o relatório completo da Primeira Conferência Nacional de Segurança Pública, disponível no *site* do Instituto de Pesquisa Econômica Aplicada (Ipea):
BRASIL. Ministério da Justiça. **Relatório final da 1ª Conferência Nacional de Segurança Pública.** Brasília: Ministério da Justiça, 2009. Disponível em: <http://www.ipea.gov.br/participacao/images/pdfs/conferencias/Seguranca_Publica/relatorio_final_1_conferencia_seguranca_publica.pdf>. Acesso em: 28 mar. 2017.

Apesar da preocupação de os conselhos estarem ligados aos governos, na fase preparatória, a Primeira Conferência Nacional propiciou a reestruturação do Conselho Nacional de Segurança Pública (Conasp), ligado ao Ministério da Justiça (e Cidadania), tendo lugar de destaque na definição das políticas públicas da Senasp em 2010.

A partir de 2011, apesar de Regina Miki – que foi a coordenadora da Conferência – ter assumido a Senasp, o Conasp deixou de ter protagonismo: o novo governo, de Dilma Rousseff, embora do mesmo grupo político, descontinuou a Política de Segurança Pública, mesmo não tendo elaborado um novo Plano Nacional de Segurança Pública (PNSP).

Nesse momento, o ministro José Eduardo Cardozo surpreenderia ao anunciar a criação da Secretaria Extraordinária de Segurança para Grandes Eventos (Sesge), pelo Decreto n. 7.538, de 1º de agosto de 2011 (Brasil, 2011b), o qual define que a Secretaria deve atuar nos seguintes eventos: Jornada Mundial da Juventude de 2013; Copa das Confederações de 2013; Copa do Mundo Fifa de 2014; e Jogos Olímpicos e Paralímpicos Rio 2016. Além disso, o decreto estabelece que a Sesge seria extinta em 31 de julho de 2017.

Essa secretaria não constava no Plano Plurianual (PPA), na Lei Orçamentária, nem no planejamento da Senasp, que, inclusive, já se preparava para atuar na segurança pública desses grandes eventos; com isso, o orçamento da Senasp foi dividido com a Sesge. A ata da 11ª reunião do Conasp é esclarecedora sobre a participação deste órgão nas políticas públicas de segurança. Regina Miki diz que "a Presidenta a convocou para o lançamento do Programa Estratégia Nacional de Fronteiras no Palácio do Planalto. Os Projetos para Segurança Pública terão que ser redesenhados e refeitos" (Brasil, 2017b). Com isso, a secretária comunicava ao Conasp que o Conselho não mais definia as Políticas de Segurança Pública, e que a 1ª Conferência não mais orientava as Políticas Federais de Segurança Pública.

Para saber mais

O Ministério da Justiça e Cidadania disponibiliza as atas das reuniões do Conasp, de 2009 a 2012, em seu Portal:
BRASIL. Ministério da Justiça e Segurança Pública. **Ata das reuniões**. 2009-2012. Disponível em: <http://www.justica.gov.br/sua-seguranca/seguranca-publica/senasp-1/conselho-nacional/ata-das-reunioes>. Acesso em: 4 fev. 2017.

3.2.3 Terceiro Programa Nacional de Direitos Humanos

A terceira versão do Programa Nacional de Direitos Humanos (PNDH-3)*, lançada pelo presidente Lula em dezembro de 2009, revogou os PNDH-1 e 2 e foi, sem dúvida o mais polêmico dos PNDHs.

Os PNDH-1 e 2 foram considerados avanços brasileiros em termos de políticas públicas voltadas aos direitos humanos e revelaram o valor da polícia comunitária para uma política de proteção aos direitos fundamentais.

Nesse período, a Senasp, em conjunto com a Secretaria Especial de Direitos Humanos (SEDH), inseriu os direitos humanos na matriz curricular nacional dos vários cursos, de modo transversal, sem abandonar os avanços obtidos com os cursos de direitos humanos da Cruz Vermelha Internacional (CICV), desde 1998.

O PNDH-3 sofreu rejeição de parte da população brasileira e precisou ser emendado devido à polêmica gerada, contaminando-se pela discussão ideológica.

A SEDH emitiu uma nota quando realizou as alterações necessárias no decreto original:

> Tendo em vista a divulgação de informações equivocadas, distorcidas e inverídicas sobre a terceira edição do Programa Nacional de Direitos Humanos – PNDH-3, esclarecemos:
>
> 1. O PNDH-3 segue o que estabelece a Constituição Federal e atende à recomendação da Conferência de

---

* Decreto n. 7.037, de 21 de dezembro de 2009 (Brasil, 2009a), atualizado pelo Decreto n. 7.177, de 12 de maio de 2010 (Brasil, 2010a).

Viena da ONU (1993), atualizando os programas de direitos humanos lançados em 1996 e 2002;

2. O PNDH-3 não é uma lei, mas um roteiro para a Administração Pública Federal visando à promoção e defesa dos direitos humanos no país formalizado por decreto presidencial, assim como as duas edições anteriores do programa;

3. O PNDH-3 é resultado de um processo histórico e democrático, com propostas debatidas e aprovadas na 11ª Conferência Nacional dos Direitos Humanos (2008) e em dezenas de outras conferências com ampla participação da sociedade civil;

4. O PNDH-3 foi aprovado pelo **Decreto n. 7.037, de 21 de dezembro de 2009, e alterado pelo Decreto n. 7.177, de 12 de maio de 2010**, que promoveu ajustes no texto em alguns pontos, dentre os quais:

Aborto: o PNDH-3 não trata da legalização do aborto. A redação diz: "Considerar o aborto como tema de saúde pública, com garantia do acesso aos serviços de saúde" (Diretriz 9, Objetivo Estratégico III, ação g);

Religião: o PNDH-3 preza pela liberdade e tolerância religiosa. A redação do capítulo sobre o tema diz: "Respeito às diferentes crenças, liberdade de culto e garantia da laicidade do Estado" (Diretriz 10, Objetivo Estratégico VI);

Propriedade: o PNDH-3 trata da questão da mediação de conflitos agrários e urbanos, dentro da previsão legal e procedimento judicial. Eis a redação: "Propor projeto de lei para institucionalizar a utilização da mediação das demandas de conflitos coletivos agrários e urbanos, priorizando a oitiva do Incra, institutos de terras estaduais,

Ministério Público e outros órgãos públicos especializados, sem prejuízo de outros meios institucionais;

Mídia: o PNDH-3 reitera a liberdade de expressão e de comunicação, respeitando os Direitos Humanos. A principal ação prevista neste tema tem a seguinte redação: "Propor a criação de marco legal, nos termos do art. 221 da Constituição, estabelecendo o respeito aos direitos humanos nos serviços de radiodifusão (rádio e televisão) concedidos, permitidos ou autorizados" (Diretriz 22, Objetivo Estratégico I, ação a). (Brasil, 2010c)

Uma das polêmicas foi a proposta em relação à maioridade penal, que está para ser reduzida no Congresso; outra diz respeito à Comissão Nacional da Verdade (CNV), a qual produziu um extenso documento que poucas pessoas leem, mas que o discutem a partir de percepções ideológicas à direita e à esquerda.

Para saber mais

Relatório da CNV, em três partes, disponível em seu *site* oficial.

CNV – Comissão Nacional da Verdade. **Relatório da Comissão Nacional da Verdade.** Brasília, 10 dez. 2014. 3 volumes. Disponível em: <http://www.cnv.gov.br/>. Acesso em: 9 nov. 2016.

Apesar de apresentado como uma "terceira versão", tendo revogado os dois anteriores, este PNDH-3 não mantém similitude com os demais e é excessivamente detalhado, avançando em áreas que talvez não sejam prioritárias quanto aos direitos humanos.

Com uma apresentação diferente, o PNDH-3 é muito mais extenso, apresentando seis eixos norteadores:

1. Interação democrática entre Estado e da sociedade civil.
2. Desenvolvimento e direitos humanos.
3. Universalização de direito em um contexto de dificuldades sociais e econômicas.
4. Segurança pública, acesso à Justiça e combate à violência.
5. Educação e cultura em direitos humanos.
6. Direito à memória e à verdade.

Especificamente em relação a polícia comunitária, temos o Eixo 4. É na segurança pública, no acesso à Justiça e no combate à violência que encontraremos a correlação entre a polícia comunitária e a Política Pública de Segurança; afinal, é o policiamento comunitário que respeita e protagoniza os direitos humanos. Nesse sentido, o PNDH-3 diz que o Eixo Orientador IV – Segurança pública, acesso à Justiça e combate à violência – tem as seguintes diretrizes e objetivos estratégicos:

Diretriz 11: Democratização e modernização do sistema de segurança pública.
Objetivos estratégicos:
I. Modernização do marco normativo do sistema de segurança pública.
II. Modernização da gestão do sistema de segurança pública.
III. Promoção dos direitos humanos dos profissionais do sistema de segurança pública, assegurando sua formação continuada e compatível com as atividades que exercem.

Diretriz 12: Transparência e participação popular no sistema de segurança pública e justiça criminal.
Objetivos estratégicos:
I. Publicação de dados do sistema federal de segurança pública.

II. Consolidação de mecanismos de participação popular na elaboração das políticas públicas de segurança.

Diretriz 13: Prevenção da violência e da criminalidade e profissionalização da investigação de atos criminosos.

Objetivos estratégicos:

I. Ampliação do controle de armas de fogo em circulação no país.
II. Qualificação da investigação criminal.
III. Produção de prova pericial com celeridade e procedimento padronizado; Objetivo estratégico.
IV. Fortalecimento dos instrumentos de prevenção à violência.
V. Redução da violência motivada por diferenças de gênero, raça ou etnia, idade, orientação sexual e situação de vulnerabilidade.
VI. Enfrentamento ao tráfico de pessoas.

Diretriz 14: Combate à violência institucional, com ênfase na erradicação da tortura e na redução da letalidade policial e carcerária.

Objetivos estratégicos:

I. Fortalecimento dos mecanismos de controle do sistema de segurança pública.
II. Padronização de procedimentos e equipamentos do sistema de segurança pública.
III. Consolidação de política nacional visando à erradicação da tortura e de outros tratamentos ou penas cruéis, desumanos ou degradantes.
IV. Combate às execuções extrajudiciais realizadas por agentes do Estado.

Diretriz 15: Garantia dos direitos das vítimas de crimes e de proteção das pessoas ameaçadas.

Objetivos estratégicos:
I. Instituição de sistema federal que integre os programas de proteção.
II. Consolidação da política de assistência a vítimas e a testemunhas ameaçadas.
III. Garantia da proteção de crianças e adolescentes ameaçados de morte.
IV. Garantia de proteção dos defensores de direitos humanos e de suas atividades.

Diretriz 16: Modernização da política de execução penal, priorizando a aplicação de penas e medidas alternativas à privação de liberdade e melhoria do sistema penitenciário.
Objetivos estratégicos:
I. Reestruturação do sistema penitenciário.
II. Limitação do uso dos institutos de prisão cautelar.
III. Tratamento adequado de pessoas com transtornos mentais.
IV. Ampliação da aplicação de penas e medidas alternativas.

Diretriz 17: Promoção de sistema de justiça mais acessível, ágil e efetivo, para o conhecimento, a garantia e a defesa dos direitos.
Objetivos estratégicos:
I. Acesso da população à informação sobre seus direitos e sobre como garanti-los.
II. Garantia do aperfeiçoamento e monitoramento das normas jurídicas para proteção dos direitos humanos.
III. Utilização de modelos alternativos de solução de conflitos.
IV. Garantia de acesso universal ao sistema judiciário.
V. Modernização da gestão e agilização do funcionamento do sistema de justiça.
VI. Acesso à Justiça no campo e na cidade.

Fonte: Elaborado com base em Brasil, 2010d.

Em relação ao policiamento comunitário, o PNDH-3 "estimula as iniciativas orientadas por resultados, o desenvolvimento do policiamento comunitário e voltado para a solução de problemas, elencando medidas que promovam a valorização dos trabalhadores em segurança pública" (Brasil, 2010d, p. 129) e propõe uma ampla reforma no modelo de polícia e o aprofundamento do debate sobre a implementação do ciclo completo de polícia. Além disso, o PNDH apoia os Conselhos Comunitários de Segurança Pública (Consegs) e a capacitação material das polícias.

Tendo como base as diretrizes do PNDH 3, o governo atualizou o Plano Nacional de Educação em Direitos Humanos (PNEDH), que, nas páginas 39 a 42, trata da educação dos profissionais dos Sistemas de Justiça e Segurança (Brasil, 2007a).

As políticas públicas brasileiras para a segurança pública têm se mostrado ineficientes para tornar o policiamento comunitário uma prática prevalente no Brasil, principalmente devido à falta de articulação e de integração das forças de segurança pública que têm reflexo direto nas altas taxas de criminalidade e de violência no país.

Existem fracassos de integração como a criação da Senasp; embora em 1997 tenha sido o maior avanço para a construção da política pública na área no Brasil, essa secretaria foi subordinada ao Ministério da Justiça, no mesmo nível das Polícias Federais, o que desarticula um Sistema Nacional de Segurança Pública. Também existem boas iniciativas como a Estratégia Nacional de Fronteiras (Enafron), de 2011, coordenada pelos Ministérios da Justiça, da Defesa e das Relações Exteriores, um exemplo de coordenação centralizada que obteve bons resultados para os 588 municípios, distribuídos em 11 estados, que fazem fronteiras com 10 países. O espaço geográfico priorizado pela Enafron representou apenas 27% do território brasileiro, e uma população residente menor ainda, correspondente a menos de 5% da população do Brasil.

Os maiores investimentos em segurança pública no Brasil se deram por meio do Pronasci, R$ 7 bilhões, e do programa *Crack, é Possível Vencer*, que comprometeu R$ 4 bilhões. Todavia, estes são programas nos quais o investimento é compartilhado entre a segurança pública e a assistência social, a saúde, a comunicação social, a educação e outras áreas, não sendo possível verificar quanto exatamente se investe em segurança pública e quanto foi possível investir em polícia comunitária. Isso porque, embora seja fundamental a participação de múltiplos órgãos e agências, é importante diferenciar quanto cada um investiu para que seja possível avaliar os investimentos a fim de que não se confundam com gastos.

3.2.4 Estratégia Nacional de Fronteiras

Durante a gestão de Ricardo Brisolla Balestreri* na Senasp, foi lançado o Projeto Policiamento Especializado de Fronteiras (Pefron), que fazia parte do Pronasci. Em verificação para o projeto, identificou-se que, exceto nas cidades com mais de 50 mil habitantes, as cidades da fronteira têm índices de assassinatos maiores que os demais municípios do respectivo estado. Sobre isso, Balestreri afirmou:

> *A tradição sempre foi focar nos grandes centros urbanos, mas a violência que chega a Curitiba passa por Foz do Iguaçu, da mesma forma que a do Rio passa por Mato*

---

* Secretário nacional de Segurança Púbica, de 2008 a 2010, Ricardo Balestreri é natural do Rio Grande do Sul. Licenciado em História, com especialização em Psicopedagogia Clínica e em Terapia Familiar, ele também participou do grupo que instituiu o Susp e que formatou o Pronasci.

Grosso. As armas de longo alcance, que alimentam o narcotráfico, não brotam aqui. O Brasil durante anos não teve uma política de segurança pública nas fronteiras. As forças armadas estão lá, mas este não é o papel delas. Criamos a Polícia Especializada em Fronteiras e estamos estruturando este setor. [...] O Pefron vai reduzir drasticamente o crime nas fronteiras. (Balestreri, 2010)

Em 8 de junho de 2011, por meio do Decreto Federal n. 7.496 (Brasil, 2011a), foi estabelecido o Plano Estratégico de Fronteiras (PEF), para o fortalecimento da prevenção, do controle, da fiscalização e da repressão dos delitos transfronteiriços e dos delitos praticados na faixa de fronteira brasileira, cujas diretrizes são: "I – a atuação integrada dos órgãos de segurança pública, da Secretaria da Receita Federal do Brasil e das Forças Armadas; e II – a integração com os países vizinhos" (Brasil, 2011a).

O art. 3º do Decreto n. 7.496/2011 define os objetivos do plano:

> I – a integração das ações de segurança pública, de controle aduaneiro e das Forças Armadas da União com a ação dos estados e municípios situados na faixa de fronteira;
> II – a execução de ações conjuntas entre os órgãos de segurança pública, federais e estaduais, a Secretaria da Receita Federal do Brasil e as Forças Armadas;
> III – a troca de informações entre os órgãos de segurança pública, federais e estaduais, a Secretaria da Receita Federal do Brasil e as Forças Armadas;
> IV – a realização de parcerias com países vizinhos para atuação nas ações previstas no art. 1º; e
> V – a ampliação do quadro de pessoal e da estrutura destinada à prevenção, controle, fiscalização e repressão de delitos na faixa de fronteira. (Brasil, 2011a)

Esse plano se efetiva pela integração de órgãos federais, estaduais e municipais, nas áreas de defesa, segurança, fazenda, fortalecimento e estruturação da presença estatal na fronteira e cooperação internacional. A implementação das ações estratégicas conta com o Centro de Operações Conjuntas (COC), dos Ministérios da Fazenda, da Defesa e da Justiça, e com os Gabinetes de Gestão Integrada de Fronteira (GGIFs ou GGIs-Fron), cujas responsabilidades estão descritas a seguir:

> Art. 6º Os Gabinetes de Gestão Integrada de Fronteira terão como objetivo a integração e a articulação das ações da União previstas no art. 1º com as ações dos estados e municípios, cabendo a eles:
> I – propor e coordenar a integração das ações;
> II – tornar ágil e eficaz a comunicação entre os seus órgãos;
> III – apoiar as secretarias e polícias estaduais, a polícia federal e os órgãos de fiscalização municipais;
> IV – analisar dados estatísticos e realizar estudos sobre as infrações criminais e administrativas;
> V – propor ações integradas de fiscalização e segurança urbana no âmbito dos municípios situados na faixa de fronteira;
> VI – incentivar a criação de Gabinetes de Gestão Integrada Municipal; e
> VII – definir as áreas prioritárias de sua atuação.
> §1º Não haverá hierarquia entre os órgãos que compõem os GGIF e suas decisões serão tomadas por consenso.
> §2º Cada GGIF será constituído por ato do Governo Estadual e será composto pelas autoridades federais e estaduais que atuem nos termos do art. 1º e por representantes dos Gabinetes de Gestão Integrada Municipal da região de fronteira. (Brasil, 2011a)

No final de 2016, o governo federal transformou o Enafron em Programa de Proteção Integrada de Fronteiras (PPIF), por meio do Decreto n. 8.903, de 16 de novembro de 2016 – que revogou o

Decreto n. 7.496/2011 –, criando um comitê executivo, com a composição que lhe dá o art. 5º do referido decreto:

> I – Gabinete de Segurança Institucional da Presidência da República;
> II – Agência Brasileira de Inteligência;
> III – Estado-Maior Conjunto das Forças Armadas, do Ministério da Defesa;
> IV – Secretaria da Receita Federal do Brasil, do Ministério da Fazenda;
> V – Departamento de Polícia Federal, do Ministério da Justiça e Cidadania;
> VI – Departamento de Polícia Rodoviária Federal, do Ministério da Justiça e Cidadania;
> VII – Secretaria Nacional de Segurança Pública, do Ministério da Justiça e Cidadania; e
> VIII – Secretaria-Geral do Ministério das Relações Exteriores.
> (Brasil, 2016a)

A interface com os estados continuou ocorrendo por meio dos GGIFs.

Em 28 de abril de 2011, o Estado do Paraná lançou o seu GGIF, como extensão do GGI estadual:

> *Gabinete de Gestão Integrada de Segurança Pública para a Fronteira do Paraná, GGI-Fron, órgão colegiado, de caráter deliberativo e executivo, que tem por finalidade facilitar a coordenação do Sistema Único de Segurança Pública, na área de influência fronteiriça do estado do Paraná, seguindo as orientações da Senasp; Pronasci, cujo termo de referência integra os objetivos do GGIiFron.*
> (Paraná, 2011b)

Ao se referir à 3ª Reunião Ordinária do GGIF do Paraná, o então secretário de Segurança Pública, Reinaldo de Almeida César, expressou:

Os trabalhos do GGIF são referência nacional e, em Brasília, recebemos os cumprimentos do Ministério da Justiça pela iniciativa pioneira. Esse reconhecimento é muito motivador, principalmente porque está sendo lançado em âmbito federal um plano estratégico para as regiões de fronteiras, com a meta de reduzir número de homicídios. (Paraná, 2011b)

A Enafron representa a integração das forças de segurança com o Poder Público, para melhorar a qualidade da segurança pública, realizar investimentos para reforçá-la e impedir que crimes internacionais aumentem a insegurança no Brasil. Seu objetivo primordial é reduzir os homicídios na faixa de fronteira e a entrada de drogas, de armas e o contrabando no país, causando impactos positivos a segurança pública no país.

3.2.5 Brasil Mais Seguro

Apresentado em 2012 pelo Ministério da Justiça, o Brasil Mais Seguro é um programa de redução da criminalidade violenta, que visa reduzir a impunidade, aumentar a segurança da população e promover maior controle sobre as armas, com a atuação qualificada e eficiente dos órgãos de segurança pública, o fortalecimento do policiamento ostensivo e de proximidade com a população, e maior cooperação e articulação entre as instituições de segurança pública, do sistema prisional e do Sistema de Justiça Criminal (Poder Judiciário, Ministério Público e Defensoria Pública) (Brasil, 2017c).

O objetivo central do programa consiste em estimular as relações intergovernamentais para apoiar os estados na implementação da Câmara de Monitoramento de Inquéritos e Processos Judiciais. Além disso, orienta os órgãos e as instituições do Sistema de Justiça Criminal a estabelecer parâmetros para operacionalizar as ações de proteção social, o que ocorrerá pela parceria entre os órgãos de segurança pública, da Justiça Criminal e do sistema prisional (Brasil, 2017c).

O programa apresenta três eixos de atuação, para que seja considerado eficaz na ótica do governo federal:
1. Fortalecimento do Sistema de Segurança Pública.
2. Articulação com o Sistema de Justiça Criminal (Secretaria de Reforma do Judiciário – SRJ).
3. Apoio ao Sistema Prisional (Departamento Penitenciário Nacional – Depen).

Para que essa articulação se concretize, são realizadas forças-tarefa que estabelecem o diálogo entre os órgãos envolvidos das seguintes áreas: Segurança Pública, Ministério Público, Defensoria Pública e Tribunais de Justiça.

Dessa forma, o Sistema de Justiça Criminal passou a ser formado pelos seguintes **subsistemas**:
» Segurança Pública;
» Justiça Criminal; e
» Execução Penal.

As **etapas** para atingir essa articulação foram definidas pelo Programa Brasil Mais Seguro como sendo:
a. Colóquio no estado;
b. Matriz de responsabilidade;
c. Articulação;
d. Assinatura do acordo de cooperação
e. Monitoramento mensal.

Ao estabelecer entre suas estratégias o **policiamento de proximidade**, o programa remete ao policiamento comunitário, mas, em suas condicionantes, coloca a taxa de assassinatos e a deterioração da segurança pública como fatores para a implementação do próprio programa.

Esse é um programa fortemente vinculado ao desarmamento e que guarda semelhanças com um programa de contenção dos homicídios; porém, isso não está claro e, ao mesmo tempo, o programa não estabelece uma metodologia inovadora para reduzir a escalada de homicídios no Brasil (Brasil, 2017c).

Até dezembro de 2016, o Programa Brasil Mais Seguro constava no portal do Ministério da Justiça e Cidadania. Porém, o novo Plano de Segurança Pública deverá ser reformulado, pois integra um dos principais eixos no III PNSP.

3.2.6 Crack, é Possível Vencer

Lançado no final de 2011 e ainda em execução em 2016, o Crack, é Possível Vencer é um programa coordenado pelo Ministério da Justiça que desenvolve, em parceria com os Ministérios da Saúde, do Desenvolvimento Social e Combate à Fome, da Educação e da SEDH, uma ação integrada que envolve três frentes de atuação: **prevenção, cuidado** e **autoridade**.

Nesses três aspectos, o programa integra vários grupos sociais e trabalha, simultaneamente, na prevenção, no combate, na reabilitação e na reintegração social dos dependentes de drogas, em especial o *crack*.

Este programa visa oferecer aos grupos de risco apoio irrestrito em todas as suas necessidades, contribuindo, dessa forma, para a redução dos índices de consumo de drogas (Brasil, 2011c).

O programa *Crack, é Possível Vencer*, faz parte do Plano Integrado de Enfrentamento ao *Crack* e outras Drogas, criado pelo Decreto n. 7.179, de 20 de maio de 2010 (Brasil, 2010b). Unindo as frentes de atuação **prevenção e cuidado**, o programa vem estimulando e apoiando o Programa Educacional de Resistência às Drogas e à Violência (Proerd).

Para saber mais

Para saber mais sobre o programa *Crack, é Possível Vencer*, acesse o *site* do Ministério da Justiça:
BRASIL. Ministério da Justiça e Segurança Pública. *Crack, é Possível Vencer*. 2011. Disponível em: <http://www.justica.gov.br/sua-seguranca/seguranca-publica/programas-1/crack-e-possivel-vencer>. Acesso em: 28 mar. 2017.

Como uma política articulada de segurança pública, com forte identificação com a polícia comunitária, o programa *Crack, é Possível Vencer* atua com a **autoridade** como eixo. Por isso, a seguir, vamos destacar a polícia de proximidade (destacada do eixo *autoridade*) e os eixos *cuidado* e *prevenção*.

■ Polícia de proximidade

Dentro do eixo **autoridade**, o policiamento comunitário é chamado pelo programa *Crack, é Possível Vencer* de ***polícia de proximidade*** e tem a função de intervir nas áreas de maior concentração e consumo de *crack*.

Lançado em 2011, esse programa fomenta a integração com os estados e fortalece o policiamento, com o objetivo de melhorar as condições de segurança e a qualidade de vida das diferentes regiões.

Outra semelhança do policiamento comunitário com a chamada *polícia de proximidade* é o fato de que os operadores da segurança pública buscam estabelecer laços de confiança com a comunidade e estimular a mobilização social quanto à resolução dos problemas de criminalidade e violência que afligem a localidade. Com isso, a polícia permanece na comunidade por meio de bases móveis, interagindo com ela e ajudando a manter os espaços urbanos seguros.

Os cursos de Multiplicador e Promotor de polícia comunitária são patrocinados pelo programa *Crack, é Possível Vencer*, que também implementa *kits* compostos por bases móveis, viaturas, motos e câmeras de vídeo-monitoramento, para serem utilizados em áreas de risco (Portal Brasil, 2010).

Cuidado

O programa *Crack, é Possível Vencer* anuncia o apoio e a implementação de:
> » Enfermarias especializadas em hospitais gerais do Sistema Único de Saúde (SUS).
> » Consultórios na rua.
> » Centros de Atenção Psicossocial para Álcool e Drogas (CAPSad).
> » Unidades de Acolhimento.
> » Apoio às comunidades terapêuticas (Portal Brasil, 2010).

Esse cuidado é relacionado ao tratamento dos dependentes e à redução de danos, uma vez que, sem esse apoio especializado, não seria possível vencer a dependência química.

Prevenção

Neste eixo, o programa trabalha com a redução da demanda por drogas, esclarecendo diretamente a comunidade, principalmente a comunidade escolar. O grande objetivo consiste em evitar o "uso por curiosidade", fortalecer a educação e as redes sociais de proteção e, com isso, resistir às drogas.

Divide-se em:
  a. **Programa de Prevenção do Uso de Drogas na Escola** – Capacitação de educadores e apoio do Programa Educacional de Resistência às Drogas (Proerd) para a prevenção ao uso de drogas em 42 mil escolas públicas. Serão beneficiados 2,8 milhões de alunos por ano.

b. **Programa de Prevenção na Comunidade** – Prevê capacitação a distância de líderes comunitários e conselheiros municipais, lideranças religiosas, profissionais de saúde e assistência social e operadores do direito.
c. **Comunicação e campanhas publicitárias** (Portal Brasil, 2010).

O programa *Crack, é Possível Vencer* atua na prevenção primária ao uso abusivo de drogas, lícitas ou ilícitas, e também na prevenção e na repressão do uso de drogas ilícitas. É um dos bons exemplos de atuação com intersetorialidade e integração; seus resultados são de médio e longo prazos, mas a iniciativa é promissora.

Conclusão

O programa *Crack, é Possível Vencer* representa o principal programa da Secretaria Nacional de Políticas sobre Drogas (Senad), depois que saiu do Gabinete de Gestão Institucional e foi para o Ministério da Justiça. Porém, ainda não é possível fazermos uma avaliação de como o programa representou inovação e o quanto reduziu o consumo de *crack* e de outras drogas, ou mesmo se reduziu os impactos nocivos do tráfico de drogas na criminalidade.

O fato de o programa chamar o policiamento comunitário de *polícia de proximidade* ainda não foi explicado, pois os manuais continuam sendo de *Multiplicador de polícia comunitária* e de *Promotor de polícia comunitária*. A *polícia de proximidade* pode até ser um sinônimo de *policiamento comunitário*, desde que a comunidade participe, seja respeitada e tenha um papel ativo na melhoria da segurança pública.

3.2.7 Plano Nacional de Segurança Pública 3

Anunciado em 26 de janeiro de 2017, o novo Plano Nacional de Segurança Pública (PNSP 3) veio após a recente tragédia ocorrida em alguns presídios brasileiros, nos quais uma guerra de facções criminosas despertou os governos estaduais e federal para se reunirem e cobrarem respostas efetivas: "A rebelião no Complexo Penitenciário Anísio Jobim de Manaus, que culminou com a morte de 56 presos, foi um dos temas tratados (Amaral; Caram, 2017).

Os principais pontos anunciados foram: redução do número de homicídios dolosos (com intenção) e feminicídios (crime de ódio contra mulheres); combate ao tráfico de drogas e armas; e modernização dos presídios (Amaral; Caram, 2017).

No mesmo dia 26 de janeiro, no *site* do Ministério da Justiça e Segurança Pública, foi disponibilizado o PNSP, com o subtítulo: *Integração – Cooperação – Colaboração*, cujas ações gerais preveem capacitação, inteligência e ação conjunta (Brasil, 2017a).

Sobre a polícia comunitária, no eixo redução de homicídios dolosos, feminicídios e violência contra a mulher, o plano prevê ação, prevenção e a aproximação entre polícia e sociedade (pelos Consegs): "Integração dos Conselhos de Segurança com efetiva participação da sociedade, com reuniões permanentes nos CICCs; Ampliação das áreas de policiamento comunitário nos locais com maior índice de violência contra a mulher, já devidamente mapeados nas capitais" (Brasil, 2017a).

No final do mês de fevereiro de 2017, após a indicação e a efetivação do ministro Alexandre de Moraes para o STF, foi indicado para a pasta o deputado federal Osmar Serraglio. Esta é mais uma oportunidade para que a polícia comunitária se torne efetivamente uma política pública de segurança, pois, embora desde 1996 vários documentos façam referência ou elogios a ela, a exemplo deste terceiro Plano Nacional, a polícia comunitária não é um ordenamento político da União, carecendo também de estratégias estaduais e municipais para sua efetivação.

3.3 Estratégias prevalentes

As políticas públicas brasileiras para a segurança pública têm utilizado o que podemos chamar de uma *versão nacional de policiamento comunitário*, dentre as quais destacamos a utilização de **bases comunitárias móveis** – ou *módulos móveis* como primeiro ficaram conhecidos –, a **Polícia Pacificadora**, com suas Unidades de Polícia Pacificadora (UPPs) e similares, e a polícia comunitária tradicional, que apresenta ótimos resultados no Estado de São Paulo.

3.3.1 Módulos móveis

Elaborado por Marco Aurélio de Moraes Sarmento, o Projeto Policiamento Ostensivo Volante (Povo) consistia na alocação de uma viatura (Kombi), equipada com telefone celular e rádio de comunicação, ocupada por dois patrulheiros e apoiada por dois motociclistas, para exercerem patrulhamento diuturno em cada bairro da cidade de Curitiba (nos limites do bairro, o setor). Na lateral da viatura, constava o número do telefone celular do bairro de atuação, que poderia ser acionado diretamente pelo público. A adoção do Povo substituiu praticamente o tradicional Sistema de Radiopatrulhamento (RP) e, parcialmente, os Módulos Policiais (fixos).

O Projeto (Povo), lançado em 1993, foi o primeiro a colocar que uma patrulha com veículos especiais (Kombis) seria uma forma de policiamento comunitário, conforme relatam Bondaruk e Souza (2014) ao descreverem esse projeto, em função de três fatores básicos:

1º Necessidade por parte do Comando do Policiamento da Capital em dar uma pronta resposta aos anseios da comunidade curitibana, em termos de melhores condições de segurança;

2º Sucateamento do Sistema de Policiamento Modular, cujos módulos passaram a denominar-se Postos de Policiamento Ostensivo, nos quais as instalações físicas se apresentavam em total estado de precariedade e não existia previsão orçamentária para efetivação de consertos, reparos ou mesmo reformas; aliado a isso, a corporação tinha suporte para manter apenas um PM, por turno de serviço, em cada Módulo Policial, o qual se limitava a cumprir o papel de segurança física das instalações e informante;

3º Reduzido número de viaturas de radiopatrulha para atendimento de ocorrências, o que acarretava elevação do índice da demanda reprimida e do tempo para atendimento ao solicitante. (Bondaruk; Souza, 2014, p. 35)

Esse projeto adotou o discurso de polícia comunitária e tinha como base o trinômio **policial, viatura** e **comunicação**, alocando-os de forma descentralizada, como meio de manter uma maior aproximação com a comunidade.

Decorrido um ano e meio de sua implementação, aventou-se uma reestruturação, mas, devido à forte ligação com o governo estadual de Roberto Requião, que o implementou, ocorreu a sua desativação, alegando-se deficiências e disfunções operacionais. Os melhores resultados produzidos pelo projeto foram a redução do tempo de atendimento aos solicitantes e da demanda reprimida.

Podemos afirmar que a filosofia e a estratégia de polícia comunitária no Projeto Povo eram apenas "propaganda", pois ele foi concebido como alternativa à verdadeira aspiração da comunidade, os

módulos policiais – tanto que os folhetos iniciais o anunciavam como *módulos móveis*.

Sabemos que a segurança pública é dever do Estado, mas com gestão do governo, e tais embates de governo prejudicaram o atendimento dos cidadãos: a população pedia as bases físicas, os módulos policiais, em seus bairros, e o governo apenas colocava viaturas para realizarem rondas. Assim, o Projeto Povo, que também foi reproduzido no Estado do Pará e teve inspiração no Policiamento Ostensivo Localizado (Polo), do Estado de São Paulo, é uma expressão de patrulhas policiais, do policiamento tradicional.

No livro *Do patrulhamento ao policiamento comunitário*, Carlos Magno de Nazareth Cerqueira, coronel da reserva remunerada da Polícia Militar do Rio de Janeiro (PMRJ), afirmou o seguinte sobre o Povo: "que não estava claro ser este um experimento típico de policiamento comunitário" (Cerqueira, 1998, p. 129).

Ângelo Rogério Bonilauri, idealizador do **Sistema Modular de Policiamento Urbano** (SMPU), que analisamos anteriormente, foi entrevistado em 1996 e creditou o desaparecimento dos módulos mais à política interna da polícia do que à pouca participação da comunidade. Em suas palavras, ele afirma que o SMPU não chegou a existir* e, quando solicitado a fazer uma comparação entre o SMPU e Povo, respondeu:

> *Não tem como falar nada, até me convidaram para ir à inauguração do módulo móvel, uma besteira, o módulo não é o posto, é o conjunto posto – homem – viatura – comunicações. Uma semana depois, ninguém viu mais*

---

* Além da entrevista degravada e constante no trabalho técnico-científico (Souza, 1996), houve uma conversa informal com o coronel Bonilauri, que estava relutante em responder ao questionário. Essa conversa também degravada, inédita, foi anexada à tese *A base física como suporte do policiamento comunitário* (Souza, 2007).

a Kombi. Aqui é a uma barbaridade toda, então não se poderia dizer que o que está acontecendo aqui, quais os interesses ou mesmo aquele que depois daquelas implantações e tal, quando os módulos começaram a funcionar precariamente, acabaram demolindo. Porque foram demolir módulos! Então, acho que aquilo não podia se chamar sistema modular numa situação daquelas. Não era o que justificava um soldado no módulo atendendo ao telefone. Depois, tiraram o telefone do módulo também! Então, acho que não poderia colocar a situação em estudos agora, como se existisse realmente em funcionamento do sistema modular e um Projeto Povo. [...] Não chegou a existir um sistema modular, houve alguns módulos isolados, alguns módulos em conjunto, mas o sistema não chegou a funcionar por inteiro. (Souza, 1996, p. 150)

Em 2003, com a volta do governador Roberto Requião, um novo Projeto Povo foi lançado no Paraná, o qual partiu do projeto-piloto de polícia comunitária em andamento em Curitiba desde o governo de Jaime Lerner (1994-2002).

As Estações Móveis de Policiamento, que faziam parte do novo Projeto Povo, não atendiam à principal demanda da comunidade – a permanência dos policiais nos bairros –, como ilustra uma reportagem do jornal *Gazeta do Povo*, de 5 de agosto de 2007: "o centro de Curitiba seria revitalizado em projeto de R$ 1,2 milhão, mas que não atendia à antiga reinvindicação da volta do módulo policial na Praça Tiradentes" (Souza, 2007, p. 80).

Se lembrarmos do item 3.1.1, sobre o que *não é* policiamento comunitário, ("não é uma tática, uma técnica ou um programa; ou seja não é parte, é o todo"), veremos que módulos e bases móveis não são policiamento comunitário – eles podem até fazer parte de um, mas a filosofia e a estratégia de polícia comunitária devem fundamentar sua utilização.

As Guardas Municipais do Brasil também têm utilizado a estratégia de módulos e bases móveis, mas elas o têm feito de modo correto, principalmente quando as empregam em "feiras móveis", acompanhando e protegendo o público flutuante que participa desses eventos; é uma atuação preventiva e que pode levar a um policiamento comunitário.

Quando se parte para a **reatividade**, com operações *blitz* em parques e praças, temos o policiamento tradicional, idêntico ao realizado pelas PMs, apenas utilizando uma viatura maior, mas com o propósito de "combater o crime".

3.3.2 Polícia Pacificadora

O Relatório Periódico Universal, elaborado pelo Alto Comissariado das Nações Unidas para os Direitos Humanos (ACNUDH) e divulgado em 30 de maio de 2012, ganhou repercussão na mídia ao ser interpretado como favorável à extinção das PMs, o que não está escrito textualmente no relatório.

A recomendação, cuja autoria foi do representante da Dinamarca no Conselho dessa Agência da ONU, é de que o governo brasileiro trabalhe para abolir o sistema separado de Polícia Judiciária e Militar, agregando-as ao mecanismo nacional de prevenção à tortura e às execuções extrajudiciais por policiais. Para dirimir a dúvida sobre o que está escrito no relatório da ONU, podemos ler a transcrição do texto original:

> *119.14. Adopt Bill No. 2442, in order to guarantee the independence and autonomy of the members of the National Preventive Mechanism, in conformity with Brazil's obligations under the OPCAT (Denmark);*
>
> *[...]*

119.60. Work towards abolishing the separate system of military police by implementing more effective measures to tie State funding to compliance with measures aimed at reducing the incidence of extrajudicial executions by the Police. (Denmark). (UN, 2012, p. 15-18)*

A imprensa interpretou que a intenção do Relatório era colocar um fim na PM, quando o que o representante dinamarquês pedia era o fim das execuções extrajudiciais realizadas pela polícia – seja ela militar, seja civil ou de milícias –, e que o governo deveria resolver o problema desse sistema separado de ciclo de polícia cindido entre uma polícia preventiva e outra repressiva.

O que não foi interpretado nem divulgado é que o mesmo relatório recomenda ao Brasil que estenda a outros estados da Federação a experiência do Rio de Janeiro de Unidades de Polícia Pacificadora (UPPs), integrada por policiais militares: *"119.62. That other state governments consider implementing similar programs to Rio de Janeiro's UPP Police Pacifying Unit (Australia)"*** (UN, 2012, p. 18).

Segundo a PMERJ, a primeira UPP foi instalada na Favela Santa Marta, em 20 de novembro de 2008, e, até o final de 2015, um total

---

*   119,14. Adotar a Recomendação N. 2442, a fim de garantir a independência e a autonomia dos membros do Mecanismo Nacional de Prevenção, em conformidade com as obrigações do Brasil no âmbito de Protocolo Facultativo (Dinamarca); [...]
119,60. Trabalhar no sentido de abolir o sistema separado de Polícia Militar, pela implementação de medidas eficazes para amarrar o financiamento estatal para o cumprimento das medidas destinadas a reduzir a incidência de execuções extrajudiciais pela polícia (Dinamarca) (UN, 2012, p. 15-18, tradução nossa).

** "119,62. Que outros governos estaduais considerem implementar programas similares à Unidade de Polícia Pacificadora, UPP do Rio de Janeiro (Austrália)" (tradução nossa).

de 38 UPPs havia sido implantado. Aproximadamente 10 mil policiais com capacitação em policiamento comunitário atuam nas UPPs. O programa tem sido bem avaliado por especialistas e pelos moradores. Uma pesquisa feita pelo Instituto Brasileiro de Pesquisa Social (IBPS) revela que em favelas com Unidades de Polícia Pacificadora (UPPs), a confiança na PM é mais que o dobro da registrada em favelas ainda não pacificadas (60% contra 28%) (Vasconcellos, 2010). A pesquisa por amostragem feita com 800 moradores de favelas indica também que a política de pacificação de comunidades no Rio é amplamente aprovada em favelas com e sem as UPPs (92% e 77%, respectivamente) (Vasconcellos, 2010). "Com relação ao impacto das ações de retomada dos Complexos do Alemão e da Penha, a pesquisa mostra que a maioria dos moradores de comunidades com ou sem UPPs aprovou a operação: 93% e 89%" (Vasconcellos, 2010).

As UPPs inspiraram projetos semelhantes em outros estados brasileiros: o governo do estado da Bahia criou em Salvador as Bases Comunitárias de Segurança (BCSs); o governo do Maranhão criou em São Luís as Unidades de Segurança Comunitária (USCs); e o governo do Rio Grande do Sul criou os Territórios da Paz (TP). O governo do Rio também lançou o projeto das Companhias Integradas de Segurança Pública (Cisp), que atendem a alguns morros e favelas da cidade, com formato semelhante às UPPs, mas mantendo a estrutura militar de companhia da PM e realizando policiamento de proximidade, sem a necessidade de ocupação do território.

O Estado do Paraná também seguiu a orientação da ONU e, em 2012, implementou UPPs, com o nome de *Unidades Paraná Seguro* (UPS). Sobre o assunto, Mikalovski (2012), em artigo publicado pelo jornal *Gazeta do Povo*, assim se expressou:

> Com o estudo de projetos bem-sucedidos principalmente na Colômbia, Rio de Janeiro e São Paulo, adaptou-se

para o Estado do Paraná um sistema que se decidiu chamar de UPS – Unidades Paraná Seguro.

Segundo a Secretaria de Segurança Pública do Paraná, o Projeto UPS trata-se de um modelo de policiamento e de prestação da segurança pública, articulado através de ações de aproximação entre a população e a polícia e permeado com o fortalecimento de políticas sociais nas comunidades, tudo proporcionado por meio do esforço conjugado entre as ações comunitárias e o policiamento de cunho comunitário proativo.

Dessa maneira, estabeleceu-se um modo próprio de ação policial em áreas de risco, selecionadas por meio de uma análise técnica baseada em dados estatísticos, notadamente bolsões de pobreza, sendo que, após a rápida intervenção das forças policiais, iniciou-se a reinserção social da comunidade existente nos locais da operação através de um consequente redução da criminalidade. (Mikalovski, 2012)

O jornal *Gazeta do Povo*, em 12 de julho de 2012, publicou o resultado e a análise de uma pesquisa ampla, realizada pelo instituto Paraná Pesquisas, que entrevistou 1.505 pessoas em todas as regiões do estado: para 61% dos entrevistados, a segurança é o principal problema dos paranaenses. Nessa ótica, o planejamento desenvolvido para a implementação das UPS foi estudado de forma criteriosa, pois a PM não pode ser utilizada como instrumento político, como tantas vezes foi obrigada a fazer no passado recente, para apenas participar de eventos midiáticos, realizando programas que não tinham estrutura e, por isso, eram logo extintos. A situação é crítica, e isso exige uma resposta eficaz por parte do governo (Walter, 2012).

Durante a implementação da 14ª UPS no Paraná, a SSP do estado divulgou que o número de homicídios dolosos, ou seja, com intenção, reduziu-se 35% em Curitiba nos últimos três anos: "Segundo o governo estadual, a implantação das Unidades Paraná Seguro (UPS), a reestruturação da frota de carros da polícia e o aumento da atividade operacional da polícia contribuíram para a melhora nos indicadores" (G1, 2013).

Com essa redução, Curitiba chegou a uma taxa de menos de 25 casos de homicídio para cada grupo de 100 mil pessoas. É a menor taxa em seis anos e finalmente ocasionou a saída de Curitiba do rol das 50 cidades mais violentas do mundo, no *ranking* elaborado pela ONG *Concejo Ciudadano para la Seguridad Pública y Justicia Penal A.C.*, com dados de 2013 (Seguridad, Justicia y Paz, 2014). Porém, em 2015, embora a cidade de Curitiba esteja fora do mapa da violência mundial, sua Região Metropolitana está entre as 50 mais violentas do mundo (Seguridad, Justicia y Paz, 2016).

No início de 2016, em artigo para a *Gazeta do Povo*, Ribeiro e Antonelli (2016) informaram que os resultados das UPS em reduzir a violência são um sucesso, mas que a cooperação entre estado e município ainda deixa a desejar; do mesmo modo, começavam a faltar investimentos. Assim, vemos que as UPS precisam se consolidar como programa de polícia comunitária, apoiado pelo governo do estado e pelos municípios. Também é importante mencionarmos que o Programa Paraná Seguro é financiado pelo Banco Interamericano de Desenvolvimento (BID).

Pela nossa experiência e observação das ocupações nas UPPs, a Polícia Pacificadora envolve quatro fases: **intervenção tática**, para a recuperação do controle territorial; **estabilização**, que precede à implantação; **implantação da UPP**, quando policiais especificamente designados e treinados para essa função ocupam o local; a **avaliação e monitoramento**, que é a continuidade da Polícia Pacificadora.

Assim, a polícia chamada de *pacificadora* remete ao preconceito de que a polícia, como órgão, realizará uma "restauração". Sua denominação é muito ligada à primeira fase de atuação da polícia, o momento de retomada do território pela intervenção tática. Aqui, existe uma baixa participação da sociedade, talvez realmente influenciada pela prática da Polícia da Colômbia, que, utilizando mais o conceito de **prevenção situacional do delito** do que de polícia comunitária, demoliu um bairro para construir um parque:

> Nem todas as iniciativas arquitetônicas em Bogotá são despidas de polêmica. A destruição em 1999 de todo um bairro, El Cartucho, conhecido como uma zona de marginais e traficantes incrustado na cidade, e a transformação dessa área no Parque Terceiro Milênio até hoje são decisões vistas com reserva. (Aquino, 2007, p. 1)

É claro que uma ação dessas não faz parte do policiamento comunitário: uma ação semelhante às relocações de favelas, que consistem em criar um ambiente diferente, que não favoreça a criminalidade.

No Rio, a Polícia Pacificadora trabalha com soldados novos, formados especialmente para atuar nas UPPs, e o município paga uma gratificação para esses policiais. Os comandantes e sargentos recebem treinamento em policiamento comunitário, e quando a UPP entra, o processo de pacificação já terminou – às vezes com uso das Forças Armadas. Apesar do amplo apoio de mídia e da esperança do povo carioca, em 2016 as UPPs enfrentavam sérias críticas, e os moradores acreditavam que, após as Olimpíadas, essas unidades poderiam acabar.

Para saber mais

Conheça a prevenção do crime por meio da arquitetura ambiental no *site* Perimetral Segurança:

PERMIMETRAL SEGURANÇA. **O que é arquitetura contra o crime?** Disponível em: <http://perimetralseguranca.com.br/blog/o-que-e-arquitetura-contra-o-crime/>. Acesso em: 28 mar. 2017.

Uma reportagem do *site* G1, de 5 de julho de 2016, aponta que "a maioria dos moradores de 20 comunidades do Rio que têm Unidades de Polícia Pacificadora (UPP), acreditam que o modelo de policiamento, implantado na cidade a partir de 2008, irá acabar após a Olimpíada" (G1, 2016b). Isso demonstra que não foi construído um laço forte entre as UPPs e as comunidades atendidas. Apesar dessa desconfiança, "a maior parte dos entrevistados avaliou positivamente a presença das UPPs nas comunidades e apontou a melhoria dos serviços públicos após implantação do projeto de pacificação das favelas" (G1, 2016b).

As UPS, versão paranaense das UPPs cariocas, ainda estão em fase experimental, pois contavam com o financiamento do BID para sua implantação, e o Plano Plurianual (PPA) 2011-2015, com a contrapartida ao Projeto das UPS. Sendo posterior, o projeto paranaense está ancorado em lei, mas em 2016 ele é menor do que quando foi lançado, tendo o atraso de recursos impactado negativamente a sustentabilidade do projeto.

3.3.3 A polícia mais próxima dos cidadãos

Perseverando com o policiamento comunitário, a Polícia Militar do Estado de São Paulo (PMESP) apresenta o maior e melhor programa desse tipo de policiamento no Brasil, com uma diretriz de estreitamento dos laços entre a polícia e a população.

A PMESP (São Paulo, 2016), por meio de seu *site*, lembra que o conceito de polícia comunitária exige a formação especializada de recursos humanos que possibilitem uma política de aproximação com a população, o que demanda inovações estruturais para

permitir maior presença e melhor distribuição territorial da polícia.
No Estado de São Paulo:

> Estas estruturas são compostas pelas Bases Comunitárias Móveis. Atualmente, o estado de São Paulo conta com 540 delas – deste total, 250 foram adquiridas pelo governo do estado em 2012, em um investimento de R$ 29,6 milhões. Além disso, há 230 Bases Comunitárias de Segurança fixas e 52 Bases Comunitárias de Segurança Distritais – onde os policiais moram com suas famílias.

(São Paulo, 2017)

Completando 20 anos de prática de polícia comunitária (período 1995-2015), desde 2005 a PMESP é multiplicadora da filosofia das Bases Comunitárias (Sistema *Koban*) para diversos estados brasileiros e outros países, quando firmou convênio com a Agência de Cooperação Internacional do Japão (Jica), para utilização do sistema de Bases Comunitárias Fixas (São Paulo, 2017).

Para saber mais

Os vídeos de 2013 da Cooperação *Koban*, a polícia comunitária do Japão, com a PMESP estão disponíveis no YouTube, no canal TV Nikkey:
TV NIKKEY. **Polícia comunitária do Japão (koban)**. 1ª parte. 2013.
  Disponível em: <https://www.youtube.com/watch?v=u5Xc7UCg5gI>.
  Acesso em: 28 mar. 2017.
TV NIKKEY. **Polícia comunitária do Japão (koban)**. 2ª parte. 2013.
  Disponível em: <https://www.youtube.com/watch?v=WGztcN9Y18Y>.
  Acesso em: 28 mar. 2017.

Indicamos também o Programa *Conexões Urbanas*, com o tema pacificação, do Grupo Cultural AfroReggae, disponível no *site* a seguir:

VIMEO. **Conexões urbanas**: pacificação. Episódio 6, temporada 2. Grupo Cultural AfroReggae, 2011. Disponível em: <https://vimeo.com/31573299>. Acesso em: 5 fev. 2017.

Veja ainda o documentário *Ângela: o jardim da vida*, disponível em:
VERBO FILMES. **Jardim Ângela São Paulo Brasil CNBB 2009**. 2008. Disponível em: <https://www.youtube.com/watch?v=z-_C3Q4gQGY>. Acesso em: 4 fev. 2017.

Síntese

O policiamento comunitário brasileiro surgiu juntamente com a abertura lenta e gradual que marcou o fim do Regime Militar, quando as PMs se voltaram à proteção da população e buscaram a profissionalização. Esse processo se acentuou a partir das eleições de 1982, principalmente nos estados governados pela oposição.

Ocorreu um sensível impacto da inovação do Sistema Modular de Policiamento Urbano (SMPU), aliado aos modelos internacionais de policiamento comunitário dos EUA, do Canadá e do Japão. O Brasil então conheceu o policiamento comunitário, a ponto de todos os estados terem multiplicadores de polícia comunitária, mas a estrutura de segurança pública brasileira e do próprio sistema de justiça e penal não colaboram – talvez por isso a polícia comunitária precise ser melhor praticada.

Existe no Brasil uma doutrina estabelecida e várias políticas públicas que apoiam o policiamento comunitário, que aqui assume nomes diversos como "de proximidade", "modular", "povo", "família" e "pacificadora".

Muito necessita ser melhorado, tomando-se como exemplo o sucesso de São Paulo, que conseguiu reverter no estado inteiro uma taxa de mortes por 100 mil habitantes para menos de 10, um sinal de que é possível acreditar e que vale a pena investir.

Por outro lado, o modelo carioca de pacificação urbana ainda está contaminado com uma visão bélica e com pouca participação da comunidade. Outro desafio carioca consiste em manter integrada a PMERJ, pois, ao colocar nas UPPs apenas policiais novos, isenta-se da responsabilidade de ajudar o programa; da mesma forma, ao criar gratificações específicas para as UPPs, está-se discriminando, o que sempre é ruim para programas colaborativos.

Questões para revisão

1) O que é um módulo policial?

2) Qual é o documento que forneceu a base para a criação da doutrina de policiamento comunitário no Brasil?

3) Qual das iniciativas a seguir representa recursos para a Segurança Pública?
   a. Programa Nacional de Direitos Humanos 3.
   b. Fundo Nacional de Segurança Pública.
   c. Comissão Nacional da Verdade.
   d. Estatuto do Desarmamento.

4) Compare as frases a seguir e assinale a que se relaciona com a Polícia Pacificadora:
   a. "Onde quer que existam cidades com condições (sociais) desesperadas e altas taxas de violência, como Kingston, Jamaica, ou Rio de Janeiro, Brasil, também encontramos grupos de jovens armados. Quer eles sejam paramilitares, membros de cartéis de drogas, esquadrões da morte, fundamentalistas, militantes ou gangues, esses grupos constituem um

grande obstáculo para deter o ciclo de violência" (John M. Hagedorn, professor de Justiça Criminal na Universidade de Illinois, em Chicago, EUA).

b. "Minha posição é pensar no crime não como um problema sociológico, mas como um problema de administração. Meu trabalho é administrar recursos da polícia e motivar 38 mil policiais. Não posso me dar ao luxo de me incluir num sistema de crenças que afirma que a polícia não pode realizar sua missão primária de controlar e prevenir o crime" (William Bratton, ex-comissário-chefe da Polícia de Nova Iorque).

5) Por que a colocação de vários policiais em um uma área comercial, por um tempo determinado, chamado de *operação saturação*, não é considerado policiamento comunitário?

Questão para reflexão

A Dinastia Meiji, responsável pela implantação do sistema *koban* no Japão, reinou por aproximadamente 45 anos. Após a Segunda Guerra, reorganizar o sistema foi a maneira mais rápida de estabilizar e dar tranquilidade à população. O sistema *koban* desde então funciona. Mesmo no Japão pós-Guerra, quando os americanos tentaram impor um policiamento modelo anglo-saxônico, os japoneses se adaptaram e mantiveram a prioridade em segurança pública, e as visitas aos domicílios fornecem informações importantes para a realização do trabalho policial. O Estado de São Paulo está aprendendo com os japoneses, talvez a principal lição seja a perseverança, não se deixar abater pelas vicissitudes, crescer nas dificuldades e utilizar a criatividade.

A Polícia Militar de São Paulo vem sucedendo governadores, secretários de segurança e comandantes de polícia desde 1997 e mantendo a mesma política de segurança pública e integração comunitária, assim obtém os melhores resultados em termos de diminuição da criminalidade.

Nem a capital São Paulo nem nenhuma cidade do interior figuram no *ranking* das 50 cidades mais violentas do mundo (Seguridad, Justicia y Paz, 2016). Por isso, 25 países estão aprendendo com o Estado de São Paulo como implantar o policiamento comunitário (São Paulo, 2017). Por que você acha que os demais estados brasileiros não tentam implantar o Sistema Koban?

IV

Conteúdos do capítulo:

» Sistema de segurança pública brasileiro.
» Paradigma de modelo policial no Estado democrático de direito.
» O ambiente em que se desenvolve a polícia comunitária brasileira.
» A polícia inteligente.

Após o estudo deste capítulo, você será capaz de:

1. reconhecer as vantagens da polícia inteligente em relação à polícia profissional;
2. identificar a comunidade como credora da segurança pública;
3. apontar a importância do município na segurança dos cidadãos;
4. reconhecer a importância da mídia na gestão comunitária da segurança pública;
5. diferenciar o Gabinete de Gestão Integrada do Conselho Comunitário;

Gestão integrada e comunitária da segurança pública

6. destacar a importância dos servidores da polícia na gestão integrada e comunitária da segurança pública.

4.1 Sistema de Segurança Pública brasileiro

A **segurança pública** é um complexo sistema de proteção e regulação do convívio social. O termo *segurança* vem do latim *secure*, que significa "sem medo", indicando que, individualmente, as pessoas se sentem seguras quando não têm medo, quando não presumem agressões ou outro fator que as assuste. Porém, quando os indivíduos se juntam em um **grupo social**, a segurança pública passa a ser um sistema (Bondaruk; Souza, 2003).

No Brasil, esse sistema foi definido pela Constituição Federal (CF) de 1988, conforme a redação de seu art. 144: "A segurança pública, dever do Estado, direito e responsabilidade de todos", é exercida pelos seguintes órgãos: Polícia Federal, Polícia Rodoviária Federal, Polícia Ferroviária Federal, Polícias Militares e Corpos de Bombeiros Militares (Brasil, 1988).

Todavia, o sistema está descrito apenas parcialmente nesse artigo, pois estão ausentes da definição o **sistema de aplicação da justiça** e o **sistema penitenciário** ou *restaurativo*.

Na prática, na maioria das vezes, as organizações policiais atuam em desarmonia funcional, cada uma procurando ocupar isoladamente o espaço que lhe pertence e, algumas vezes, outros espaços, por interesse próprio, sem a mínima responsabilidade nem o dever de funcionar de forma harmoniosa como componente do sistema.

Durante o processo constituinte originário de 1986, discutiu-se sobre possibilidade de unificação das Polícias Estaduais. O resultado prático, porém, foi o surgimento de várias novas polícias, que foram criadas até mesmo nas Constituições Estaduais, reinterpretando a CF.

Agravante para o sistema é que o disposto no parágrafo 7º do art. 144 da CF tem sido negligenciado, em termos de estrutura do Sistema Nacional de Segurança Pública, *ex vi*: "A lei disciplinará a organização e o funcionamento dos órgãos responsáveis pela segurança pública, de maneira a garantir a eficiência de suas atividades" (Brasil, 1988).

A lei complementar destinada a disciplinar o Sistema de Segurança Pública brasileiro até 2016 não havia sido aprovada pelo Congresso; assim, esse sistema continua existindo sem regulamentação legal e com forte influência da ditadura Vargas e da ditadura militar.

Apesar de constar na CF de 1988, art. 144, parágrafo 3º – "A Polícia Ferroviária Federal, órgão permanente, organizado e mantido pela União e estruturado em carreira, destina-se, na forma da lei, ao patrulhamento ostensivo das ferrovias federais" (Brasil, 1988) –, a PFF continua sendo uma ficção jurídica. Os integrantes da Segurança da Rede Ferroviária Federal e outras autarquias extintas tentaram a criação da PFF e seu aproveitamento nos novos quadros. Porém, a Advocacia Geral da União (AGU) deu parecer contrário a isso:

> *A advogada da União Alda Freire de Carvalho foi quem analisou o tema na CGU. Segundo ela, há previsão constitucional (artigo 144, III, §3ª, CF) para criação da nova polícia, justificável pelo aumento da malha ferroviária previsto no Programa de Aceleração do Crescimento (PAC).*
> *No entanto, a estruturação e a elaboração do plano de cargos e salários devem observar o interesse e a justificativa do Ministério da Justiça. Para oficializar a nova*

polícia, será necessário encaminhar projeto de lei para aprovação no Congresso Nacional.

Ainda de acordo com o parecer da AGU, a Constituição Federal (art. 37, II) não permite que os ex-funcionários das estatais sejam aproveitados na nova carreira. Isso porque a investidura em cargo público depende de aprovação em concurso público. (Jusbrasil, 2017)

Quando estiver em operação, a PFF terá uma modelagem semelhante à Polícia Rodoviária Federal (PRF).

Alves (2008) ensina que em uma "democracia plena, a segurança pública garante a proteção dos direitos individuais e assegura o pleno exercício da cidadania. Neste sentido, a segurança não se contrapõe à liberdade e é uma condição para o seu exercício".

Dessa forma, como no Brasil o art. 144 da CF circunscreveu o Sistema de Segurança Pública ao ciclo policial, é fundamental conhecermos o paradigma de modelo policial para o funcionamento do nosso sistema.

4.2 Paradigma de modelo policial no Estado democrático de direito

Rico e Salas (1992) enumeram os princípios para o reconhecimento da polícia como um **serviço social democratizado**. É histórica a relação ambígua entre a polícia e a comunidade. Nos primeiros agrupamentos urbanos, quando do levantamento das necessidades, surgiram, entre outras, as de esse aglomerado ser protegido e controlado. A polícia ficou encarregada dessas duas necessidades: ora controlar, ora proteger.

Para Rico e Salas (1992, p. 72), o **primeiro princípio** consiste em: "Que, como qualquer órgão do sistema de justiça penal, todos os órgãos de aplicação da lei devem ser representativos da comunidade no seu conjunto, responder às suas necessidades e ser responsáveis perante ela"; e também que: "o respeito efetivo de normas éticas pelos funcionários responsáveis pela aplicação da lei, depende da existência de um sistema jurídico bem concebido, aceito pela população e de caráter humano" (Rico; Salas, 1992, p. 72).

Em relação aos **servidores** da polícia, os autores escrevem que: "qualquer funcionário responsável pela aplicação da lei é um elemento do sistema de justiça penal, cujo objetivo consiste em prevenir o crime e lutar contra a delinquência, e que a conduta de cada funcionário do sistema tem uma incidência sobre o sistema no seu conjunto" (Rico; Salas, 1992, p. 72).

O órgão encarregado da aplicação da lei, ou seja, a **polícia**,

> em cumprimento da primeira norma de qualquer profissão, tem o dever de autodisciplina, em plena conformidade com os princípios e normas aqui previstos, e que os atos dos funcionários responsáveis pela aplicação da lei devem estar sujeitos ao escrutínio público, exercido por uma comissão de controle, um ministério, um procurador-geral, pela magistratura, por um provedor, uma comissão de cidadãos, ou por vários destes órgãos, ou ainda por outro organismo de controle. (Rico; Salas, 1992, p. 73)

Quanto às **normas**, estas devem ter valor prático, a menos que o seu conteúdo e significado seja compreendido por todos os funcionários responsáveis pela aplicação da lei, mediante educação, formação e controle (Rico; Salas, 1992).

A **representatividade da sociedade**, qualitativa e quantitativamente, obediente à lei, a ética dos funcionários e o seu controle pela própria sociedade são aspectos que resumem o paradigma de um modelo policial no Estado Democrático de Direito.

O **policiamento comunitário** é o que melhor atende aos princípios defendidos por Rico e Salas (1992), mas não é o único modelo possível. Isso porque, se a polícia for profissional, voltada a resolver os problemas da comunidade, ou se apresentar um programa de atuação voltado para solucionar esses problemas, também suprirá os requisitos para a atuação em uma sociedade democrática; porém, uma sociedade assim exigirá sua participação na definição das prioridades da segurança pública, o que conduzirá novamente ao policiamento comunitário.

4.2.1 Polícia profissional

Poderíamos dizer que profissional é aquele que faz do seu ofício a sua vida. Uma polícia profissional então seria aquela que se dedicasse inteiramente às atividades de policiar, vigiar, proteger.

Assim, Rico e Salas (1992), definem que a polícia deve ser um serviço profissional, sendo critérios necessários para um verdadeiro profissionalismo policial:

a. a limitação da ação da polícia a funções específicas;
b. a formação especializada de seu pessoal;
c. a aceitação de profissionais civis;
d. a criação e a implantação de um plano de carreira;
e. a prioridade dada à competência na atribuição de promoções, critério que deve prevalecer sobre o da antiguidade na escala;
f. a existência de um código de ética profissional.

Dias Neto (2000, p. 27), ao descrever o histórico do policiamento comunitário nos EUA, utilizou o termo **profissional**:

> *O modelo profissional implementou mudanças radicais nos sistemas internos de prevenção e punição de abusos. Implantou-se um estilo militarizado de gestão, baseado em regras e restrições que enfatizavam a importância*

da ordem e da disciplina. *Para evitar ambiguidades na aplicação das regras, introduziu-se um modelo de administração altamente hierarquizado, conhecido como "sistema de comando e controle" (command and control system).*

Uma polícia profissional vai além do sistema de comando e controle, que ainda atualmente prevalece nos EUA; é necessário valorizar a instituição que serve e, consequentemente, a comunidade atendida. O policiamento desenvolvido para controlar o crime pode ser resumido a duas táticas: a **reativa** e a **proativa**. Na **reativa**, o policial é chamado à cena do crime e, então, inicia uma ação que irá resultar na prisão do culpado. Na **proativa**, os policiais tomam iniciativas diversas para impedir o crime. Ocorre que o poder de a polícia evitar alguns crimes é muito limitado e difícil de ser mensurado. Por outro lado, dados estatísticos (Reiss, 1971, citado por Greene, 2002) comprovam que 90% das prisões efetuadas ocorrem por policiais que respondem a chamados dos cidadãos (tática reativa).

Corroborando tal afirmação, a conhecida *Kansas City Preventive Patrol Experiment* (Experiência de Ronda Preventiva de Kansas City) realizou estudos cujos resultados questionaram seriamente a habilidade da polícia prevenir o crime de maneira proativa, pois a maioria dos crimes ocorre no interior das residências ou estabelecimentos (Bondaruk; Souza, 2014).

Greene (2002) considera melhor enfatizar a tática reativa do que deslocar o foco geral do planejamento policial urbano para a prestação de outros serviços. Em outros termos, quanto mais rápido chegar a polícia e quanto melhor for sua resposta, menos impunidade haverá e mais eficiente será o policiamento (Greene, 2002).

Bondaruk e Souza (2014) relatam a experiência do Rádio Patrulhamento Padrão no Estado de São Paulo, na década de 1990, com ênfase nos manuais de procedimento e no patrulhamento sistemático que, em 1995, invalidariam a hipótese de implementação de um Sistema Modular de Policiamento nesse estado (Bondaruk; Souza, 2014).

A dificuldade de um atendimento dito "profissional" é a constante exigência do cliente de ser melhor atendido, pois a sociedade deseja um tempo menor, serviços de outra natureza, com outras características, ou objetivos absolutos, com a redução da criminalidade a níveis suportáveis, capazes de proporcionar a segurança que almeja.

A **mídia** também critica o sistema reativo quando enfatiza o crime e não a prisão, e sempre coloca para o público que "a polícia chegou tarde", que o crime já aconteceu, as pessoas já tiveram seu prejuízo e a vítima já perdeu algo irrecuperável, seja a vida, seja a saúde, por causa do trauma de ter sido vítima de um crime.

Trojanowicz e Bucqueroux (1994), ao descreverem o que não é policiamento comunitário, alertam que este não é um nome a mais para a prevenção do crime. Departamentos de Polícia tradicionais utilizam policiais especialistas na prevenção do crime em palestras e orientações a condomínios e empresas. A diferença estaria na estrutura: enquanto no departamento tradicional o grupo de especialistas perpassa vários distritos e locais, no policiamento comunitário, todos os policiais são capacitados a atuar na sua comunidade, para a resolução de problemas de segurança e para a transformação do ambiente favorável ao crime.

Egon Bittner*, citado por Bondaruk e Souza (2014, p. 45), apresenta uma definição interessante de **polícia**: "polícia é aquela organização que tem a legitimidade de intervir quando alguma coisa que

---

* Egon Bittner (1921-2011) nasceu na Tchecoslováquia e emigrou para os EUA após a Segunda Guerra Mundial. Ele recebeu seu Ph.D. em Sociologia pela Universidade da Califórnia, em Los Angeles. Foi presidente do Departamento de Sociologia da Universidade Brandeis. Tornou-se conhecido por seus estudos inovadores das relações entre polícia e sociedade.

não devia estar acontecendo, está acontecendo, e alguém tem que fazer alguma coisa agora!'".

A **prevenção do crime** é, assim, uma das obrigações da polícia – comunitária ou não. A Figura 4.1, a seguir, mostra como podemos resumir o esquema preventivo profissional.

Figura 4.1 – Ciclo da prevenção criminal

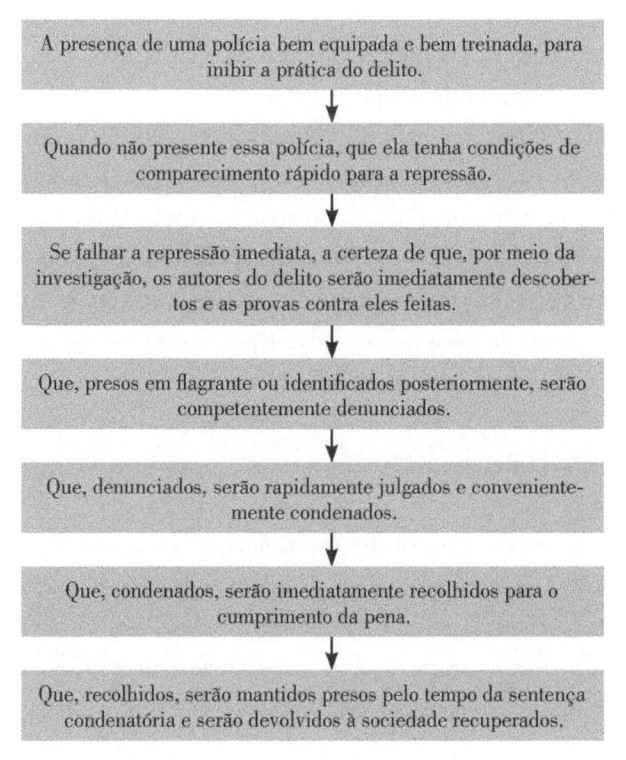

A presença de uma polícia bem equipada e bem treinada, para inibir a prática do delito.
↓
Quando não presente essa polícia, que ela tenha condições de comparecimento rápido para a repressão.
↓
Se falhar a repressão imediata, a certeza de que, por meio da investigação, os autores do delito serão imediatamente descobertos e as provas contra eles feitas.
↓
Que, presos em flagrante ou identificados posteriormente, serão competentemente denunciados.
↓
Que, denunciados, serão rapidamente julgados e convenientemente condenados.
↓
Que, condenados, serão imediatamente recolhidos para o cumprimento da pena.
↓
Que, recolhidos, serão mantidos presos pelo tempo da sentença condenatória e serão devolvidos à sociedade recuperados.

Fonte: Adaptado de Lisboa, 1996, p. 29.

Embora tenha se caracterizado como uma era do policiamento norte-americano, a polícia profissional não chegou a ser implementada no Brasil. Os EUA passaram pela "era profissional" e estão evoluindo para a "era inteligente"; por outro lado, no Brasil, com as polícias divididas, elas estão presas em uma "era política" – razão por que agir com profissionalismo será um grande passo.

4.2.2 Polícia proativa

Polícia proativa é aquela que se antecipa ao futuro, que não fica "parada", aguardando os acontecimentos. Ela procura estar sempre atenta às possíveis mudanças ou ao surgimento de problemas e necessidades e age para que tais problemas não se instalem. Assim, a polícia proativa está sempre em ação.

Rolim (2006), no capítulo "Procurando antes da correnteza: as tendências do policiamento no século XXI" de sua obra, descreve o que seria uma polícia proativa por meio de uma alegoria de um rio com uma forte correnteza, onde uma criança está se afogando e é salva por um grupo que estava às margens do rio; a seguir, outra criança aparece se afogando, depois outra, e então uma das pessoas do grupo sobe a correnteza, averigua por que as crianças estão caindo no rio e evita que elas entrem em suas águas perigosas.

O próprio Rolim (2006) associa esse apólogo* ao policiamento comunitário.

Nesse sentido, devemos ter em mente que a verdadeira **prevenção** do crime não é fruto apenas da presença ostensiva da polícia nas ruas, mas uma atuação proativa, antecipativa, que estabeleça contato com os moradores, comerciantes e transeuntes, que conheça as rotinas, se mostre participativa na comunidade e atenda a seus anseios.

Podemos dividir didaticamente a prevenção em **primária**, **secundária** e **terciária**, adaptando os conceitos da medicina preventiva (Leavell; Clark, 1976, citados por Brasil, 2013c, p. 17).

---

* Uma parábola sem fundo religioso, apenas com um ensinamento moral.

Essa definição se encontra no projeto encaminhado ao BID para financiamento do Programa Paraná Seguro, o SMPU (Paraná, 2011c).

Prevenção primária

São medidas de prevenção que visam inibir a ocorrência de delitos por medidas antecipatórias de caráter geral, que além de buscar o bem-estar do cidadão em outros campos da infraestrutura social, influem decisivamente para a prevenção da criminalidade. É o caso da chamada prevenção social, implementada através de políticas públicas de educação, saúde, habitação, trabalho, lazer e outras que por serem arrefecedoras de conflitos e tensões sociais, eliminam a presença do delito no meio urbano e rural, por atacar as causas que posteriormente gerariam violência e criminalidade. Inclui-se [sic] aqui também as ações educativas de redução do fator oportunidade na fórmula criminal, por parte da população com consequente redução dos índices de criminalidade e natural melhoria da qualidade de vida do cidadão no item segurança pública.

Prevenção secundária

São medidas implementadas no lugar de ocorrência potencial ou real de delitos, procurando primordialmente inibir o ímpeto delituoso do delinquente. São as ações de polícia ostensiva, com ações e operações de policiamento ostensivo fardado, executado pelos órgãos de polícia administrativa (polícia militar). Aqui também se inclui a prevenção situacional do delito, que procura identificar e eliminar do ambiente urbano aspectos arquitetônicos que facilitam ou induzem à prática delitiva, gerando um desenvolvimento urbano sustentado em segurança pública.

Prevenção terciária

> São medidas que visam a repressão criminal pós-delito na persecução, captura e aplicação de medidas legais punitivas ao elemento delituoso, implementadas através dos órgãos de polícia judiciária *(polícia civil)*, bem como pela estrutura do poder judiciário de caráter penal *(promotores, juízes de instâncias judiciais penais)* e ainda da estrutura dos departamentos penitenciários dos estados federativos. Estes visam uma prevenção, baseada na busca de inibir na mente do delinquente o desejo de delinquir pela certeza da punição e de outros prejuízos pessoais e sociais decorrentes de condutas tipificadas como delitos.
> (Paraná, 2011c, p. 13-14, grifo do original)

Considerando a amplitude do conceito de *prevenção*, quando queremos destacar a **prevenção primária**, devemos utilizar uma polícia proativa, que "chegue antes", que não espere pelo chamado das vítimas, mas que evite que as pessoas se tornem vítimas de crimes. Essa é uma **polícia inteligente**, como veremos a seguir.

4.2.3 Polícia inteligente

Segundo José Vicente da Silva Filho* (2003), a polícia é o principal fator de prevenção. Ela tem um papel significativo na prevenção do crime, pois tem autoridade reconhecida e respeitada pela população; está organizada com recursos de alcance flexível a qualquer hora e em qualquer *área; tem possibilidade de atendimento com agilidade; gera intenso relacionamento comunitário quando de base territorial, uma vez que atua* em uma faixa social mais profunda do que nas especializadas; tem estrutura de levantamento de informações

---

* Coronel da reserva da PM de São Paulo e ex-secretário nacional de Segurança Pública.

sobre a violência que se desenvolve em seu território; e é o primeiro agente de defesa civil local.

Segundo Monet (2001), o fundamento das organizações é a mesma para todos os corpos policiais, pois todos se encarregam basicamente de quatro conjuntos de atividades: **polícia de segurança, polícia de ordem, polícia criminal e polícia de informações.** Esse autor escreve:

> Em todas as latitudes e longitudes e por mais distantes que sejam as tradições ou as culturas cívicas, por mais dessemelhantes que sejam as instituições políticas ou o grau de desenvolvimento econômico, todas as polícias do mundo têm como obrigação as mesmas missões. Não que seus agentes realizem todos eles, em todos os lugares, as mesmas tarefas. Nem que enfrentem as mesmas situações. Mas, em toda parte, a organização e o funcionamento dos sistemas policiais são estruturados a partir de uma matriz, composta de algumas grandes missões, na qual se enxerta todo um leque de tarefas que, por sua vez, variam segundo os países e, no interior de um mesmo país, segundo os corpos policiais. (Monet, 2001, p. 103)

David Bayley é autor do livro *Police for the future* (1996) (*A polícia do futuro*, em tradução livre), ainda sem tradução para o Brasil. Em uma resenha no *site* Amazon.com (2017), o livro é apresentado como fruto das pesquisas do autor nos seguintes países: Austrália, Canadá, Grã-Bretanha, Japão e EUA. Nessa obra, Bayley demonstra que a integração dos agentes de segurança e a comunidade é mais eficiente do que carros e outros equipamentos do aparato policial.

Bayley (1996) também analisa o que as polícias estão realizando em sociedades democráticas modernas, e pergunta se as organizações das polícias estão usando seus recursos de forma eficaz para impedir o crime e o medo do crime. O autor avalia detalhadamente alguns dos principais obstáculos à prevenção eficaz do crime, descreve algumas das reformas que estão sendo testadas pelas polícias e explica as escolhas que as sociedades modernas têm feito em relação a criar forças policiais eficazes.

Em seu capítulo final, Bayley (1996) descreve e advoga certos papéis novos e originais para a força das polícias. Primeiramente, recomenda a criação de um título novo do trabalho para as polícias – o "policial da vizinhança" – e conclama as principais mudanças na estrutura organizacional das polícias.

Descreve como devem ser as unidades básicas das polícias, com responsabilidade territorial e poder decisório na chefia local. Finalmente, Bayley diz que gostaria de ver as tarefas das gerências superiores literalmente reconstruídas. Os comandantes devem pensar sobre a "macrogerência" e evitar a "microgerência". Os sistemas policiais devem ser estratificados de acordo com os indicadores de desempenho e, principalmente, com a vontade do cliente (Bayley, 1996).

Em entrevista a Leeds, Bayley (2007) afirma: "por que não paramos de falar em policiamento comunitário? Por que não falamos de policiamento efetivo, de policiamento inteligente?" A seguir, ele explica o que significa **policiamento inteligente**: "é possível reduzir o problema da criminalidade se você tem o público do seu lado. É simples assim. E como se faz isso? Você presta ao público o serviço que o público pede a você que preste. Esse é agora meu mantra" (Bayley, 2007, p. 124).

▪ Problem-oriented policing

O *problem-oriented policing* (POP), que no Brasil chamamos de **policiamento orientado ao problema***, é uma estratégia de

---

* Desenvolvido na Universidade de Wisconsin-Madison, pelo professor Herman Goldstein (1977).

policiamento que envolve a identificação e a análise das especificidades do crime, da desordem ou do problema, a fim de obter uma resposta eficaz.

O modelo POP de Goldstein, de 1977, foi ampliado em 1987 por John E. Eck e William Spelman para o método *Sara* de resolução de problemas:

» *Scanning* – Identificação
» *Analysis* – Análise
» *Response* – Resposta
» *Assessment* – Avaliação (Brasil, 2007d, p. 134-135).

Assim, no Brasil, temos o acrônimo *Iara*.

Bondaruk e Souza (2014) relatam que a Polícia Canadense utiliza o método de resolução de problemas Capra, que pode ser usado para a solução de qualquer tipo de dificuldade enfrentada pelo policiamento ou pela comunidade (Quadro 4.1).

Quadro 4.1 – Método Capra

Clientes (*clients*)	» Conhecer seus pontos de vista, necessidades e anseios; » Definir com eles estratégias e diretrizes para solução dos problemas; » Tê-los mais próximos para futuras situações.
Análise (*analysis*)	» Análise das informações que afluem da comunidade e suas fontes.
Parcerias (*partnerships*)	» Estabelecer, por meio de uma relação que pressupõe confiança mútua, parcerias com todos os segmentos que direta ou indiretamente podem ajudar na solução de problemas da comunidade.
Resposta (*response*)	» A forma como são dadas as respostas às necessidades de proteção e auxílio à comunidade mostram a nossa capacidade de sermos "solucionadores de problemas". Disso decorre toda a confiabilidade no sistema.

(continua)

(Quadro 4.1 – conclusão)

Avaliação (assessment).	» Uma avaliação constante do desempenho de todas as medidas e ações implementadas é absolutamente indispensável para a manutenção do sistema em níveis desejáveis de eficiência e eficácia.

Fonte: Adaptado de Bondaruk; Souza, 2014, p. 96.

Essa é uma das principais características do policiamento comunitário: resolver os problemas da comunidade. Para isso, os métodos POP, Sara e Capra nada mais significam do que conhecer para prevenir, sistematizar o conhecimento do policial e da comunidade para encontrar as soluções mais breves e eficientes para os problemas apresentados.

4.3 Comunidade

A **comunidade** é um dos fatores primordiais de uma gestão comunitária da segurança pública. Etimologicamente, o termo *comunidade* vem do latim *communitas*, de *cum* e *unitas*, "quando muitos formam uma unidade" (Yamamoto, 2014). Ferdinand Tonnies, em 1887 (citado por Brancaleone, 2008, p. 100), definiu que:

> *A comunidade seria, pois, um tipo especial de associação que teria a ver com os imperativos profundos do próprio ser, dizendo respeito mais à vontade de ser, enquanto vontade essencial, do que à vontade de escolher. Se, entre as comunidades destaca a família – a comunidade de sangue –, a aldeia – a comunidade de vizinhança – e a cidade – a comunidade de colaboração –, englobando tanto as comunidades de espírito como as comunidades de lugar, já entre as sociedades coloca as empresas, industriais e comerciais, bem como outros grupos constituídos por relações baseadas em interesses. Tecnicamente: "entidade administrativa constituída por um centro habitado e*

por um território imediatamente circundante. É definida como um grupo de pessoas que vivem em determinadas zonas e que estão ligadas por mútuos interesses. (citado por Brancaleone, 2008, p. 100)

Nas grandes cidades brasileiras, é difícil definirmos corretamente a abrangência geográfica de cada bairro; destarte, é fundamental para o seu sucesso que um programa de gestão comunitária da segurança pública estabeleça a comunidade que será atendida, a "vila", pois as pessoas precisam se sentir "donas do pedaço" – ou seja, quando se trata de cuidar de sua própria comunidade, quando têm interesses comuns, elas estarão verdadeiramente envolvidas.

Quando apresentar espírito comunitário, a **comunidade residencial** poderá estar verdadeiramente envolvida. Outras, vezes uma **comunidade de interesses** será um dos principais atores na gestão comunitária de segurança pública; nesse caso, o risco será sempre o de arrefecimento e falta de participação depois de atendidos os interesses emergenciais.

4.3.1 Comunidades de negócios

Os chamados *comerciantes* estão sempre dispostos a colaborar. O problema é que, como vivem em uma relação de custo-benefício, depois de "pagarem", eles irão "cobrar" um atendimento privilegiado.

Em um primeiro momento, a participação da comunidade de negócios será fundamental para a segurança pública, mas, no longo prazo, é preciso que ela preserve e invista na qualidade de vida da comunidade em geral e gere oportunidades locais; nesse sentido, os chamados ***projetos de responsabilidade social*** ajudam a melhorar a qualidade de vida e a reduzir o medo do crime.

Os investimentos da comunidade de negócios são fundamentais para a chamada ***economia contra o crime***. Assim, é preciso oferecer empregos para a comunidade, priorizar os fornecedores locais e aqueles que auxiliem a estabelecer uma rede de proteção social que ajude a comunidade.

Um exemplo disso é um grande empreendimento imobiliário que iniciou suas obras em uma região considerada violenta e, na mesma época, começou um experimento de policiamento comunitário. A reclamação de pequenos furtos e roubos a funcionários foram levados ao Comando do Módulo Policial, que reuniu a Associação de Moradores e ouviu a queixa de que o empreendimento era "estrangeiro", que não beneficiava a comunidade – um condomínio de alto luxo e fechado.

O Comando levou as reivindicações à construtora que, então, distribuiu cartões para serem entregues à Associação de Moradores, que encaminharia 20 pessoas por mês para realizarem testes na construtora. Quando outras empresas chegaram, o mesmo foi feito: veio o supermercado, e mais cartões foram distribuídos para a comunidade. A própria Associação de Moradores passou a gerenciar o processo e, depois que o condomínio ficou pronto, novos postos de trabalho foram gerados com as lojas de conveniência, e a criminalidade permaneceu em níveis suportáveis.*

O **terceiro setor** também pode complementar essas atividades de economia contra o crime: por exemplo, a associação de bairros ou o clube de mães podem promover cursos de profissionalização, como corte e costura, panificação, artes e outros que ajudem a gerar renda com os bazares das oficinas.

Exemplos existem aos milhares, mas o importante é a criatividade e o apoio básico, que vêm do chamado ***setor produtivo***, para que a comunidade se emancipe e tenha melhor qualidade de vida e segurança.

---

* Esse evento ocorreu na Vila Zumbi, em Colombo, Paraná; foi testemunhado por nós, mas não foi documentado.

4.3.2 Comunidade escolar

O espaço destinado à **educação** nunca deve estar dissociado da comunidade atendida. Sabemos que o investimento em educação é fundamental para a evolução da sociedade e para a solução dos problemas contemporâneos.

A **escola** é um centro de convergência da comunidade; com a participação direta de docentes e discentes, funcionários e pais de alunos, torna-se um verdadeiro "celeiro" de criatividade, de pessoas bem-intencionadas, além de ter uma estrutura de apoio com salas de aulas, meios auxiliares de ensino e quadras esportivas. A dificuldade é que a escola já tem problemas em demasia e, com frequência, precisa mais de auxílio do que pode efetivamente ajudar.

O ambiente escolar tem uma clientela com a mente e o caráter em formação, razão por que é natural que marginais e traficantes queiram cooptar adeptos e usuários entre os alunos que já estão reunidos. Assim, a proteção da comunidade escolar é fundamental para o sucesso de um programa de gestão integrada e comunitária da segurança pública; a escola deve participar ativamente na polícia comunitária e ser um centro catalisador de soluções e de irradiação para toda a comunidade.

Algumas polícias têm **policiamento especializado em segurança escolar** e, nesses casos, o importante é a integração de tal policiamento com o chamado *policiamento ordinário, regular*, pois as famílias e o entorno precisam participar da vida escolar, e a escola deve participar da comunidade.

Além dos ótimos programas como o Proerd, destinado a crianças no ensino Fundamental em todo o Brasil, a Patrulha Escolar Comunitária (PEC), iniciada no Estado do Paraná e destinada a adolescentes no ensino fundamental e médio, e o Jovens Contra o Crime (JCC), iniciado no Estado de São Paulo e destinado a adolescentes no ensino médio, outras atividades podem ser desenvolvidas e, da mesma forma, o trânsito, o meio ambiente e o civismo devem fazer parte das atividades extracurriculares da escola.

4.3.3 Comunidade organizada

Editado pela organização Amigos Associados de Ribeirão Bonito (Amarribo), com apoio do Instituto Ethos e da Transparência Brasil, o *Manual anticorrupção* afirma: "O exercício da cidadania pressupõe indivíduos que participem da vida comum. Organizados para alcançar o desenvolvimento do local onde vivem, devem exigir comportamento ético dos poderes constituídos e eficiência nos serviços públicos" (Amarribo, 2004, p. 2).

Conforme o mesmo manual, essa **participação** pode ser **individual**: "É uma constante busca dos melhores caminhos e o aproveitamento de todas as oportunidades para conscientizar os outros e para cobrar a participação de todos" (Amarribo, 2004, p. 2); e, ainda, **coletiva**: "É exercida através da integração em qualquer grupo social. A força do grupo compensa a fraqueza do indivíduo. O grupo sempre consegue mais do que qualquer de seus integrantes conseguiria agindo isoladamente" (Amarribo, 2004, p. 2).

No final da década de 1960, o pensador canadense Marshall MacLuhan* afirmou: "O meio é a mensagem"** (Pombo, 1994). Com isso, o autor expressou que as verdadeiras mensagens de um meio são as mudanças por ele produzidas no contexto em que está inserido. Segundo ele, as sociedades têm sido modeladas muito mais pelos meios com os quais os seus cidadãos se comunicam do que pelo conteúdo da sua comunicação. Com isso, os meios modificam

---

* Marshall MacLuhan (1911-1980) foi um sociólogo e comunicólogo canadense.

** Em coautoria com Quentin Fiore, McLuhan publicou, em 1967, uma obra com o título *The Medium is the Message: an Inventory of Effects* (sem tradução para o português).

o ambiente e, a partir desse momento, suscitam novas percepções sensoriais (Pombo, 1994).

Nesse contexto se insere a importância dos Conselhos Comunitários de Segurança (Consegs), tanto pela mensagem ("Estamos preocupados com o nosso bairro") quanto pelo meio como essa mensagem é repassada, a união dos cidadãos em prol da segurança, da paz social e do exercício salutar da cidadania.

O mesmo ocorre com as associações de classe, como de taxistas, os sindicatos e mesmo as associações de bairros e clubes de serviço.

Como exemplo, temos o Programa Vizinho Vigilante, que ocorre em todo o mundo e é patrocinado pelo Rotary Internacional.

O que faz o Vizinho Vigilante
» Mantém contato com o grupo, assistindo às reuniões e participando com ideias ou críticas.
» Desenvolve uma postura preventiva, cooperativa, observando os veículos não familiares e reportando-se ao coordenador de rua.
» Avisa a polícia sobre atividades suspeitas.
» Mantém sua casa sempre habitada e, quando sai por vários dias, avisa ao coordenador de grupo e aos seus vizinhos.

Alerta:
"A busca é servir a comunidade, protegendo a nós mesmos e aos outros; **não somos policiais**, somos **vizinhos vigilantes**, que tratamos de colaborar com as autoridades, em favor de nossa comunidade" (Padilha, 2004, p. 10).

Com isso, temos que a qualidade e a longevidade de uma parceria decisória, eficaz e com efetiva participação social é maior quando polícia e sociedade dividem tarefas e responsabilidades na identificação dos problemas e nas soluções planejadas.

O *Manual do Curso Nacional Multiplicador de polícia comunitária* faz um alerta e propõe uma correção para os perigos de uma participação comunitária realizada sem orientação:

» *O planejamento equivocado e sem orientação culminando no surgimento de alternativas econômicas: segurança privada, sistema de comunicações entre cidadãos de posse (paralelo a polícia);*

» *Membros da comunidade expostos à marginalidade, colocando em risco suas vidas porque são interlocutores dos problemas locais;*

» *A polícia determina tarefas para dissuadir ações participativas sem nenhum resultado prático;*

» *As campanhas têm um forte conteúdo político em detrimento da prevenção porque é apoiado por um político ou comerciante;*

» *Como o apoio governamental é pouco, apenas pequenas ações fazem surgir lideranças com perfil político e eleitoral, deturpando o processo;*

» *A instrumentalização de pequenas tarefas pode causar apatia da comunidade, favorecendo os marginais da área e grupos de interesse que desejam o insucesso de ações coletivas no bairro;*

» *A polícia não consegue mais atuar na área sem críticas da comunidade.* (Brasil, 2007f, p. 224-225)

De acordo com esse Manual, o correto seria:

» *Promover uma ampla participação da comunidade, discutindo e sugerindo soluções dos problemas;*

> » Demonstrar a participação da comunidade nas questões, determinando o que é da polícia e o que é da sociedade;
>
> » Proteger os reais parceiros da polícia, não utilizando-os para ações de risco de vida (não expondo) com ações que são da polícia ou demonstrando eventualmente que eles são informantes;
>
> » As ações de autoajuda são acompanhadas por policiais. As iniciativas locais são apoiadas. Trabalhos preventivos, não apenas campanhas devem ser estimuladas. (Brasil, 2007f, p. 225)

A participação da comunidade civil organizada é fundamental para implementar um projeto de polícia comunitária, pois é por meio dela que se aglutinam as demais forças da sociedade. A criação de um Conseg virá de uma "organização madrinha"*, seja uma associação de bairros, seja um clube de serviços.

4.4 Municípios

Quando a CF de 1988, em seu art. 144 determina que a segurança pública é dever do Estado, ela não está se referindo apenas aos estados-membros, mas ao **Estado nacional**, composto por União, estados-membros, Distrito Federal e municípios. Os municípios além da proteção dos seus bens e serviços, uma atribuição específica (CF, art. 144, §8º), têm importância fundamental para provê-la quando atuam na prevenção social e na prevenção situacional.

---

* Organização que fornece os primeiros voluntários, o local para as reuniões e apoia o Conseg.

> A **prevenção social** diz respeito às políticas públicas de saúde, educação, emprego, habitação, as quais são grandes arrefecedoras das tensões sociais e geram violência, desordem e até criminalidade.
>
> A **prevenção situacional** do delito pode ser explicada com a redução de oportunidades para delinquir, evitando-se o ambiente favorável a que um agente motivado venha a lesar uma vítima e/ou alvo (Bondaruk, 2011).

A construção e a regulamentação do ambiente urbano seguro, como responsabilidades dos municípios, destacam a participação destes na segurança dos cidadãos. As políticas de desenvolvimento urbano definem ambientes urbanos nos quais o crime terá maior ou menor facilidade de ocorrer, a depender de características que podem propiciar de forma decisiva espaços urbanos naturalmente mais seguros.

A construção de um Plano Municipal de Segurança é uma das possibilidades. Maringá, no interior do Paraná, foi eleita e aferida pelo Instituto de Pesquisa Econômica Aplicada (Ipea) como a cidade mais segura do Brasil em 2004 e 2008 (Clemente; Pereira; Mendonça, 2005; Globo.com, 2007; Strassacapa, 2009). Entre 2000 e 2008, o município elaborou um Plano Municipal de Segurança com a participação de toda a sociedade e capitaneado pelo seu Conseg.

Moraes (2009, p. 22) relata que, em 2006, apenas 266 municípios brasileiros tinham um Plano Municipal de Segurança. Aqui é importante destacarmos que o município não é só o prefeito: há também os vereadores – e os políticos, de situação e de oposição, fazem parte da democracia. Assim, se o governo se acomoda, é obrigação da oposição realizar as denúncias e levar os grandes temas à discussão.

4.5 Outras instituições

As pessoas altruístas, cidadãs e bem-intencionadas muito provavelmente fazem parte de uma associação cultural, religiosa, social, de serviços, simbólica ou desportiva. São essas pessoas que irão aglutinar as demais; é delas que depende essa iniciativa e a continuidade dos programas de polícia comunitária.

No Brasil, o chamado *Sistema S**, destinado à melhoria do bem-estar social dos trabalhadores, apoia ações de geração de emprego e renda, bem como de qualificação profissional, de modo a ajudar a solucionar problemas subjacentes à criminalidade.

Outras vezes, a desagregação social exige ajuda de **associações filantrópicas** como o Exército da Salvação, sociedades de ajuda aos sem-teto, bancos de alimentos, e iniciativas diversas que atuem na resolução de problemas sociais, para reconquistar a autoestima e a cidadania das pessoas, fundamentais ao estabelecimento de parcerias.

A chamada *academia*, ou *instituições de ensino superior*, são excelentes parceiros. Por prestarem uma atividade fundamental, elas têm obrigação de fornecer um retorno para as comunidades, e parte desse retorno pode ser canalizado ao policiamento comunitário ou a projetos de mobilização comunitária.

---

* O Sistema S é composto pelas seguintes entidades: Serviço Nacional de Aprendizagem Rural (Senar); Serviço Nacional de Aprendizagem do Comércio (Senac); Serviço Social do Comércio (Sesc); Serviço Nacional de Aprendizagem do Cooperativismo (Sescoop); Serviço Nacional de Aprendizagem Industrial (Senai); Serviço Social da Indústria (Sesi); Serviço Social do Transporte (Sest); Serviço Nacional de Aprendizagem do Transporte (Senat);; Serviço Brasileiro de Apoio às Micro e Pequenas Empresas (Sebrae).

Assim, vemos que a gestão comunitária da segurança pública exige a **formação de parcerias**, tanto as que fazem parte das políticas públicas – como o Orçamento Participativo, o Conselho de Educação e de Saúde, os Conselhos Tutelares e semelhantes – quanto as associações de voluntariado, que já exemplificamos com os Consegs, mas que também abrangem clubes de mães, clubes de serviços, associação de moradores de condomínios e tantas outras existentes e que nem sabem o quanto podem ajudar na prevenção criminal e na produção de segurança. Parceria significa "agir em conjunto", e não apenas "dar uma ajuda": nesse caso, a polícia e os parceiros decidem e agem; não há subordinação entre parceiros, mas sim **colaboração**.

No *Manual de segurança comunitária*, distribuído para todo o Brasil, lemos em sua epígrafe: "quem não previne o crime colabora com ele" (Bondaruk; Souza, 2003, p. 6). Essa frase nos ajuda a compreender que todos devemos ter responsabilidade pela segurança pública, como diz a nossa Constituição Federal.

4.6 Mídia

Os **meios de comunicação** ou **mídia** são importantes para a formação da opinião pública, pois ditam modas e influenciam comportamentos. Porém, podemos questionar: Sua atuação seria indutora da atual onda de criminalidade? Ou ela apenas reflete uma onda de criminalidade que já existe?

O poder de manipulação de determinados meios de comunicação pode ser exemplificado no clássico do cinema *A montanha dos sete* *abutres*, dirigido por Billy Wilder. Sucesso em 1951, o filme é um ataque à chamada "imprensa marrom"* (Silva, 2015).

A **televisão** influi na criação de necessidades e expectativas inacessíveis à maioria da população. Essa mídia tem como principal mantenedor a publicidade, a venda de anúncios e *merchandising* (publicidade disfarçada em programas). Essa publicidade maciça atinge indiscriminadamente todos os segmentos da população, criando expectativas inatingíveis à maioria dos jovens brasileiros, em especial.

Envolver a televisão na segurança pública é uma tarefa difícil, mas algumas ações de indignação da sociedade conseguiram, por exemplo, retirar do ar programas atentatórios à dignidade humana, como o caso da exposição do chamado "Latininho" no Faustão,

---

* Neste filme, Kirk Douglas interpreta Charles Tatum, um jornalista inescrupuloso que, na tentativa de voltar a trabalhar para os grandes jornais, busca uma grande história. Ao descobrir que Leo Minosa (Richard Benedict), dono de um velho posto de estrada, está preso em uma mina sob a Montanha dos Sete Abutres, o jornalista passa a manipular os fatos para que o acidente se transforme em uma tragédia sensacionalista. Assim, o ambicioso repórter se une ao xerife da cidade (Ray Teal) e à esposa da vítima (Jan Sterling), com os três passando a buscar fama e dinheiro e a explorar, por meio da imprensa, a agonia de Leo Minosa.

em 1996, que, em 2001, rendeu uma multa de R$ 1 milhão para a emissora, acusada de "levar o mundo cão" às telas.*

Por outro lado, existem bons exemplos, como o programa *Globo Repórter*, da Rede Globo, sobre as boas práticas da polícia comunitária, exibido em 2007 (Globo.com, 2007) e a série da Record sobre a Polícia do Canadá, também de 2007 (Canadá..., 2007). É essencial multiplicar essas iniciativas e trabalhar para o aperfeiçoamento do modelo brasileiro de mídia, instituir uma forma de controle da sociedade civil ao que é veiculado em horários livres e, principalmente, em mídias abertas. Longe de ser censura, trata-se de um exercício de cidadania e de melhoria da qualidade de vida para todos.

Nos dias atuais, a televisão, mas também a imprensa escrita, produzem mitos. Esses mitos são fabricados por um ritual cotidiano e levados permanentemente a uma nação televisiva, que se reúne diariamente, buscando traduzir ao público modos mais adequados de perceber o mundo. Eles podem simbolizar o bem ou o mal, dependendo do que se pretende criar.

No Brasil, entre tantos exemplos, apresentamos dois mitos criados pela imprensa a partir de fatos de grande repercussão: o primeiro é Otávio Lourenço Gambra, o "Rambo", um ex-policial hoje

---

* "Em nome da luta dominical monitorada minuto a minuto pelo Ibope, a TV Globo exibiu, no dia 8 de setembro de 1996, durante o programa *Domingão do Faustão*, um espetáculo bizarro. O capixaba Rafael Pereira dos Santos, então com 15 anos, 87 centímetros de altura, oito quilos, foi protagonista de um verdadeiro *freak show*. Não era anão, mas portador de uma doença rara chamada Síndrome de Seckel. O apresentador Fausto Silva e convidados durante a exibição de Rafael: 'O menor Latino do mundo'; 'Se você quer fazer um *show* em quitinete, pode contratar o fera aqui'; 'Menor que você só o salário-mínimo'". R$ 1 milhão foi o valor estipulado pela juíza da 36ª Vara Cível do Rio, Simone Gastesi Chevrand Folly, que condenou a emissora por danos morais por ter exposto Rafael na televisão de maneira "vexatória". (Melo, 2001).

famoso, que, com seus nove colegas de serviço em Diadema, no ano de 1997, teve seus excessos de violência filmados em vídeo e exibidos na televisão pelo mundo afora, produzindo surtos de indignação que de quando em quando agitam o cenário político brasileiro (Blat; Saraiva, 2000).

O segundo é o traficante "Marcinho VP", transformado no personagem Juliano VP por Caco Barcellos (2003) em seu livro *Abusado*. Em depoimento à CPI do Narcotráfico no ano de 2000, critica-se a participação da imprensa que, segundo VP, fez dele um monstro. VP chegou a sugerir que fosse aberta uma CPI sobre os abusos da imprensa. Assim, para a mídia, Marcinho VP foi executado devido à sua superexposição (Barcellos, 2003).

Segundo Silva (1993), os meios de comunicação submetem a população como um todo a um tipo de violência decorrente da propaganda consumista, da propaganda de produtos perniciosos, de programas violentos e cenas sensacionalistas ou chocantes.

Essa influência ocorre basicamente pela banalização da vida e da morte humanas. O respeito ao ser humano perde importância: "mocinhos ou bandidos" tratam a vida como se fosse nada.

O uso da mídia para veicular propaganda governamental e a relação incestuosa do poder político com o poder da mídia – considere que, no Brasil, rádios e jornais são propriedades de políticos, canais de televisão são concessões a políticos e grandes redes têm como cliente o governo em suas múltiplas instâncias – fazem com que a população seja manipulada ou se torne incrédula.

Nesse sentido, Carlos Chagas (2005) escreve:

> *Ruy Barbosa afirmou ser a liberdade de imprensa a mais importante das liberdades públicas, não porque a imprensa se sobreponha a outros segmentos sociais, mas simplesmente porque sem a liberdade de imprensa a sociedade*

não tem conhecimento das lesões praticadas contra as outras liberdades.

Ao contrário de afastar a mídia da gestão comunitária da segurança pública, essas dificuldades devem aproximar as demais forças da mídia para assim divulgar boas práticas, difundir medidas para que as pessoas se protejam, cobrar a responsabilidade das autoridades, unir as pessoas de bem. Essas são apenas algumas das ações essenciais para o sucesso da gestão comunitária da segurança pública.

Por meio da **internet**, essa nova e avassaladora mídia, os programas de polícia comunitária podem dar seus primeiros passos por meio de *blogs* e portais. Os jornais impressos, inicialmente o jornal da base comunitária – módulo, *koban* ou UPP, por exemplo, ou um informativo dos policiais para a comunidade atendida – e os jornais de bairro e de associações podem dar um impulso às iniciativas e ser os primeiros a cobrar empenho e resultados.

Apesar do que dissemos anteriormente, no Brasil, o **rádio** ainda é o principal veículo de comunicação de massa, pois chega a todas as pessoas, em todas as classes sociais, em todos os lugares e nas mais diferentes ocasiões – inclusive mais dos que a internet e os *smartphones*. Assim, obter o seu envolvimento é um grande impulso aos projetos de segurança, e pequenas rádios comunitárias, legalizadas, podem ajudar a comunidade a conhecer tais projetos e como podem participar da gestão comunitária da segurança pública. Além disso, as rádios constituem fontes para receber denúncias anônimas.

Estudo de caso

A Rádio Corneta

O sistema de alto-falantes instalado na torre da Igreja da Barreirinha, em Curitiba, com quatro cornetas a uma altura de 30 metros, existe na igreja há 44 anos e funciona 10 minutos por dia nos horários comerciais. Nesses 10 minutos, toca música religiosa, anuncia mensagens, pessoas e animais desaparecidos, documentos perdidos, vagas de emprego, nota de falecimento, cursos para desempregados, cursos de medicina alternativa, palestras, formação, protestos, reivindicações, entrevistas com profissionais liberais. Nesses anos ajudou milhares de pessoas.

Mas há sete anos chegou na Paróquia da Barreirinha o padre Leocádio, que atende a uma população de 60 mil habitantes: a Matriz da Barreirinha, mais três comunidades em Curitiba e mais sete comunidades no município de Almirante Tamandaré. Com sua chegada, começaram os protestos, reivindicações, fechamentos de ruas, abaixo-assinados, a luta para canalizar o Rio Belém, derrubada da torre de celular, pedidos de lombadas, semáforos, calçadas, asfalto, creches, postos de saúde, revitalização da Anita Garibaldi.

Fonte: Elaborado com base em Végas, 2009.

4.7 Políticos

A palavra *política* tem a mesma raiz de *polícia*. Nesse sentido, a epígrafe do livro *polícia comunitária: polícia cidadã para um povo cidadão* destaca:

Do grego politeía *para o latim* politia, *polícia tem a ver com a organização política, conjunto de regras para beneficiar e proteger o cidadão. Temos que ser polícia – cívica e moral – intolerante com tudo aquilo que pode incentivar a impunidade e a corrupção. Quando a sociedade se assumir como guardiã dela própria, os políticos farão questão de dizer que, sim, estão integrados no conjunto de normas que se chama Justiça. Com orgulho, dirão que todos somos polícia. Alberto Dines, jornalista.* (Bondaruk; Souza, 2014, p. I)

A **política** ordena a *polis*, ou seja, são os **políticos** que representam o povo, definem o planejamento urbano, arrecadam e definem em que setores serão investidos os recursos públicos. Assim, para ter sucesso e perenidade, a gestão integrada e comunitária da segurança pública depende da participação dos políticos, ou seja, depende dos Poderes Executivo (presidente da República, governadores dos estados, prefeitos e seus auxiliares) e Legislativo (senadores, deputados e vereadores).*

O **Executivo Federal** (presidente da República, ministro da Justiça e outros ministros) tem a maior parcela para causar ordem ou caos na segurança pública, uma vez que define as leis que serão implementadas; é responsável pelas fronteiras e pela infraestrutura dos modais de transporte (aéreo, dutoviário, ferroviário, hidroviário, marítimo e rodoviário); define as diretrizes educacionais e industriais. É também o ente que mais arrecada. Assim, e se é parte do problema, deve ser parte de sua solução, como, por exemplo, por meio de um PNSP perene, sem influências político-partidárias, com transferência voluntária de recursos por meio de convênios (como o

---

* O Poder Judiciário é integrante do Sistema de Segurança Público, embora não seja formado por políticos.

Fundo Nacional de Segurança Pública – FNSP), exigindo resultados e difundindo boas práticas.

Embora pareça distante, o Executivo Federal é alcançável, indiretamente por meio dos representantes eleitos para a Câmara Federal e para o Senado (Poder Legislativo) e diretamente por meio da opinião pública. Implementar políticas públicas é o grande desafio do Executivo, e não teremos sustentabilidade na gestão integrada e comunitária da segurança pública sem a participação efetiva do Estado, nas três esferas de governo (federal, municipal e estadual), ou seja, a política pode fazer a diferença na sustentabilidade da estratégia de polícia comunitária.

No Brasil, cabe ao **Poder Executivo Estadual** (governadores, secretários de segurança pública e outros) a principal responsabilidade pelo provimento de recursos para a preservação da ordem pública, desde a contratação de policiais, promotores e juízes (via repasse ao Judiciário) até a manutenção dos equipamentos preventivos e repressivos, a construção de prédios para delegacias, quartéis, bases comunitárias, prisões, detenções, manutenção dos veículos e custeio do sistema estadual de segurança pública. Assim, para que os policiais comunitários permaneçam no local onde melhor atuam, impactando direta e positivamente na segurança da região, dependem do Executivo, evitando um dos problemas recorrentes do policiamento comunitário: a rotatividade dos policiais por conveniência política.

É preciso que o Executivo consinta em com a gestão comunitária, pois é ele que "paga a conta" e quer sempre influir nos desígnios das forças de segurança; além disso, quer receber os louros das boas ações e dos bons resultados. Porém, quando não consente, em geral o Executivo coloca a culpa nos demais entes, na comunidade atendida, na conjuntura desfavorável, nos policiais ou nas corporações.

Assim, quanto antes for trazido para participar da gestão comunitária, melhores resultados serão alcançados. Porém, o comprometimento do Executivo deve ser verdadeiro e duradouro e ser respeitado pelos demais parceiros.

O **Poder Legislativo** define o arcabouço legal: no **plano federal**, decide as ações que são consideradas crimes; no **plano estadual**, como as forças policiais se estruturaram para combater esses crimes; e na **esfera municipal**, define o ordenamento urbano. Em cada uma dessas esferas* os representantes votam o orçamento e apresentam emendas parlamentares que podem apoiar projetos sociais, inclusive na área da gestão integrada e comunitária da segurança pública.

Enfim, o presidente, os ministros, o governador, os secretários, o prefeito, o administrador regional, os senadores, os deputados, os vereadores e quaisquer outros funcionários federais, estaduais ou municipais cujo apoio possa afetar o combate ao crime e ao medo do crime podem e devem ser parceiros na polícia comunitária e na gestão integrada.

À guisa de complemento, é bom lembrarmos que o Poder Judiciário não é político, mas faz parte do Estado, e é o poder que, por definição, faz cumprir as leis. Assim, no combate ao crime, a participação do Judiciário é essencial. Por meio de ações como a mediação popular de conflitos ele pode participar na prevenção e na proatividade e, por provocação do Ministério Público, exigir que os Poderes Legislativo e Executivo sejam compulsados a adimplir as obrigações que eles deixaram de cumprir.

---

* Esfera federal: senadores e deputados federais; estadual: deputados estaduais; municipal: vereadores.

4.8 Gabinetes de Gestão Integrada Municipal

O documento *Gabinetes de Gestão Integrada em Segurança Pública* (Brasil, 2009e) é uma coletânea dos artigos, decretos e resoluções sobre os Gabinetes de Gestão Integrada (GGI) em segurança pública. Condensa seis anos (2003-2009) de esforços em articular instituições das diversas esferas de governo em torno de um tema comum: a redução da violência e da criminalidade. A ideia é a de substituir uma legislação que estabelece um Sistema Único de Segurança Pública (Susp) por um fórum nos qual as forças de segurança, federais, estaduais e municipais, o Ministério Público, o Poder Judiciário e demais agências públicas, bem como os gestores do Executivo, decidiriam em conjunto suas estratégias.

Com o Programa Nacional de Segurança Pública com Cidadania (Pronasci), que analisamos anteriormente, os municípios foram incentivados a constituir Gabinetes de Gestão Integrada Municipais (GGIMs), que são fóruns deliberativos, compostos por representantes do Poder Público das diversas esferas e das diferentes forças de segurança pública, com atuação nos próprios municípios.

Os GGIs diferem dos conselhos, que são fóruns de participação democrática da sociedade civil organizada. Porém, pensando em uma gestão eficiente, temos que os GGIs e os Conselhos se completam.

4.9 Servidores da polícia no modelo comunitário

Neste tópico, veremos a atuação dos órgãos listados no *caput* do art. 144 da CF de 1988: Polícia Federal (PF); Polícia Rodoviária

Federal (PRF); Polícia Ferroviária Federal (PFF); Polícias Civis (PCs); Polícias Militares (PMs) e Corpos de Bombeiros Militares (CBM). Veremos também o papel da Guardas Municipais e dos agentes de trânsito, acrescidos pela Emenda Constitucional n. 82 de 16 de julho de 2014 (Brasil, 2014a), e de outras polícias e órgãos que exercem o poder de polícia e devem estar empenhados na gestão comunitária da segurança pública.

4.9.1 Polícia Federal

A CF de 1988 determina:

> Art. 144. [...]
> §1º A Polícia Federal, instituída por lei como órgão permanente, organizado e mantido pela União e estruturado em carreira, destina-se a:
> I – apurar infrações penais contra a ordem política e social ou em detrimento de bens, serviços e interesses da União ou de suas entidades autárquicas e empresas públicas, assim como outras infrações cuja prática tenha repercussão interestadual ou internacional e exija repressão uniforme, segundo se dispuser em lei;
> II – prevenir e reprimir o tráfico ilícito de entorpecentes e drogas afins, o contrabando e o descaminho, sem prejuízo da ação fazendária e de outros órgãos públicos nas respectivas áreas de competência;
> III – exercer as funções de polícia marítima, aeroportuária e de fronteiras;
> IV – exercer, com exclusividade, as funções de polícia judiciária da União.

A **Polícia Federal** (PF) é, assim, a única polícia brasileira com ciclo completo de polícia, com funções administrativas, judiciárias e regulatórias. Não apresenta ascendência nem interlocução com as polícias estaduais. Por outro lado, tem uma missão muito ampla, mas limitada em recursos, uma vez que recorre a terceirizações para complementar as atividades regulatórias e à Força Nacional para complementar as atividades de polícia ostensiva administrativa. A PF se concentra na **polícia judiciária da União**, talvez por ser herdeira da Polícia Judiciária do Distrito Federal.

Presente apenas nas capitais dos estados, nas principais cidades e em cidades estratégicas de fronteira, a Polícia Federal tem participação fundamental nos GGIs, participa regularmente dos Gabinetes de Fronteira, enquanto nos demais fica a cargo da chefia local sua participação ou não.

A PF apresenta um modelo de **polícia profissional**, o que a protege de interferências políticas, mas lhe dificulta a participação em um modelo comunitário, pois não trabalha com a criminalidade aparente.

Tem respeito pela comunidade e é respeitada por ela, mas não é possível que a comunidade tenha muita interferência em suas ações, pela natureza de suas missões constitucionais, ainda que manifestações contra a corrupção acabem por mobilizar a PF, como as manifestações que, entre 2015 e 2017, apoiaram a Operação Lava Jato e exigiram o combate à corrupção no Brasil.

A arquitetura das delegacias é acessível ao público e o atendimento é realizado por não policiais (estagiários) devidamente capacitados. A PF trabalha na solução de crimes e, além de fornecer insumos para um bom trabalho do policiamento comunitário, um bom relacionamento é muito valioso em problemas complexos que sejam de sua competência.

Para incluir-se na carreira de policial federal, é necessário ter nível universitário, formação centralizada na Academia Nacional de Polícia e na Gestão Integrada e Comunitária da Segurança Pública, principalmente no combate ao crime organizado.

4.9.2 Polícia Rodoviária Federal

O parágrafo 2º do art. 144 da CF apresenta a **Polícia Rodoviária Federal** (PRF) da seguinte forma: "órgão permanente, organizado e mantido pela União e estruturado em carreira, destina-se, na forma da lei, ao patrulhamento ostensivo das rodovias federais" (Brasil, 1988).

Com missão restrita às rodovias federais, o desejável é que a PRF também atinja o modelo profissional, fazendo-lhe muita falta o ciclo completo de polícia. Em todos os estados da Federação, a PRF faz o termo circunstanciado de polícia nos crimes de menor potencial ofensivo (Goiás, 2014).

A participação da PRF na gestão comunitária da segurança pública se dá por meio dos GGIs, em operações integradas, no cerco e no controle da criminalidade transestadual e transmunicipal.

Dentro da Estratégia Nacional de Fronteiras (Enafron), a PRF mantém o Projeto Alerta Brasil, que controla por câmeras as características de todos os veículos que passam pelos postos de controle, podendo detectar veículos furtados, roubados, clonados ou cujos proprietários estejam envolvidos em crimes. Assim, é fundamental informar imediatamente à PRF os furtos e roubos de veículos, bem como as características dos veículos envolvidos em crimes.

Nas ações de implementação da Polícia Pacificadora no Rio de Janeiro, a PRF participou como polícia ostensiva, o que demonstra a possibilidade de ela apoiar ações e operações integradas ou simultâneas.

Estudo de caso

Policiamento comunitário rodoviário

Ajuda Mútua: uma parceria que traz mais segurança. Projeto que aproxima Comando Rodoviário da BM e comunidade ajuda a prevenir crimes no interior

    Atenta a qualquer movimento estranho, a agricultora Aquelina Ceolin Bevilácqua, 74 anos, tem sido os olhos do Comando Rodoviário da Brigada Militar no distrito de Bela Vista, localizado às margens da rodovia Passo Fundo-Pontão (ERS-324). Ela participa desde o início de um projeto de parceria entre Polícia Rodoviária e comunidade que ajudou a reduzir a ocorrência de crimes no interior.

    Criado como projeto-piloto há 10 anos, em Passo Fundo, o projeto de Policiamento Rodoviário Comunitário atualmente abrange 220 municípios da região do 1º Batalhão Rodoviário da Brigada Militar e está presente nos outros dois batalhões rodoviários estaduais. Há mais de 50 anos morando no distrito de Bela Vista, Aquelina conta que a família sentiu mais segurança com o projeto.

    — Roubos e abandono de veículos nas lavouras eram comuns. Com a polícia mais próxima, há cerca de dois anos não roubam nada por aqui – afirma a produtora de soja e milho.

    Os altos índices de abigeatos* e furtos ou roubos a residências motivaram a iniciativa de contar com a observação da comunidade.

---

* *Abigeato* é o furto de gado. O termo deriva de *abigeatu*, inventado pelos romanos, uma vez que o furto de animais não podia ser considerado como *contrectatio* – ato de colocar a mão sobre coisa alheia. (Andreucci, 2016).

— Não temos efetivo suficiente para patrulhar todas as rodovias, por isso contamos com o apoio das comunidades, que nos auxiliam na fiscalização – diz o tenente Paulo Roberto Mariano de Souza, analista de operações do 1º Batalhão Rodoviário da Brigada Militar.

No projeto, a Polícia Rodoviária visita e cadastra famílias que moram à beira das rodovias, passando orientações que vão desde dicas sobre segurança no trânsito até a importância da fiscalização e da denúncia feitas pelas comunidades para a prevenção de crimes. As pessoas são orientadas a ligar para o Comando Rodoviário sempre que tiver problemas ou informações relacionados à segurança no trânsito ou nas propriedades rurais.

— Ligam sempre que há pessoas ou veículos estranhos, acidentes, motoristas com problemas mecânicos ou dirigindo de forma irregular, animais ou árvores na pista. Facilitam nosso trabalho – comenta Souza.

Com confiança, policiais ficam amigos das famílias

Depois de cadastradas, as famílias participam de reuniões com o Comando Rodoviário para discutir os problemas que enfrentam com a segurança e o andamento do projeto. Segundo Souza, são realizadas cerca de 60 reuniões por ano na área do 1º Batalhão Rodoviário. Este ano, já foram realizadas 64.

— A maior vantagem do Policiamento comunitário é a confiança. Passamos a trabalhar em parceria, ficamos amigos das famílias – diz o sargento César Luis de Lima, que participa do projeto desde 2001.

Fonte: Costa 2011.

4.9.3 Polícias Civis

No Brasil, compete às **Polícias Civis** (PCs) o exercício de atividade de **polícia judiciária**, ou seja, as que são desenvolvidas após a prática de um ilícito penal e após a repressão imediata por parte da polícia ostensiva (PM). A CF, em seu art. 144, parágrafo 4º, determina: "Às Polícias Civis, dirigidas por delegados de polícia de carreira, incumbem, ressalvada a competência da União, as funções de polícia judiciária e a apuração de infrações penais, exceto as militares" (Brasil, 1988).

Cabe à PC a tarefa da formalização legal e investigatória de polícia judiciária, na apuração, ainda em âmbito administrativo, das infrações penais. Porém, a gestão comunitária da segurança pública, inserida na filosofia e na estratégia organizacional, não é peculiar a um tipo ou a outro de polícia (ostensiva ou investigatória). Quando a PC é comunitária, vai além do formalismo legal, também age na prevenção.

Os manuais dos países com ciclo completo estabelecem que a polícia comunitária deve envolver todo o departamento: patrulhas na rua, peritos policiais, detetives, chefia, terceirizados e estagiários. Nesse sentido, Bondaruk e Souza (2014) lembram que polícia comunitária é pertinente à organização policial como um todo, quando ela se volta ao bom atendimento do cidadão.

No material para formação de policiais comunitários da Secretaria Nacional de Segurança Pública (Senasp), destacam-se os valores da PC na polícia comunitária:

1. *Valor jurídico – é peça imprescindível para o desenvolvimento do rito processual complementando assim o ciclo de polícia iniciando-se o ciclo de persecução criminal;*

2. **Valor científico** – *possibilita a troca de informações com a polícia ostensiva e possibilita direcionar e planejar as ações policiais de forma proativa e, quando necessário, repressiva;*
3. **Valor social** – *pelos seus resultados, possibilita orientar o cidadão a respeito dos acontecimentos de seu bairro; de sua comunidade. É um tipo de prestação de contas, pois demonstra que o sistema policial é dinâmico.* (Brasil, 2007d, p. 53; grifo original)

O mesmo material assim resume a atuação policial civil no policiamento comunitário:

> » *Bom atendimento ao público no registro de ocorrências;*
> » *Auxílio às vítimas (assistência, acompanhamento etc.);*
> » *Resposta à comunidade de problemas complexos.*
> » *Orientações quanto a problemas nocivos que prejudicam a comunidade local;*
> » *Ações preventivas e de orientação na comunidade;*
> » *Apoio e participação das lideranças em orientações e informações à comunidade;*
> » *Estímulo a iniciativas que promovam a integração social.*

O melhor exemplo de policiamento comunitário da PC é a chamada **Delegacia Legal**. Criadas em 1999, as Delegacias Legais proporcionaram à PC do Rio de Janeiro um salto em modernidade e qualidade. São acolhedoras, com a participação de estagiários graduandos em cursos superiores que fazem o primeiro atendimento.

Nessas delegacias, a gestão é profissional, com a figura de um não policial na função de síndico e também com o constante treinamento aos policiais. As Delegacias Legais estão melhorando sobremaneira o atendimento aos cidadãos: elas não têm carceragens, pois seus presos vão para cadeias públicas a cargo da administração penitenciária. Assim, seus policiais podem se dedicar integralmente à investigação criminal e ao atendimento dos cidadãos. Por isso, diz-se "legal", tanto do ponto vista jurídico, quanto no sentido popular (Garotinho, 2005).

O bom trabalho se completa com a **Delegacia de Dedicação Integral ao Cidadão** (Dedic), uma delegacia virtual em que os registros são realizados *on-line* e os investigadores posteriormente entram em contato com as vítimas e os denunciantes (Rio de Janeiro, 2017).

Lopes (2009, p. 25), ao tratar do tema "o policial e a comunidade", alerta: "O relacionamento da polícia com a comunidade e vice e versa, hoje principalmente, deve ser lastreado na confiança e na interatividade, ou seja, polícia e comunidade devem trabalhar juntas". Mais à frente, o mesmo autor aconselha visitas a delegacias, visitas de policiais às escolas e participação em atividades com clubes de serviço. Ao final, arremata: "Quando se pensa uma polícia eficiente, na realidade, objetiva-se um habitat digno e funcional, procedimentos administrativos fluindo com eficácia e o cidadão sendo atendido em suas pretensões com respeito e dignidade" (Lopes, 2009, p. 28).

Com isso, os policiais civis podem ser aliados fundamentais para o policiamento comunitário, e é interessante percebermos o quanto o voluntariado de alguns policiais transforma a realidade de delegacias e de cidades inteiras, quando estas se voltam ao atendimento dos cidadãos, e não apenas a uma pequena cifra de criminosos. Receber bem as pessoas em seus momentos de fragilidade, prestar atenção às características dos criminosos e repassar essas informações imediatamente para as chefias e demais atores da segurança pública, mesmo que não se evite aquele crime, são aspectos que podem impedir a reincidência.

Entendemos que a falta do ciclo completo de polícia no Brasil transforma os esforços da PC de realizar patrulhamentos "batidas" policiais em um desperdício de recursos. Porém, a atuação integrada ajuda a PC a suprir a falta de uma legislação adequada à sua nobre e importante missão.

4.9.4 Polícias Militares

Presente nos 5.564 municípios brasileiros, a **Polícia Militar** (PM) é sem dúvida o principal fator de sucesso de qualquer iniciativa de polícia comunitária. Como escreveu o comandante-geral da Polícia Militar do Paraná (PMPR), coronel David Pancotti, ao prefaciar a primeira edição da obra de Bondaruk e Souza (2007, p. 3):

> *Este trabalho que tenho a honra em apresentar é um legado às gerações futuras, pois, traz em seu escopo a experiência de muitos anos da Polícia Militar no seu mister de proteger o cidadão com sua família e seus bens. Essa faceta da Polícia Militar não é nova, vem do policial de quarteirões, se espraiou através dos módulos e se notabilizou no policiamento comunitário, pois não se concebe uma polícia distanciada de seu público, daqueles a quem ela serve.* (Bondaruk; Souza, 2007, p. III)

Quando o trabalho do policial militar vai além do mero atendimento reativo, ele passa a agir proativamente, usa sua criatividade, estabelece um compromisso com a comunidade que atende, auxilia a comunidade a resolver os seus problemas e, então, torna-se um **policial comunitário**.

Conforme escrevem Bondaruk e Souza (2014), uma das vantagens do policiamento comunitário é que os moradores não mais precisam sair do bairro para tentar resolver problemas de segurança. Passa a existir alguém para discutir os problemas no próprio bairro – há um comandante para isso.

No policiamento comunitário, o PM deve ser mais educado e mais educativo. Deve educar pelo exemplo, respeitando a lei, para poder exigir o cumprimento da lei e respeitar os direitos humanos, dos quais todos os cidadãos são credores.

Os PMs devem ser patrulheiros comunitários do bairro, e não "plantões"* ou protetores das instalações do "quartel". Lembramos que, na polícia comunitária mais antiga do mundo – os *kobans*, no Japão –, o atendente pode ser um policial aposentado e, nos *chuzaishos*, a família do policial pode cuidar da instalação e até anotar as demandas do policiamento comunitário.

Os PMs devem priorizar a **proteção ao inocente**, antes da prisão do culpado. As prisões brasileiras estão abarrotadas. O Judiciário não é capaz de julgar todos os delinquentes e os delegados não conseguem apurar todos os crimes. Além disso, a ocorrência de um crime custa muito caro. Assim, evitar crimes é mais barato do que prender criminosos.

O policial comunitário não deve participar de "batidas" policiais ou de *blitze*, tal como se fossem dois pratos em uma balança, na medida em que, se homens são treinados para enxergar a **"cidadania"** das pessoas, não é possível treiná-los para enxergar somente a "delinquência" ou a "marginalidade" delas.

O rastreador das "batidas" e das *blitzes* – ou seja, o policial que quer agir repressivamente – está essencialmente voltado para a "pronta restauração", que implica em abordagens, imobilização, identificação, buscas, apreensões e prisões, retirando-se em seguida, sem maiores explicações.

---

* O "plantão" é um policial isolado, que não pode sair do posto. No sentido comum, o "plantão" reveza com os demais policiais.

Assim, o policiamento comunitário como ideia sintetiza a essência da missão da PM. Bondaruk e Souza (2014, p. 54) apresentam o seguinte resumo da atuação da PM no policiamento comunitário:

» *O policial militar trabalha sempre no mesmo bairro.*
» *O policial militar é conhecido da comunidade.*
» *Apresenta um alto grau de participação da comunidade.*
» *A polícia é proativa.*
» *O policial militar é o chefe de polícia local.*
» *A iniciativa das ações é descentralizada.*
» *A ênfase é dada às unidades de área.*
» *Há um maior nível de motivação do policial militar.*
» *Há cooperação e pensamento criativo.*
» *Conta-se com informações de cidadãos engajados.*
» *Há o estabelecimento de laços de confiança.*
» *A solução dos problemas ocorre por integração ativa.*
» *Há qualidade e resultados direcionados.*
» *A comunidade indica suas necessidades.*
» *Ocorre a redução do medo do crime.*

Em entrevista a Leeds, Bayley (2007) respondeu especificamente sobre policiais uniformizados, se estes deveriam ser especializados ou priorizar o trabalho de área:

> **Bayley:** *A resposta é a última opção, especialmente no que se refere aos primeiros a atender a chamada policial. Na polícia uniformizada, todos devem querer fazer isso. Estou lidando com isso neste momento na Irlanda do Norte, onde estou na Comissão de Monitoramento. Eles prefeririam dividir a força policial. Em lugares onde há um serviço policial dividido (i.e. polícia comunitária vs. o resto do serviço), inevitavelmente, a polícia comunitária não recebe o devido respeito, seus policiais se tornam cidadãos de segunda classe. Outro problema é que os*

esquadrões especializados que simplesmente respondem a chamados não desenvolvem os instintos sobre quem são as pessoas respeitáveis e as más pessoas da comunidade.

Há vários exemplos disso nos anos recentes em Nova York – o caso mais recente foi o dos cinquenta tiros disparados contra Sean Bel e seus amigos, e o caso Amidou Diallo de alguns anos atrás. São exemplos de esquadrões especializados na luta contra o crime que não sabiam nada, em termos sociais, sobre onde estavam e sobre a comunidade. Está-se muito melhor quando se coordena operações nas quais os policiais conhecem a localidade. Esquadrões especializados invariavelmente arrumam problema.

Lembro-me que, há vários anos atrás, essa questão me foi trazida por um capitão da região sul e amplamente afro-americana de Chicago. Ele criou uma regulamentação na qual os policiais de um distrito policial não podiam nem mesmo almoçar na região de outro distrito, porque eles inevitavelmente veriam as pessoas na rua e interviriam. E acabariam intervindo sobre as pessoas erradas, tomariam decisões equivocadas. Então, penso que realmente se deve desenvolver uma polícia baseada na localidade. (Bayley, 2007, p. 125, grifo do original)

Os PMs têm a maior responsabilidade no policiamento comunitário, que depende muito mais deles do que das chefias. Esse tipo de policiamento se inicia no momento que o policial desce da viatura, interage com a comunidade, respeita e se submete a ela – o PM deve abandonar a vontade de ser um "vingador".

Os PMs estão em contato direto com a comunidade e, por isso, cabe a eles receber as demandas e cobrar de suas chefias. Assim, não é o caráter militar que impede o policiamento comunitário: o que impede é a **vontade bélica**, é ver nos delinquentes um inimigo.

Cabe ao PM, no cumprimento de sua missão, ser digno da confiança que a comunidade lhe atribuiu, preservar a vida e, somente então, aplicar a lei.

4.9.5 Corpos de Bombeiros Militares

Segundo o art. 144, parágrafo 5, da CF: "aos Corpos de Bombeiros Militares, além das atribuições definidas em lei, incumbe a execução de atividades de defesa civil" (Brasil, 1988).

As legislações estaduais, com base no Decreto n. 667, de 2 de julho de 1969 (Brasil, 1969b), definiram aos **Corpos de Bombeiros Militares** (CBM) as seguintes missões:

» Ações de prevenção e combate a incêndios.
» Coordenação e execução das atividades de defesa civil.
» Fiscalização das condições de segurança e riscos de incêndios.
» Atendimento pré-hospitalar (Siate/resgate).
» Apoio em companhas de conscientização e profilaxia em saúde pública.

Quando uma instituição tem como missão a prestação dos serviços de prevenção e socorro público, não pode permanecer à margem da sociedade, mas deve sempre estar integrada a ela.

Segundo Seito (2008), na década de 1970, após os grandes incêndios dos edifícios Joelma e Andraus, ambos na cidade de São Paulo, os CBMs do Brasil aceleraram a pesquisa em sistemas de combate a incêndio, por meio de intercâmbios principalmente com os EUA e com o Japão, passando a priorizar a **prevenção a incêndios**.

A tendência internacional é exigir que todos os materiais, componentes, sistemas construtivos, equipamentos e utensílios usados nas edificações sejam analisados e testados do ponto de vista da segurança contra incêndio (SCI). Para alcançar um desempenho cada vez melhor, a sociedade desenvolve novas soluções em todas essas áreas.

O professor Del Carlo descreve que a legislação e os códigos de SCI vêm sendo substituídos nas edificações mais complexas pela engenharia de SCI, outra área também em expansão internacionalmente. As tecnologias que vêm se desenvolvendo, como eletrônica, robótica, informática e automação estão mais presentes em todas as áreas de conhecimento da SCI (Del Carlo, 2008, p. 12).

Por outro lado, a **educação** é considerada a chave para a prevenção e a proteção contra incêndios. Existe uma infinidade de encontros e programas de educação que visam à conscientização da população em ambos os aspectos. Da mesma forma, são organizados cursos de treinamento para técnicos em instalações e manutenção de sistemas de segurança. Em mais de 40 países existem cursos de engenharia de proteção contra incêndios, em alguns dos quais são oferecidos cursos de pós-graduação tanto em nível de mestrado quanto de doutorado (Seito, 2008).

Essa cultura de preparação e prevenção dos bombeiros, apoiada em uma e legislação preventiva, faz dos CBMs a instituição de maior confiança no Brasil desde 2009 (Ibope, 2015).

Sobre a cultura da prevenção, Del Carlo (2008, p. 11-12) enfatiza:

> *Os riscos continuam a aumentar em todo território nacional pela complexidade da sociedade que implanta usinas nucleares, desenvolve técnicas de lançamento de satélites, complexos de petróleo que levam a autonomia do País nesse tipo de combustível, implanta os programas do álcool e do biodiesel inéditos internacionalmente e que necessitam de estoques e manuseio em larga escala desses produtos perigosos, edifícios cada vez mais complexos e maiores. Esses riscos nos obrigam a desenvolver uma nova cultura de segurança em que é melhor prevenir do que remediar.*

Os bombeiros, embora muito bem preparados para combater incêndios e desastres, agem diuturnamente na prevenção, evitando incêndios e preparando as comunidades para os desastres. Essa é uma lição valiosa da filosofia de polícia comunitária.

Estudo de caso

A participação do Corpo de Bombeiros é fundamental na Ação Integrada de Fiscalização Urbana (Aifu) desde o ano de 2002 em Curitiba, um experimento de gestão integrada voltado a estabelecimentos comerciais (Souza; Nunes, 2011). Confira mais informações sobre esse experimento a seguir.

> O instrumento que viabilizou o projeto integrado foi o convênio de cooperação técnica firmado entre o Governo do Estado do Paraná, por intermédio da Secretaria de Segurança Pública, e o Município de Curitiba, que fora renovado em 12 de abril de 2006 por mais quatro anos, destinando-se a propiciar à sociedade curitibana uma melhor qualidade de vida, por meio de ações diuturnas e integradas de fiscalização, saneamento e prevenção de ilícitos no município. [...]
> As atribuições versam desde a abordagem de suspeitos, passando pela análise de sistemas preventivos de incêndio, lavraturas de autos de prisão em flagrante delito e de termos circunstanciados, verificação das condições sanitárias, recâmbio familiar, aplicação de medidas socioeducativas, atuação dos estabelecimentos comerciais que desenvolvem suas atividades fora dos parâmetros do alvará, aferição de poluição sonora ("som mecânico", "ao vivo" ou "barulho produzido por frequentadores") entre outros.

> Veja-se que há independência na atuação dos órgãos envolvidos, as atribuições são específicas definidas na legislação e estruturadas dentro de um enfoque sistêmico de segurança. O modelo ora apresentado atua de forma descentralizada, e talvez aqui, está um de seus principais aspectos inovadores na busca da resolução dos conflitos sociais e na manutenção da ordem pública.

Fonte: Elaborado com base em Souza; Nunes, 2011, p. 3-4.

Serviço Integrado de Atendimento ao Trauma em Emergência (Siate)

Rodrigues e Souza (2011, p. 1) relatam que "no Rio de Janeiro foi criado, por um decreto governamental, em dezembro de 1985, o Grupo de Emergências do Corpo de Bombeiros". Inicialmente, uma equipe do chamado *Resgate* era composta de motorista, médico e dois enfermeiros.

O **Serviço Integrado de Atendimento ao Trauma em Emergência** (Siate) iniciou suas operações no Paraná em 1988, com o apoio de uma equipe de consultores de Cleveland, Ohio, EUA, sendo oficializado em 1990.

De acordo com Rodrigues e Souza (2011), no Brasil, há dois sistemas públicos de atendimento pré-hospitalar:

a. O **Siate**, que iniciou de forma experimental, no município de Curitiba, em maio de 1990 e durante os últimos anos atende com primazia os traumas no serviço pré-hospitalar e, em muitos casos, em virtude da deficiência do Poder Público quanto ao encaminhamento de pacientes, também se presta a servir os casos clínicos.

b. O Serviço de Atendimento Móvel de Urgência (**Samu**), que iniciou suas operações no município de Curitiba no ano de 2004, sendo a forma pela qual o Ministério da Saúde implementou a assistência pré-hospitalar no âmbito do Sistema Único de Saúde (SUS), preenchendo uma lacuna no atendimento de urgências. Quando pensamos em gestão integrada da segurança pública, é importante que o sistema pré-hospitalar seja incluído nos Centros de Integração de Operações de Segurança Pública (Ciops) ou Centros de Comunicação e Controle: além de apresentar maior efetividade, essa medida também é econômica e técnica, pois assim será obtida mais qualidade no atendimento de atividades policiais e pré-hospitalares de urgência e emergência.

■ Programa Bombeiro Comunitário

Esta é uma variação dos **bombeiros voluntários**, prevalente no Sul do Brasil, que estabelecem Brigadas de Combate a Incêndio em pequenos municípios.

Além do Programa Bombeiro Comunitário, existem atividades em que o CBM pode agir como bombeiro comunitário, no sentido de ajudar as comunidades a se protegerem, tanto divulgando de medidas preventivas contra incêndios e desastres quanto ajudando as pessoas a se prevenir de acidentes domésticos, de trânsito; pode, inclusive, treinar multiplicadores em programas como Bombeiro Mirim ou Brigada Escolar Preventiva.

Para saber mais

Desde 2004 existe o projeto Bombeiro Mirim, que pode ser conhecido no *site* da Educon:

SILVA, D. D. da; NODA, F. G.; VIEIRA, M. A. Bombeiros mirins: educação transversal aos muros escolares. In: COLÓQUIO INTERNACIONAL EDUCAÇÃO E CONTEMPORANEIDADE, 6., 2012, São Cristóvão. Anais..., São Cristóvão, 2012. Disponível em: <http://educonse.com.br/2012/eixo_19/PDF/18.pdf>. Acesso em: 28 mar. 2017.

4.9.6 Agentes de trânsito

Com a Emenda Constitucional n. 82/2014, acrescentou-se o parágrafo 10 ao art. 144 da CF, com a seguinte redação:

> Art. 144. [...]
> §10 A segurança viária, exercida para a preservação da ordem pública e da incolumidade das pessoas e do seu patrimônio nas vias públicas:
> I – compreende a educação, engenharia e fiscalização de trânsito, além de outras atividades previstas em lei, que assegurem ao cidadão o direito à mobilidade urbana eficiente; e
> II – compete, no âmbito dos Estados, do Distrito Federal e dos Municípios, aos respectivos órgãos ou entidades executivos e seus agentes de trânsito, estruturados em Carreira, na forma da lei. (Brasil, 1988)

Ainda não regulamentada, essa emenda objetivava dar mais segurança aos **agentes de trânsito**, que corriam o risco de ter suas funções absorvidas pelos guardas municipais. Porém, o STF já definiu que as Guardas Municipais podem atuar na fiscalização de trânsito.*

---

* O STF, no RE n. 658.570, definiu que não se tratava de segurança pública, mas do poder de polícia de trânsito, que pode ser exercido pelo município, por delegação, conforme define o Código de Trânsito Brasileiro (CTB). Para a maioria dos ministros, poder de polícia não se confunde com segurança pública, e seu exercício não é prerrogativa exclusiva das autoridades policiais (Brasil, 2015).

Nos estados, as PMs continuam exercendo o policiamento ostensivo e a fiscalização de trânsito, por meio de convênios com os Departamentos Estaduais de Trânsito (Detrans) e os Departamentos Rodoviários Estaduais.

Nos municípios onde houver agentes de trânsito municipais – a fiscalização de trânsito é delegável –, eles devem ser incluídos na gestão integrada e comunitária de segurança pública, pois o crime é dinâmico, e os veículos são objeto e instrumento de muitos crimes. Por isso, as rivalidades das categorias profissionais devem ser colocadas de lado e todos que atuam no trânsito devem agir em parceria e de forma colaborativa.

4.9.7 Guardas Municipais

Guarda Municipal é a denominação que utilizamos no Brasil para designar as instituições que podem ser criadas pelos municípios para a proteção de seus bens, serviços e instalações (CF, art. 144, §8º; Brasil, 1988).

Ocorre que, para colaborar na segurança pública, os prefeitos têm ampliado a utilização das Guardas Municipais com o poder de polícia delegado pelo município para ações de segurança pública.

Em 2014, por meio da Lei n. 13.022, 8 de agosto de 2014 (Brasil, 2014c), chamada de *Estatuto da Guarda Civil Municipal*, ocorreu uma ampliação da atuação das Guardas Municipais, buscando-se regularizar a atuação de guardas que já vinham se comportando como tal.

> O Estatuto da Guarda Civil Municipal, no art. 4º, definiu uma competência ampliada para as GMs: "É competência geral das guardas municipais a proteção de bens, serviços, logradouros públicos municipais e instalações do Município" (Brasil, 2014c).

Além de incluir as ruas, praças e avenidas da cidade, também incluiu as pessoas, ao definir no art. 5º as competências específicas das guardas municipais, dentre elas a III: "atuar, preventiva e permanentemente, no território do Município, para a proteção sistêmica da população que utiliza os bens, serviços e instalações municipais" (Brasil, 2014c).

Essa proteção se dará pelo patrulhamento preventivo, principio insculpido no art. 3º, III.

Essa definição contraria o caráter patrimonial que o constituinte originário dera às guardas municipais e conflita com atribuições originárias das polícias militares.

"Minha impressão é que houve extrapolamento do texto constitucional, que diz que as funções da guarda são de mera proteção de bens, serviços e prédios municipais. Na prática, ela vira polícia e aí temos uma violação. E o que é mais grave: ser uma instituição armada sem o controle externo do Ministério Público, pois a Constituição não prevê isso" (Stochero, 2014), disse Bonsaglia, que preside a Câmara Nacional do Ministério Público Federal, responsável pelo controle externo da atividade policial e do sistema prisional no país.

Para Ezequiel Farias (Stochero, 2014), presidente da Associação Brasileira de Guardas, a norma dispõe apenas sobre o que já está sendo feito na prática: "O que está escrito no texto é o que a Guarda já executa no dia a dia, não é inovação nenhuma".

Já o autor do projeto da lei na Câmara, deputado Arnaldo Faria de Sá, garante que a ideia era, sim, transferir o policiamento aos municípios: "este realmente é o objetivo, criar uma polícia municipal. As PMs são estaduais. Já as guardas são locais e fortalecem o vínculo comunitário", diz ele (Stochero, 2014).

No Brasil do século XXI, a população está tão carente de proteção que, ao avistar alguém uniformizado, as pessoas não verificam se é a polícia competente, se está no *numerus clausus** do art. 144 da CF, vai pedir socorro e precisa ser bem atendida. Por isso, os guardas municipais e os policiais militares devem deixar a rivalidade de lado e se empenhar em realizar bom trabalho para a comunidade.

Prioritariamente, a guarda deve se voltar aos próprios bens públicos municipais, que não são poucos, e exercer, na plenitude de seus poderes, a proteção ao patrimônio dos indivíduos que frequentem os próprios municípios. Por outro lado, a atomização das Guardas Municipais para atividades além de suas competências pode reduzir a capacidade dos municípios de prestar bons serviço e aumentar a insegurança dos cidadãos.

Algumas iniciativas da Guarda Municipal são caracterizadas como policiamento comunitário quando esla organiza uma comunidade no entorno de uma escola municipal, quando atua na proteção de postos de saúde e quando busca a solução preventiva de problemas com o apoio da comunidade atingida.

Estudo de caso

A Guarda Municipal de Curitiba [...] vem desenvolvendo inúmeros projetos de defesa comunitária, tendo como exemplos: o Teatro de Fantoches da Guarda Municipal, Projeto Nove Acorde,

---

* Do latim, "número fechado", refere-se à questão de que somente são órgãos de segurança pública os listados no *caput* do art. 144 da CF: "I – polícia federal; II – polícia rodoviária federal; III – polícia ferroviária federal; IV – polícias civis; V – polícias militares e corpos de bombeiros militares" (Brasil, 1988). As demais são agências com poder de polícia, mas não são polícia.

Projeto de Defesa Civil nas escolas "Conhecer para Prevenir", Escolinhas de futebol, muitas destas ações desenvolvidas pelos servidores, de forma voluntária:

O Teatro de Fantoches tem como objetivo educar e sensibilizar para a promoção da cultura da paz, tendo um público assistente aproximado de 260 mil pessoas.

O projeto Novo Acorde desenvolvido pela Secretaria Municipal da Defesa Social e da Educação visa à socialização de crianças e adolescentes através de um novo método de ensino musical, [...].

Destacamos o projeto Guarda Municipal Mirim desenvolvido pela Secretaria Municipal da Defesa Social, através do Departamento de Projetos e Defesa Comunitária e Guarda Municipal, em parceria com a Secretaria Municipal da Educação, coordenado por guardas municipais, que objetiva integrar crianças, adolescentes e pais, trabalhando a hierarquia, disciplina e o respeito e resgatando valores importantes na sua formação e exercício da cidadania [...].

Com a participação ativa da escola, pais e voluntários da comunidade, [a Guarda Municipal] colabora com a formação educacional das crianças e adolescentes da rede municipal de ensino e comunidade local, despertando nesse público infantojuvenil a correlação de direitos e deveres no sentido de valorizar: a vida; a família; a pátria brasileira; a disciplina, o espaço escolar e comunitário; o meio ambiente; os símbolos nacionais; incentivando-os à prática de atividades lúdicas e esportivas, valores cívicos, éticos e morais, disseminando a cultura da paz, visando melhorar sua autoestima, o desempenho escolar e sua inserção no convívio social harmônico e futurista.

Fonte: Portal das Guardas Municipais, 2017.

A Guarda Municipal é a corporação de segurança que mais cresceu a partir de 2003, impulsionada pelo PNSP 2, o chamado *Sistema Único de Segurança Pública* (Susp), o que não significa mais ou melhor segurança pública, a menos que ela esteja incluída numa gestão integrada e comunitária. Temos que os resultados mais auspiciosos acontecem quando policiais e guardas municipais atuam em conjunto – a rede de informações se torna poderosa, e as ações, mais rápidas. A multiplicidade de agências somente é prejudicial quando entre elas impera a ideia de "não é comigo": a gestão integrada e comunitária da segurança pública exige a resposta: "o problema é nosso, e juntos vamos resolvê-lo".

A suposta rivalidade atribuída às Guardas Municipais só existe em discursos corporativistas; "na rua", o colaboracionismo impera, os guardas municipais foram em sua maioria formados ou especializados pelas polícias mais antigas, a comunidade atendida é a mesma e os cursos promovidos pela Senasp de Promotor de polícia comunitária coloca todos os atores numa mesma sala de aula, unidos Guarda Municipal, polícia e comunidade – pois são protagonistas na polícia comunitária.

4.9.8 Outros órgãos com poder de polícia

No Brasil há uma profusão de polícias que, na realidade, são **agências com poder de polícia**, como as Guardas Portuárias. No começo de sua história, há 200 anos, ela foi uma Polícia Portuária; durante a ditadura militar, passou a denominar-se *Guarda Portuária*, subordinada à Capitania dos Portos, situação que vigeu até a década de 1990, conforme o inciso IX, do parágrafo 1º, do art. 33 da Lei n. 8.630, de 25 de fevereiro de 1993 (Brasil, 1993c), também conhecida como *Lei dos Portos*. Em 2013, a Lei n. 12.815, de 5 de junho de 2013 (Brasil, 2013b), reformulou os portos organizados, determinando à autoridade portuária a organização da Guarda Portuária, conforme regulamentação a ser definida.

O Estatuto do Desarmamento – Lei n. 10.826, de 22 de dezembro de 2003 (Brasil, 2003a) –, acabou por legitimar como órgãos policiais a Guarda Portuária e os agentes operacionais da Agência Brasileira de Inteligência (Abin), a Polícia do Senado, a Polícia Legislativa e o quadro efetivo dos agentes e guardas prisionais, integrantes das escoltas de presos.

Todas são limitadas a seus espaços, mesmo a Guarda Portuária, que realiza uma atividade complementar à Secretaria da Receita Federal (SRF), não tem como participar de uma atividade de policiamento comunitário. Porém, esses agentes podem e devem exercer suas missões com profissionalismo e integração aos demais órgãos de segurança pública.

Chamado de *polícia da polícia*, o Grupo de Atuação Especial de Combate ao Crime Organizado (Gaeco) tem escopo no art. 129, incisos VI e VIII, da CF (Brasil, 1988), além do art. 26 da Lei n. 8.625, de 12 de fevereiro de 1993 – chamada de Lei Orgânica do Ministério Público (Brasil, 1993b) –, e do art. 8º da Lei Complementar n. 75, de 20 de maio de 1993 (Brasil, 1993a), que trata do Ministério Público da União (MPU). Por meio desse grupo, o Ministério Público, apoiado por policiais estaduais, procede a investigações e efetua diligências para operacionalizar o controle externo da polícia.

O Gaeco foi criado pela Procuradoria Geral de Justiça, em 1995, no Estado de São Paulo, e além do controle externo das polícias, combate organizações criminosas e se caracteriza pela atuação direta dos promotores na prática de atos de investigação, diretamente ou em conjunto com órgãos policiais e outras agências (Paraná, 2017a).

Assim, a Justiça Criminal e o Ministério Público, quando integrantes do Sistema de Segurança Pública, podem ser considerados polícia, mas não é unicamente nesse viés que devemos considerar a importante participação desse segmento jurídico-legal na gestão comunitária da segurança pública.

Estudos de caso

20 anos da Justiça Itinerante Fluvial: um marco na história da Justiça amapaense

Realizada pela Justiça do Amapá pela primeira vez no dia 22 de março de 1996 com o apoio da Marinha do Brasil, a primeira Jornada Itinerante Fluvial levou a prestação de serviços jurisdicionais às comunidades interioranas de várias localidades da capital, mais precisamente no distrito do Bailique (arquipélago situado na foz do Rio Amazonas, distante 12 horas de viagem de barco).

A pioneira jornada foi realizada em uma corveta da Marinha do Brasil na gestão do desembargador Mário Gutyev. Foram meses de planejamento e muita expectativa para uma missão de dez dias onde foram realizadas inúmeras audiências e também emissão de dezenas de registros de nascimento. As comunidades do Bailique jamais haviam tido acesso a qualquer serviço judicial.

A itinerância fluvial também protagonizou em sua primeira edição momentos emocionantes como a realização de mais de uma dezena de casamentos. Um momento especial principalmente para casais que já viviam juntos durante anos, e que esperavam uma oportunidade para consolidar e oficializar a união.

Prêmio Innovare: Ministério Público Comunitário

O Programa Ministério Público Comunitário é um programa institucional executado pelo Ministério Público do Amapá, que leva serviços e ações do Ministério Público aos bairros, municípios e distritos do Estado do Amapá, previsto no Planejamento Estratégico da instituição. O foco principal é a resolução de conflitos por meio da mediação. Promotores de Justiça, Servidores e parceiros do Ministério Público do Amapá foram capacitados em técnicas de mediação, passando a atuar como multiplicadores da mediação, estendendo a técnica para as lideranças comunitárias dos bairros atendidos pelo programa, que, a partir de então, passam a adotar formas alternativas de solução de conflitos, utilizando a mediação. Assim, o programa em questão atua na formação de agentes multiplicadores de informação e transformação em sua própria comunidade, bem como fomenta o fortalecimento da própria comunidade, por meio de suas lideranças, para disseminação da cultura da paz e resolução de conflitos sem a necessidade da utilização da máquina estatal, seja do aparelho repressivo, ou do poder judiciário, evitando-se que o conflito que pode ser mediado na própria comunidade, chegue à justiça. Pelo programa MP Comunitário, o Ministério Público atua, ainda, na identificação de conflitos e demandas coletivas, atuando na mediação junto aos órgãos públicos, desjudicializando ações (Moreira, 2017).

Fonte: Amapá, 2016; Moreira, 2017.

Assim, vemos que, quando uma comunidade enfrenta um problema, o Ministério Público é o protetor dos chamados ***direitos difusos***, é o titular das **ações civis públicas**, um parceiro poderoso para que agentes estatais sejam compelidos a cumprir suas obrigações, além de ser o responsável pelo controle externo das polícias, evitando os abusos, restabelecendo a confiança e mediando os conflitos interagências.

Na gestão integrada e comunitária de segurança pública, devemos nos lembrar de que, conceitualmente, o Sistema de Segurança Pública se inicia nas polícias, passa pelo Ministério Público, pelo Poder Judiciário e se restaura no sistema penitenciário. Assim, os conflitos da sociedade são atendidos sistemicamente.

4.9.9 Ações comuns aos servidores no policiamento comunitário

Não importa a qual corporação pertença o agente público, de qual agência de imposição da lei faça parte o policial ou qualquer integrante da polícia, guarda, bombeiro ou outro encarregado de aplicar a lei, existem ações comuns que todos podem fazer para alcançar a polícia comunitária:

1. **Descobrir os anseios e as preocupações da comunidade**, pois, independentemente da missão da polícia em que o servidor estiver, a comunidade é a credora de seus serviços. Assim, é preciso atendê-la em seus anseios e aliviar-lhe as preocupações – se for possível surpreendê-la, será ainda melhor.
2. **Incentivar os cidadãos a participarem na identificação**, na priorização e na solução dos problemas comunitários. Nem sempre os cidadãos relatam os problemas da comunidade; assim, inicialmente eles devem ser incentivados, ser ouvidos e, com isso, participarão ativamente. Porém, aqui fazemos um alerta: não se deve trair a confiança dos cidadãos.
3. **Conhecer a realidade da comunidade** onde se está servindo e fazer com que os cidadãos também a conheçam. Por isso, os policiais comunitários devem permanecer um longo

tempo na comunidade e, ao chegarem, devem se esforçar para conhecê-la, suas correlações, quais são os potenciais conflitos, devendo ainda informá-la sobre suas fragilidades, potencialidades e recursos disponíveis.

4. **Trabalhar de modo a prevenir as ocorrências.** Não esperar os problemas ocorrerem. As ocorrências policiais em potencial se iniciam em conflitos sociais e nas oportunidades abertas para que delitos sejam cometidos. Assim, agir proativamente é uma obrigação do policial comunitário.

5. **Agir de acordo com a lei**, com a ética, com responsabilidade e moralidade ao atender a comunidade. É uma obrigação do policial, pois a autoridade que faz cumprir a lei começa cumprindo a mesma lei. O respeito, a moral, os bons costumes e a ética constroem uma relação de confiança e também são uma obrigação do policial comunitário.

6. **Atuar como um "chefe de polícia local"**, com responsabilidade. Ter iniciativa para agir como um policial comunitário e evitar situações como, ao agir, dizer aos cidadãos que "a chefia quis assim". A responsabilidade tática, no terreno, é do policial comunitário. Para fazer o bem não se precisa de permissão – essa é uma das facetas do policiamento comunitário.

7. **Dedicar atenção especial à proteção das pessoas mais vulneráveis**: jovens, idosos, pobres e pessoas com necessidades especiais. Acessibilidade e segurança andam juntas, uma calçada que permite o tráfego de cadeirantes, que as senhoras trafeguem com carrinhos e a vigilância natural. Protegendo jovens e crianças, estamos construindo uma geração melhor para o mundo; protegendo os idosos, estamos prestando uma homenagem de gratidão às gerações que nos precederam. Marginais procuram alvos fáceis, e proteger os mais vulneráveis é uma medida no mínimo racional.

8. **Confiar no próprio discernimento**, na própria sabedoria e na experiência e, sobretudo, na formação recebida, pois isso permitirá encontrar soluções criativas para os problemas da comunidade. O simples fato de estar se graduando ou especializando em policiamento comunitário habilita o policial a agir no policiamento comunitário. Por isso, deve-se usar a criatividade e confiar na criatividade da comunidade, pois existe mais de uma maneira de fazer a coisa certa.

9. **Manter-se atualizado**, pois a criminalidade evolui, e as comunidades também estão em constante evolução. Novas tecnologias surgem todos os dias, e infelizmente nem todas são utilizadas apenas para o bem. Um exemplo disso é o mundo da informática, que já tem órgãos especializados em combater os crimes no ciberespaço. O policial comunitário pode ser demandado pela comunidade sobre essas questões e, por isso, precisa estar atualizado para ajudá-la a se proteger.

10. **Integrar-se na comunidade** e ajudar as pessoas a resolverem pacificamente os problemas. O policial comunitário tem origem na sociedade que serve e não deve se esquecer de que está trabalhando para seus amigos e parentes. Quando se diz que "o Estado tem o monopólio da violência", não se quer dizer que a polícia pode se utilizar da violência – pelo contrário, o Estado deve evitar a violência. O policial comunitário é um agente da paz e deve acreditar em uma cultura de paz, pois um único ato de violência pode estragar anos de bom trabalho, e todos os atores da gestão integrada e comunitária da segurança pública são prejudicados com isso.

Essas dez ações listadas estão no *Manual de procedimentos do policial comunitário* (Brasil, 2001b, p. 12-17), nas Cartilhas Comunitárias da Guarda Municipal (Brasil, 2014c), nos mandamentos dos agentes encarregados de cumprir a lei. São fruto da experiência de Polícias Comunitárias pioneiras e do estudo sistemático do policiamento comunitário e da gestão integrada e comunitária da segurança pública.

Podem variar nos exemplos ou nas palavras, mas, na essência, esse é o agir no campo de policiamento comunitário. Essa é a teoria que deve ser colocada em prática por todos os servidores da polícia no modelo comunitário, pois, embora o policiamento comunitário dependa igualmente da comunidade e dos policiais, estes têm a obrigação de agir comunitariamente.

Síntese

A prática internacional de polícia comunitária tem "seis grandes atores" (polícia, comunidade, autoridades civis eleitas, comunidade de negócios, mídia e outras instituições), todas importantes para a efetivação da gestão comunitária da segurança pública. Nesta obra, agrupamos esses seis em: comunidade, município, outras instituições, mídia, políticos, polícia e servidores da polícia.

A gestão integrada tem instrumentos como os GGIs, que reúnem os órgãos públicos, e os Consegs, que reúnem a comunidade organizada. Então, comunidade e polícia resolvem os problemas que afligem os bairros e, assim, melhoram as cidades, os estados e o país.

Quando não houver um GGI na localidade, podem ser realizados protocolos de intenções e convênios – como a Aifu –, estabelecendo uma ação ou operação integrada, pois é melhor fazer pouco do que não fazer nada.

As boas práticas existem para ser aproveitadas por todos. Gestão significa administrar os recursos disponíveis para a satisfação dos clientes – e a gestão pública somente tem sentido se tiver o bem comum como meta.

Com isso, os trabalhadores da segurança pública são fundamentais para o sucesso da empreitada, pois basta um policial mal-intencionado para prejudicar o bom trabalho de todo o sistema.

Questões para revisão

1) Quem é o credor da segurança pública?
   a. Os bandidos e facínoras que precisam ser afastados do convívio social.
   b. Os próprios policiais, que precisam ser valorizados.
   c. A comunidade, a verdadeira clientela da polícia.
   d. As crianças e os indígenas, por serem inimputáveis.

2) Qual é a importância do município na segurança dos cidadãos?

3) Qual é a importância da mídia na gestão comunitária da segurança pública?

4) Correlacione a primeira coluna com a segunda.

(1) Gabinete de Gestão Integrada	( ) Implementou mudanças radicais nos sistemas internos de prevenção e punição de abusos. Implantou-se um estilo militarizado de gestão, baseado em regras e restrições que enfatizavam a importância da ordem e da disciplina
(2) Conselho Comunitário de Segurança Pública	( ) É possível reduzir o problema da criminalidade se você tem o público do seu lado. É simples assim. E como se faz isso? Você presta ao público o serviço que o público pede a você que preste.
(3) Polícia profissional	( ) União dos cidadãos em prol da segurança, da paz social, do exercício salutar da cidadania.
(4) Polícia inteligente	( ) Fórum deliberativo, composto por representantes do poder público das diversas esferas e das diferentes forças de segurança pública,

5) Qual é a importância dos servidores da polícia na Gestão Integrada e Comunitária da Segurança Pública?

Questão para reflexão

O que é mais importante para a sociedade brasileira: uma gestão integrada ou a atuação dos órgãos encarregados de manter a segurança por meio da polícia comunitária?

Você não pode ensinar nada a um homem;
você pode apenas ajudá-lo a encontrar
a resposta dentro dele mesmo.

Galileu Galilei

O processo de ensino-aprendizagem na área da polícia comunitária e da gestão integrada, para ter êxito, deve partir da experiência de policiais, agentes, líderes comunitários e interessados nessa filosofia e estratégia. Isso às vezes pode parecer um óbice, principalmente quando agentes da lei expressam: "Nós sempre fizemos polícia comunitária, somos policiais e atuamos na comunidade". Outros atores afirmam: "A polícia comunitária e seus resultados são maravilhosos, mas não é para o Brasil", sustentando assim que se foi o tempo em que a frase "o que é bom para os Estados Unidos

para concluir...

é bom para o Brasil", pronunciada por Juraci Magalhães* quando assumiu a embaixada brasileira nos EUA, em 1967, se justificava.

É óbvio que, com uma curta tradição democrática em nosso país, o policiamento comunitário não é prevalente, nem no tempo, nem na maioria dos estados brasileiros. O Brasil precisa se valer de outras experiências – que demonstramos neste livro, como a dos EUA, onde a polícia comunitária é uma aspiração e um programa em desenvolvimento; o sucesso de Singapura em implementar o centenário sistema *koban* do Japão; a Colômbia, que venceu o narcotráfico e deixou a posição de país mais violento do mundo; a Austrália, que há 150 anos era uma ilha-presídio; o Canadá, primeiro parceiro do Brasil na implementação de projetos de polícia comunitária; o Chile e outros países da América Latina, que demonstram que não há necessidade de grandes investimentos financeiros, apenas o envolvimento de longo prazo entre o governo, a polícia e seu público.

A história recente revela que, no século XXI, o Brasil evoluiu quanto aos conhecimentos e às boas práticas em polícia comunitária. Já existem aqui programas de policiamento comunitário que são referência para o mundo, como demonstramos no terceiro capítulo. Assim, em menos de dez anos, a cidade do Rio de Janeiro, que no

---

* Juraci Montenegro Magalhães nasceu em Fortaleza (CE), em 1905. Lutou ao lado dos tenentes em 1930, sendo nomeado por Vargas, em 1931, interventor na Bahia. Em 1932, sufocou as rebeliões a favor dos paulistas e, em 1935, foi eleito indiretamente, governador constitucional. Em 1937, discordou do Estado Novo, renunciou ao governo e retornou ao Exército. Com o fim do Estado Novo, retornou à política, sendo eleito senador e depois governador da Bahia. Ajudou na deposição de João Goulart (Jango) e, no governo do general Castelo Branco, o primeiro do ciclo militar, foi nomeado embaixador brasileiro nos Estados Unidos, quando pronunciou sua célebre frase. Em 1967 se retirou da vida pública, e morreu em 2001, em Salvador, Bahia (Magalhães, 2001).

passado foi uma das cidades mais violentas do mundo, conseguiu reverter a situação com investimento em policiamento comunitário.

Mostra dessa evolução é que, em 2012, a Organização das Nações Unidas (ONU) recomendou às polícias brasileiras que implementassem programas semelhantes às Unidades de Polícia Pacificadora (UPPs) do Rio de Janeiro, que tem ainda a Delegacia Legal, um projeto da primeira fase do policiamento comunitário brasileiro, que foi mostrado pela Altus Global Alliance (2004) como um exemplo internacional bem-sucedido de polícia comunitária.

As UPPs são uma experiência inacabada, que têm projetos semelhantes na Bahia e no Paraná, mas não são exemplos de gestão integrada: aqui, a polícia "entrou sozinha", teve bons resultados na cidade do Rio de Janeiro, mas não se repete nos demais municípios do estado. Além disso, para a realização dos Jogos Olímpicos, a cidade precisou de um reforço extra da Força Nacional e das Forças Armadas. Passados os Jogos Olímpicos, será preciso acompanhar a Polícia de Proximidade, para saber se haverá perseverança, pois a taxa de homicídios no Rio de Janeiro é de 19 assassinatos por 100 mil habitantes, o suficiente para que fique de fora do rol das cidades mais violentas do mundo, mas ainda longe de se tornar uma das mais seguras (Souza, 2016).

Em seu oitavo princípio, *sir* Robert Peel definiu: "O teste da eficiência da polícia será pela ausência do crime e da desordem, e não pela capacidade de força de reprimir esses problemas" (Bondaruk; Souza, 2014, p. 17). Por esse critério, no Brasil, apenas os estados de Santa Catarina e São Paulo se encontram em níveis suportáveis de violência. Não é coincidência que estes sejam expoentes no policiamento comunitário: desde metade dos anos 1990, Santa Catarina começou com o policiamento interativo capixaba e São Paulo investiu firme em policiamento comunitário, o que tornou este último desde 2005, multiplicador do sistema *koban*, em parceria com a Agência de Cooperação Internacional do Japão (Jica).

Em relação às cidades, em 2016, as duas mais seguras do Brasil foram Maringá (PR) e Joinville (SC) (Mundo das Dicas, 2017). Em 1983, Maringá foi divulgada pelo programa *Fantástico* como a primeira cidade do Brasil a organizar e manter um Conselho Comunitário de Segurança (Conseg), que anualmente ajuda o município a elaborar um Plano Municipal de Segurança Pública. Nesta obra, apontamos tais práticas como exemplos de como as comunidades podem se organizar e influir no planejamento e na execução da segurança pública municipal. Por sua vez, Joinville, no Estado de Santa Catarina, investe em polícia comunitária em todos os municípios do estado.

Ao longo deste livro, mostramos que *polícia comunitária*, no Brasil, é sinônimo de *gestão integrada e comunitária da segurança pública*: *comunitária* por implementar a democracia participativa, a influência direta dos cidadãos nos rumos da segurança pública, desde sua autoproteção até a definição das prioridades a serem implementadas pelas diversas agências integrantes do sistema; *integrada* porque o poder de polícia está dividido; assim, para não "ficar pela metade", todos "fazem juntos" e melhoram a eficiência dos governos de estados e municípios.

Seis grandes atores participam dessa integração: a *polícia*, com uma atuação democrática; a *comunidade organizada*, com seus catalisadores nas organizações educacionais e comerciais; os *municípios* na prevenção social e situacional; *outras instituições*, como organizações não governamentais (ONGs), igrejas, clubes de serviço e outros representantes do terceiro setor; a *mídia*, tanto a grande mídia quanto as mídias sociais, que oferecem oportunidades de a própria polícia e seus parceiros prestarem orientações; e, não menos importantes, as *forças políticas*, os Poderes Executivo e Legislativo, nos âmbitos federal, estadual e municipal, e o Ministério Público e o Judiciário, que ajudam a compelir os políticos a cumprirem seu papel na polícia comunitária e na gestão integrada.

Os policiais devem permitir essa participação da sociedade, pois eles fazem parte dela, têm uma posição de destaque nela e, por isso, são exemplo e modelo. Neste livro, quando nos referimos a *policiais*, estamos considerando todos os trabalhadores da segurança pública, os quais são fundamentais para o sucesso da empreitada, pois basta um estagiário mal-intencionado para prejudicar o bom trabalho de todo o sistema.

Para as corporações, temos o exemplo de Singapura, país que soube aproveitar a *expertise* do Japão, o qual pode se repetir no Brasil com o programa de cooperação da Jica e o Estado de São Paulo, que já influenciou 11 estados brasileiros. Esse é um ótimo caminho para o policiamento comunitário brasileiro, que já teve seus *kobans* espalhados por Curitiba e outras cidades brasileiras na década de 1980. Em 2016, Alexandre de Moraes, o secretário estadual de Segurança Pública do Estado de São Paulo, tornou-se ministro da Justiça (G1, 2016a), o que é motivo de esperança de que a polícia comunitária se consolide como uma política pública perene, e a gestão integrada, uma estratégia prevalente, que supra as "áreas de sombra" na atuação das polícias factuais e legais brasileiras.

A criação de novas polícias fragmenta ainda mais o Sistema de Segurança Pública brasileiro; a falta de regulamentação do parágrafo 7º do art. 144 da Constituição Federal de 1988 e a ausência do ciclo completo na maioria das polícias brasileiras são agravantes que concorrem para o aumento da violência e da criminalidade. Junte-se a isso a falta de financiamento para a segurança pública e o prejuízo de um sistema penitenciário que não isola os criminosos de seus crimes e, principalmente, não ressocializa os apenados.

Nesse contexto, a polícia comunitária não tem sentido se não houver uma gestão integrada. A história nos mostra que a evolução dos direitos humanos exige da Força Pública a proteção desses direitos. Na gestão integrada e comunitária, essa força vai além: o policiamento comunitário emancipa os direitos humanos, é protagonista e pedagogo da cidadania.

Na introdução deste livro, relatamos como os EUA, o país mais rico e poderoso do planeta, ao enfrentar problemas de conflitos raciais e protestos violentos contra a polícia, organizou uma força-tarefa para estudar como deveria ser o policiamento no século XXI e chegou a um relatório que aponta o policiamento comunitário apoiado em seis pilares, no intuito de (re)construir a confiança entre os cidadãos e seus policiais, para que todos os componentes de uma comunidade se tratem de forma justa e equitativa e sejam partícipes da gestão da segurança pública, em uma atmosfera de respeito mútuo.

O presente tema é deveras amplo e não se esgota neste livro, que constitui um ponto de partida de como se poderá efetivamente alcançar a gestão integrada e comunitária da segurança pública para prevenir o crime e reduzir o medo relacionado a ele.

Cada um, como você, leitor, pode fazer a sua parte na sua comunidade, no seu bairro, no seu departamento, no sentido de montar uma célula de polícia comunitária. Quando várias dessas células forem unidas, teremos a efetivação da gestão integrada e comunitária da segurança pública.

lista de siglas

» Abin – Agência Brasileira de Inteligência
» Aciso – Ação cívico-social
» ACNUDH – Alto Comissariado das Nações Unidas para os Direitos Humanos
» AGU – Advocacia Geral da União
» AI – Ato inconstitucional
» Aifu – Ação Integrada de Fiscalização Urbana
» Amarribo – Amigos Associados de Ribeirão Bonito
» BCS – Base Comunitária de Segurança
» BID – Banco Interamericano de Desenvolvimento
» BM – Bombeiro Militar
» CBM – Corpo de Bombeiros Militares
» Ciops – Centro Integrado de Operações de Segurança
» Cisp – Companhias Integradas de Segurança Pública
» CNCG – Conselho Nacional de Comandantes Gerais das Polícias Militares e Corpos de Bombeiros Militares
» CNRS – *Centre National de la Recherche Scientifique*
» CNV – Comissão Nacional da Verdade
» COC – Centro de Operações Conjuntas
» Conasp – Conselho Nacional de Segurança Pública
» Conseg – Conselho Comunitário de Segurança

- » Cops – *Community Oriented Policing Services* (Escritório de Serviços de Policiamento Orientado *à Comunidade*)
- » CRPC – Centros de Recursos da polícia comunitária
- » CTB – Código de Trânsito Brasileiro
- » Dare – *Drug Abuse Resistance Education*
- » Dedic – Delegacia de Dedicação Integral ao Cidadão
- » Depen – Departamento Penitenciário Nacional
- » Detran – Departamento Estadual de Trânsito
- » Dops – Departamento de Ordem Política e Social
- » EC – Emenda Constitucional
- » Enafron – Estratégia Nacional de Fronteiras.
- » FBI – *Federal Bureau of Investigation*
- » FNSP – Fundo Nacional de Segurança Pública
- » Gaeco – Grupo de Atuação Especial de Combate ao Crime Organizado
- » GGI – Gabinete de Gestão Integrada
- » GGIF – Gabinete de Gestão Integrada de Fronteira
- » GGIM – Gabinete de Gestão Integrada Municipal
- » GM – Guarda Municipal
- » IACP – *International Association of Chiefs of Police*
- » IGPM – Inspetoria-Geral das Polícias Militares
- » Ipea – Instituto de Pesquisa Econômica Aplicada
- » Iser – Instituto de Estudos da Religião
- » JCC – Jovens Contra o Crime
- » Jica – Agência de Cooperação Internacional do Japão (do inglês, *Japan International Cooperation Agency*)
- » JNPA – Agência Nacional de Polícia do Japão (do inglês *Japan Nishikigoi Promotion Association*)
- » LAPD – *Los Angeles Police Department* (Departamento de Polícia de Los Angeles)
- » MET – Polícia Metropolitana de Londres
- » MPU – Ministério Público da União

- » MRE – Ministério das Relações Exteriores
- » NPA – National Police Agency
- » NYPD – *New York City Police Department* (Departamento de Polícia de Nova Iorque)
- » OMS – Organização Mundial da Saúde
- » ONG – Organização não governamental
- » ONU – Organização das Nações Unidas
- » PAC – Programa de Aceleração do Crescimento
- » PC – Polícia Civil
- » PDI – Polícia de Investigação
- » PDPU – Plano Diretor de Policiamento Urbano
- » PEC – Patrulha Escolar Comunitária
- » PEF – Plano Estratégico de Fronteiras
- » Pefron – Projeto Policiamento Especializado de Fronteiras
- » PF – Polícia Federal
- » PFF – Polícia Ferroviária Federal
- » PMESP – Polícia Militar do Estado de São Paulo
- » PMGO – Polícia Militar de Goiás
- » PMPR – Polícia Militar do Paraná
- » PMRJ – Polícia Militar do Rio de Janeiro
- » PMSC – Polícia Militar de Santa Catarina
- » PNDH – Programa Nacional de Direitos Humanos
- » PNEDH – Programa Nacional de Educação em Direitos Humanos
- » PNSP – Plano Nacional de Segurança Pública
- » Polo – Policiamento Ostensivo Localizado
- » POP – Policiamento orientado ao problema (do inglês *Problem-Oriented Policing*)
- » Povo – Projeto Policiamento Ostensivo Volante
- » PPA – Plano plurianual
- » PPIF – Programa de Proteção Integrada de Fronteiras
- » PRF – Polícia Rodoviária Federal

- » Proerd – Programa Educacional de Resistência às Drogas Sesp – Secretaria de Segurança Pública do Paraná
- » Pronasci – Programa Nacional de Segurança Pública com Cidadania
- » RCMP – *Royal Canadian Mounted Police* (Real Polícia Montada Canadense)
- » Renaesp – Rede Nacional de Altos Estudos em Segurança Pública
- » Samu – Serviço de Atendimento Móvel de Urgência
- » SCI – Segurança contra incêndio
- » SEDH – Secretaria Especial de Direitos Humanos
- » Senad – Secretaria Nacional de Políticas sobre Drogas
- » Senasp – Secretaria Nacional de Segurança Pública
- » Sesge – Secretaria Extraordinária de Segurança para Grandes Eventos]
- » Siate – Serviço Integrado de Atendimento ao Trauma em Emergência
- » SMPU – Sistema Modular de Policiamento Urbano
- » SRF – Secretaria da Receita Federal
- » SRJ – Secretaria de Reforma do Judiciário
- » SSP – Secretaria de Segurança Pública
- » STF – Supremo Tribunal Federal
- » SUIVD – Sistema Unificado de Informação sobre Violência e Delinquência na Capital
- » SUS – Sistema Único de Saúde
- » Susp – Sistema Único de Segurança Pública
- » Swat – *Special Weapons and Tactics*
- » TP – Territórios de Paz
- » UPP – Unidade de Polícia Pacificadora
- » USC – Unidade de Segurança Comunitária
- » UPS – Unidade Paraná Seguro

ABDENUR, R. Washington – Estados Unidos. In: VILARON, A. B.; SANTOS, M. J. M. dos. **Mundo Afora**: Programa de Combate à Violência Urbana. Brasília: MRE; Vera Cruz, 2005. p. 80-83.

INFOGR.AM. 23° aniversário de los acuerdos de paz: 10 aspectos relevantes de la firma de los Acuerdos de Paz. **Infogr.am**. 2015. Disponível em: <https://infogr.am/10-datos-sobre-acuerdos-de-paz-de-el-salvador>. Acesso em: 4 fev. 2017.

ADDOR NETO, A. Chicago – Estados Unidos. In: VILARON, A. B.; SANTOS, M. J. M. dos. **Mundo Afora**: Programa de Combate à Violência Urbana. Brasília: MRE; Vera Cruz, 2005. p. 96-99.

AFP – Australian Federal Police. **Our Organisation**. Disponível em: <https://www.afp.gov.au/about-us/our-organisation>. Acesso em: 5 fev. 2017.

ALCÂNTARA, E. Lições de quem venceu os bandidos. **Revista Veja**, 31 jan. 2001. Disponível em: <http://veja.abril.com.br/idade/educacao/300102/p_080.html>. Acesso em: 5 fev. 2017.

ALTUS GLOBAL ALLIANCE. Abrindo a delegacia: cinco maneiras práticas de melhorar o atendimento e reduzir as oportunidades de corrupção em qualquer delegacia de polícia. **São Paulo**, n. 1, abr. 2004.

ALVES, J. de L. **Conceito de segurança pública**. 2008. Disponível em: <http://resumos.netsaber.com.br/resumo-99065/conceito-de-seguranca-publica>. Acesso em: 7 mar. 2017.

ALVES, S. B. **Polícia comunitária e troca de experiências**. 2006. Disponível em: <http://funesp.ssp.go.gov.br/policia-comunitaria/aulas-do-curso/policia-comunitaria-sociedade/tc-silvio/palestra-troca-de-experiencias.ppt>. Acesso em: 23 fev. 2017.

AMAPÁ. Poder Judiciário. Tribunal de Justiça. **20 anos da Justiça Itinerante Fluvial**: um marco na história da Justiça amapaense. 2016. Disponível em: <http://www.tjap.jus.br/portal/publicacoes/noticias/4744-20-anos-da-justica-itinerante-fluvial-um-marco-na-historia-da-justica-amapaense.html>. Acesso em: 5 fev. 2017.

AMARAL, L.; CARAM, B. Ministro diz que plano de segurança vai focar homicídios, tráfico e presídios. **G1.com**. Disponível em: <http://g1.globo.com/politica/noticia/ministro-diz-que-plano-de-seguranca-vai-focar-homicidios-trafico-e-presidios.ghtml>. Acesso em: 5 mar. 2017.

AMARRIBO – Amigos Associados de Ribeirão Bonito. Instituto Ethos de Empresas e Responsabilidade Social. Transparência Brasil. **Manual anticorrupção**. Cotia: Ateliê, 2004.

AMAZON.COM. Police for the Future (Studies in Crime and Public Policy), by David H. Bayley. **Top Customer Reviews**. Disponível em: <https://www.amazon.com/Police-Future-Studies-Public-Policy/dp/0195104587>. Acesso em: 7 mar. 2017.

ANDRADE, I. de. Jardim Ranieri: redução de 52% nos homicídios de 2002 a 2005. **Comunidade Segura**, 24 abr. 2006. Disponível em: <http://comunidadesegura.org.br/pt-br/node/30452/73103>. Acesso em: 2 fev. 2017.

ANDREUCCI, R. A. O abigeato e a Lei n. 13.330/16. **Empório do Direito**, 13 ago. 2016. Disponível em: <http://emporiododireito.com.br/o-abigeato-e-a-lei-no-13-33016-por-ricardo-antonio-andreucci/>. Acesso em: 7 mar. 2017.

AQUINO, R. de. As lições da Colômbia para o Brasil. **Revista Época**, Violência, n. 457, 19 fev. 2007. Disponível em: <http://revistaepoca.globo.com/Revista/Epoca/0,,EDR76433-6009,00.html>. Acesso em: 2 fev. 2017.

ASSIS, J. C. de. **Lições de Direito para a atividade das Polícias Militares e das Forças Armadas**. 4. ed. Curitiba: Juruá, 1999.

AUSTRALIA. Australian Government. **About Australia**. Disponível em: <http://www.australia.gov.au/about-australia>. Acesso em: 5 fev. 2017.

AZKOUL, M. A. **A polícia e sua função constitucional**. São Paulo: Oliveira Mendes, 1998.

BALESTRERI, R. B. **Direitos humanos**: coisa de polícia. Passo Fundo: Capec/Paster, 1998.

_____. Gastos com segurança precisam passar de R$ 1,5 bi para R$ 8 bilhões. Entrevista concedida a Paola Carriel. **Gazeta do Povo**, 7 fev. 2010. Disponível em: <http://www.gazetadopovo.com.br/vida-e-cidadania/gastos-com-seguranca-precisam-passar-de-r-15-bi-para-r-8-bilhoes-a7ftsm15b9qeypkr758acy24u>. Acesso em: 6 abr. 2017.

BARBOSA, M. I. da S. **Acesso aos serviços de emergência médica**: resgate – caso de polícia. Monografia (Especialização em Saúde Pública) – Pontifícia Universidade Católica de São Paulo, São Paulo, 1991.

BARCELLOS, C. **Abusado**: o dono do Morro Dona Marta. Rio de Janeiro: Record, 2003.

_____. **Rota 66**: a história da polícia que mata. 30. ed. Rio de Janeiro: Globo, 1997.

BAYLEY, D. H. **Padrões de policiamento**: uma análise internacional comparativa. 2. ed. São Paulo: Edusp, 2002. (Série Polícia e Sociedade, v. 1).

_____. **Police for the Future**. Oxford: Oxford University Press, 1996.

_____. Somente respeitando o público a polícia vai ser eficaz na prevenção do crime. Entrevista. **Revista Brasileira de Segurança Pública**, ano 1, n. 1, 2007.

BAYLEY, D. H.; SKOLNICK, J. H. **Nova polícia**: inovações nas polícias de seis cidades norte-americanas. Tradução de Geraldo Gerson de Souza. São Paulo: Edusp, 2001. (Série Polícia e Sociedade, v. 2).

BITTNER, E. **Aspectos do trabalho policial**. São Paulo: Edusp, 2003. (Série Polícia e Sociedade, v. 8).

BLAT, J. C.; SARAIVA, S. **O caso da Favela Naval**: polícia contra o povo. São Paulo: Contexto, 2000.

BONDARUK, R. L. **Nossos municípios mais seguros**: o papel do município na segurança do cidadão. 2011. Disponível em: <http://www.conseg.pr.gov.br/arquivos2/File/cartilhas/cartilha_mun_seguros.pdf>. Acesso em: 4 fev. 2017.

BONDARUK, R. L.; SOUZA, C. A. **Manual de segurança comunitária**. Curitiba: Edição do autor, 2003.

_____. **Polícia comunitária**: polícia cidadã para um povo cidadão. Curitiba: Comunicare, 2007.

_____. _____. 4. ed. Curitiba: Comunicare, 2014.

BRANCALEONE, C. Comunidade, sociedade e sociabilidade: revisitando Ferdinand Tönnies. **Revista de Ciências Sociais**, v. 39, n. 1, 2008. Disponível em: <http://www.rcs.ufc.br/edicoes/v39n2/rcs_v39n2a7.pdf>. Acesso em: 28 mar. 2017.

BRASIL. Biblioteca da Presidência da República. **Discurso sobre os Direitos Humanos**. Palácio da Alvorada, Brasília, DF, 7 de Setembro de 1995a. Disponível em: <http://www.biblioteca.presidencia.gov.br/presidencia/ex-presidentes/fernando-henrique-cardoso/discursos/1o-mandato/1995-1/44%20-%20Discurso%20sobre%20os%20Direitos%20Humanos%20-%20Palacio%20do%20Planalto%20-%20Brasilia%20-%20Distrito%20Federal%20-%2007-09-1995.pdf>. Acesso em: 28 mar. 2017.

BRASIL. Câmara dos Deputados. **Projeto de Lei n. 3.734**, de 23 de abril de 2012. Disciplina a organização e o funcionamento dos órgãos responsáveis pela segurança pública, nos termos do § 7º do art. 144 da Constituição, institui o Sistema Único de Segurança Pública – SUSP, dispõe sobre a segurança cidadã, e dá outras providências. Disponível em: <http://www.camara.gov.br/proposicoesWeb/fichadetramitacao?idProposicao=54210>. Acesso em: 5 fev. 2017.

_____. Comitê Nacional de Educação em Direitos Humanos. **Plano Nacional de Educação em Direitos Humanos**. Brasília: SEDH;

MEC; Ministério da Justiça; Unesco, 2007a. Disponível em: <http://portal.mec.gov.br/index.php?option=com_docman&view=downl oad&alias=2191-plano-nacional-pdf&category_slug=dezembro-2009-pdf&Itemid=30192>. Acesso em: 2 fev. 2017.

_____. Constituição (1824). **Secretaria de Estado dos Negocios do Imperio do Brazil**, Rio de Janeiro, 22 abr. 1824. Disponível em: <http://www.planalto.gov.br/ccivil_03/constituicao/constituicao24.htm>. Acesso em: 18 fev. 2017.

_____. Constituição (1891). **Diário Oficial [da] República dos Estados Unidos do Brasil**, Rio de Janeiro, 24 fev. 1891. Disponível em: <http://www.planalto.gov.br/ccivil_03/constituicao/constituicao91.htm>. Acesso em: 18 fev. 2017.

_____. Constituição (1934). **Diário Oficial [da] República dos Estados Unidos do Brasil**, Rio de Janeiro, 16 jul. 1934. Disponível em: <http://www.planalto.gov.br/ccivil_03/Constituicao/Constituicao34.htm>. Acesso em: 18 fev. 2017.

_____. Constituição (1937). **Diário Oficial [da] República dos Estados Unidos do Brasil**, Rio de Janeiro, 10 nov. 1937. Disponível em: <http://www.planalto.gov.br/ccivil_03/constituicao/constituicao37.htm>. Acesso em: 18 fev. 2017.

_____. Constituição (1946). **Diário Oficial [da] República dos Estados Unidos do Brasil**, Rio de Janeiro, 19 set. 1946. Disponível em: <www.planalto.gov.br/ccivil_03/constituicao/constituicao46.htm>. Acesso em: 15 fev. 2017.

_____. Constituição (1967). **Diário Oficial da União**, Brasília, 24 jan. 1967a. Disponível em: <http://www.planalto.gov.br/CCivil_03/Constituicao/Constituicao67.htm>. Acesso em: 18 fev. 2017.

_____. Constituição (1967). Emenda Constitucional n. 1, de 17 de outubro de 1969. **Diário Oficial da União**, Poder Legislativo, Brasília, DF, 20 out. 1969a. Disponível em: <http://www.planalto.gov.br/ccivil_03/Constituicao/Emendas/Emc_anterior1988/emc01-69.htm>. Acesso em: 18 fev. 2017

_____. Constituição (1988). **Diário Oficial da União**, Brasília, 5 out. 1988. Disponível em: <http://www.planalto.gov.br/ccivil_03/constituicao/constituicao.htm>. Acesso em: 15 fev. 2017.

BRASIL. Emenda Constitucional n. 82, de 16 de julho de 2014. **Diário Oficial da União**, Poder Legislativo, Brasília, DF, 17 jul. 2014a. Disponível em: <www.planalto.gov.br/ccivil_03/constituicao/emendas/emc/emc82.htm>. Acesso em: 15 fev. 2017.

_____. Decreto-Lei n. 317, de 13 de março de 1967. **Diário Oficial da União**, Poder Executivo, Brasília, DF, 14 mar. 1967b. Disponível em: <www.planalto.gov.br/ccivil_03/decreto-lei/1965-1988/Del0317.htm>. Acesso em: 15 fev. 2017.

_____. Decreto-Lei n. 667, de 2 de julho de 1969. **Diário Oficial da União**, Poder Executivo, Brasília, DF, 3 jul. 1969b. Disponível em: <http://www.planalto.gov.br/ccivil_03/decreto-lei/Del0667.htm#art30>. Acesso em: 18 fev. 2017.

_____. Decreto-Lei n. 1.406, de 24 de junho de 1975. **Diário Oficial da União**, Poder Executivo, Brasília, DF, 25 jun. 1975. Disponível em: <http://www.planalto.gov.br/ccivil_03/decreto-lei/Del1406.htm>. Acesso em: 18 fev. 2017.

BRASIL. Decreto-Lei n. 2.010, de 12 de janeiro de 1983. **Diário Oficial da União**, Poder Executivo, Brasília, DF, 13 jan. 1983. Disponível em: <http://www.planalto.gov.br/ccivil_03/decreto-lei/Del2010.htm>. Acesso em: 18 fev. 2017.

BRASIL. Decreto n. 1.904, de 13 de maio de 1996. **Diário Oficial da União**, Poder Executivo, Brasília, DF, 14 maio 1996a. Disponível em: <http://www.planalto.gov.br/ccivil_03/decreto/d1904.htm>. Acesso em: 18 fev. 2017.

_____. Decreto n. 4.229, de 13 de maio de 2002. **Diário Oficial da União**, Poder Executivo, Brasília, DF, 14 maio 2002. Disponível em: <http://www.planalto.gov.br/ccivil_03/decreto/2002/D4229.htm#8>. Acesso em: 18 fev. 2017.

_____. Decreto n. 5.289, de 29 de novembro de 2004. **Diário Oficial da União**, Poder Executivo, Brasília, DF, 30 nov. 2004. Disponível em: <http://www.planalto.gov.br/ccivil_03/_ato2004-2006/2004/decreto/d5289.htm>. Acesso em: 19 fev. 2017.

BRASIL. Decreto n. 7.037, de 21 de dezembro de 2009. **Diário Oficial da União**, Poder Executivo, Brasília, DF, 22 dezembro 2009a. Disponível em: <http://www.planalto.gov.br/ccivil_03/_Ato2007-2010/2009/Decreto/D7037.htm#art7>. Acesso em: 18 fev. 2017.

_____. Decreto n. 7.177, de 12 de maio de 2010. **Diário Oficial da União**, Poder Executivo, Brasília, DF, 13 maio 2010a. Disponível em: <http://www.planalto.gov.br/ccivil_03/_Ato2007-2010/2010/Decreto/D7177.htm>. Acesso em: 20 fev. 2017.

_____. Decreto n. 7.179, de 20 de maio de 2010. **Diário Oficial da União**, Poder Executivo, Brasília, DF, 21 maio 2010b. Disponível em: <https://www.planalto.gov.br/ccivil_03/_ato2007-2010/2010/decreto/d7179.htm>. Acesso em: 20 fev. 2017.

_____. Decreto n. 7.496, de 8 de junho de 2011. **Diário Oficial da União**, Poder Executivo, Brasília, DF, 9 jun. 2011a. Disponível em: <www.planalto.gov.br/ccivil_03/_Ato2011-2014/2011/Decreto/D7496.htm>. Acesso em: 15 fev. 2017.

_____. Decreto n. 7.538, de 1º de agosto de 2011. **Diário Oficial da União**, Poder Executivo, Brasília, DF, 2 ago. 2011b. Disponível em: <https://www.planalto.gov.br/ccivil_03/_ato2011-2014/2011/decreto/d7538.htm>. Acesso em: 20 fev. 2017.

_____. Decreto n. 7.957, de 12 de março de 2013. **Diário Oficial da União**, Poder Executivo, Brasília, DF, 13 mar. 2013a. Disponível em: <http://www.planalto.gov.br/ccivil_03/_Ato2011-2014/2013/Decreto/D7957.htm>. Acesso em: 19 fev. 2017.

_____. Decreto n. 8.903, de 16 de novembro de 2016. **Diário Oficial da União**, Poder Executivo, Brasília, DF, 17 nov. 2016a. Disponível em: <http://www.planalto.gov.br/ccivil_03/_ato2015-2018/2016/decreto/D8903.htm>. Acesso em: 5 mar. 2017.

_____. A guarda preventiva. **Revista Segurança, Justiça e Cidadania**. Brasília, Senasp, ano 6, n. 9, 2014b. p. 137-148.

BRASIL. Lei Complementar n. 75, de 20 de maio de 1993. **Diário Oficial da União**, Poder Legislativo, Brasília, DF, 21 maio 1993a. Disponível em: <http://www.planalto.gov.br/ccivil_03/leis/LCP/Lcp75.htm>. Acesso em: 22 fev. 2017.

_____. Lei n. 8.625, de 12 de fevereiro de 1993. **Diário Oficial da União**, Poder Legislativo, Brasília, DF, 15 fev.1993b. Disponível em: <http://www.planalto.gov.br/ccivil_03/leis/L8625.htm>. Acesso em: 22 fev. 2017.

_____. Lei n. 8.630, de 25 de fevereiro de 1993. **Diário Oficial da União**, Poder Legislativo, Brasília, DF, 26 fev.1993c. Disponível em: <http://www.planalto.gov.br/ccivil_03/leis/L8630.htm>. Acesso em: 22 fev. 2017.

_____. Lei n. 9.099, de 26 de setembro de 1995. **Diário Oficial da União**, Poder Legislativo, Brasília, DF, 27 set. 1995b. Disponível em: <http://www.planalto.gov.br/ccivil_03/leis/L9099.htm>. Acesso em: 18 fev. 2017.

_____. Lei n. 10.201, de 14 de fevereiro de 2001. **Diário Oficial da União**, Poder Legislativo, Brasília, DF, 16 fev. 2001a. Disponível em: <http://www.planalto.gov.br/ccivil_03/leis/LEIS_2001/L10201.htm>. Acesso em: 18 fev. 2017.

_____. Lei n. 10.826, de 22 de dezembro de 2003. **Diário Oficial da União**, Poder Legislativo, Brasília, DF, 23 dez. 2003a. Disponível em: <http://www.planalto.gov.br/ccivil_03/leis/2003/L10.826.htm>. Acesso em: 5 mar. 2017.

_____. Lei n. 11.530, de 24 de outubro de 2007. **Diário Oficial da União**, Poder Legislativo, Brasília, DF, 25 out. 2007b. Disponível em: <www.planalto.gov.br/ccivil_03/_ato2007-2010/2007/Lei/L11530.htm>. Acesso em: 15 fev. 2017.

_____. Lei n. 12.153, de 22 de dezembro de 2009. **Diário Oficial da União**, Poder Legislativo, Brasília, DF, 23 dez. 2009b. Disponível em: <http://www.planalto.gov.br/ccivil_03/_Ato2007-2010/2009/Lei/L12153.htm>. Acesso em: 18 fev. 2017.

_____. Lei n. 12.815, de 5 de junho de 2013. **Diário Oficial da União**, Poder Legislativo, Brasília, DF, 5 jun. 2013b. Disponível em: <http://www.planalto.gov.br/ccivil_03/_ato2011-2014/2013/Lei/L12815.htm>. Acesso em: 5 mar. 2017.

_____. Lei n. 13.022, de 8 de agosto de 2014. **Diário Oficial da União**, Poder Legislativo, Brasília, DF, 11 ago. 2014c. Disponível em: <http://www.planalto.gov.br/ccivil_03/_Ato2011-2014/2014/Lei/L13022.htm>. Acesso em: 22 fev. 2017.

BRASIL. Ministério da Defesa. Exército Brasileiro. Comando de Operações Terrestres. **Caderno de Instrução Ação Cívico-Social CI 45-1**. Brasília, 2009c. Disponível em: <https://pt.slideshare.net/DanielFXA/caderno-de-instruo-ao-cvicosocial-ci-451>. Acesso em: 5 mar. 2017.

BRASIL. Ministério da Justiça e Cidadania. **Plano Nacional de Segurança Pública**. 26 jan. 2017a. Disponível em: <http://www.justica.gov.br/noticias/plano-nacional-de-seguranca-preve-integracao-entre-poder-publico-e-sociedade/pnsp-06jan17.pdf>. Acesso em: 5 mar. 2017.

BRASIL. Ministério da Justiça e Cidadania. Secretaria Especial de Direitos Humanos. 2010c. **Esclarecimentos sobre o Programa Nacional de Direitos Humanos – PNDH-3**. Disponível em: <http://www.sdh.gov.br/importacao/noticias/ultimas_noticias/2010/10/esclarecimentos-sobre-o-pndh-3>. Acesso em: 28 mar. 2017.

BRASIL. Ministério da Justiça e Segurança Pública. **Ata das reuniões**. 2009-2012. Disponível em: <http://www.justica.gov.br/sua-seguranca/seguranca-publica/senasp-1/conselho-nacional/ata-das-reunioes>. Acesso em: 4 fev. 2017b.

_____. **Brasil Mais Seguro**. Disponível em: <http://www.justica.gov.br/sua-seguranca/seguranca-publica/programas-1/brasil-mais-seguro>. Acesso em: 4 fev. 2017c.

_____. **Crack, é Possível Vencer**. 2011c. Disponível em: <http://www.justica.gov.br/sua-seguranca/seguranca-publica/programas-1/crack-e-possivel-vencer>. Acesso em: 2 fev. 2017.

BRASIL. Ministério da Justiça. **Pronasci – Programa Nacional de Segurança Pública com Cidadania**. Brasília: Assessoria de Comunicação Social do Ministério da Justiça, 2007c. Disponível em: <http://www.uece.br/labvida/dmdocuments/pronasci_manual_de_aprendizagem.pdf>. Acesso em: 28 mar. 2017.

BRASIL. Ministério da Justiça. Secretaria de Direitos Humanos. **Programa Nacional de Direitos Humanos (PNDH-1)**. Brasília: SEDH/PR, 1996b. Disponível em: <http://www.planalto.gov.br/ccivil_03/decreto/1950-1969/anexo/and1904-96.pdf>. Acesso em: 5 fev. 2017.

_____. **Programa Nacional de Direitos Humanos (PNDH-3)**. Brasília: SEDH/PR, 2010d. Disponível em: <http://www.sdh.gov.br/assuntos/direito-para-todos/programas/pdfs/programa-nacional-de-direitos-humanos-pndh-3>. Acesso em: 5 fev. 2017.

BRASIL. Ministério da Justiça. **Relatório Final da 1ª Conferência Nacional de Segurança Pública**. Brasília: Ministério da Justiça, 2009d. Disponível em: <http://www.ipea.gov.br/participacao/images/pdfs/conferencias/Seguranca_Publica/relatorio_final_1_conferencia_seguranca_publica.pdf>. Acesso em: 28 mar. 2017.

BRASIL. Ministério da Justiça. Secretaria Nacional de Segurança Pública. **Curso Nacional de Promotor de polícia comunitária**. Brasília: Senasp, 2007d. Disponível em: <http://www.conseg.pr.gov.br/arquivos/File/Livro_Curso_Nacional_de_Promotor_de_Policia_Comunitaria.pdf>. Acesso em: 28 mar. 2017.

_____. **Gabinetes de Gestão Integrada em Segurança Pública**: coletânea 2003-2009. Brasília: Senasp, 2009e. Disponível em: <http://www.justica.gov.br/sua-seguranca/seguranca-publica/analise-e-pesquisa/download/outras_publicacoes/pagina-1/15livro-ggi-capa-verde.pdf>. Acesso em: 28 mar. 2017.

_____. **Manual de procedimentos do policial comunitário**: administração, estrutura e gerenciamento em polícia comunitária. Brasília: Ministério da Justiça, 2001b. Curso Nacional de polícia comunitária.

_____. **Pefron** – Pelotão Especial de Fronteiras. Brasília, 2008. Disponível em: <http://policiadefronteira.blogspot.com.br/2011/04/o-que-e-o-pefron-policiamento.html>. Acesso em: 6 abr. 2017.

_____. **Sistema Único de Segurança Pública – 2003 a 2006**. Brasília: Ministério da Justiça, 2007e. Disponível em: <http://www.dhnet.org.br/dados/relatorios/r_senasp/r_senasp_susp_2007.pdf>. Acesso em: 28 mar. 2017.

BRASIL. **Sistema Único de Segurança Pública.** Departamento de Pesquisa, Análise da Informação e Formação de Pessoal em Segurança Pública. Disponível em: <https://www.google.com.br/url?s a=t&rct=j&q=&esrc=s&source=web&cd=2&cad=rja&uact=8&v ed=0ahUKEwip2eLi64DTAhXCx5AKHXJtBLMQFggfMAE&url=h ttp%3A%2F%2Fwww.dhnet.org.br%2Fredebrasil%2Fexecutivo%2 Fnacional%2Fanexos%2Fsusp_02sistemaunicodesegurancapublica. ppt&usg=AFQjCNEUSA0OgIAH6wSGPi6Lxfo1ro2T1A>. Acesso em: 28 mar. 2017d.

_____. Programa Nacional de Segurança Pública com Cidadania. **Curso nacional de multiplicador de polícia comunitária.** Brasília: Ministério da Justiça, 2007f. Disponível em: <http://www.conseg. pr.gov.br/arquivos/File/MultiplicadorPolComunitaria.pdf>. Acesso em: 28 mar. 2017.

BRASIL. Ministério da Saúde. Secretaria de Atenção à Saúde. Departamento de Atenção Básica. **Cadernos de atenção primária**, Brasília n. 29, v. 2, 2013c. Disponível em: <http://bvsms. saude.gov.br/bvs/publicacoes/rastreamento_caderno_atencao_ primaria_n29.pdf>. Acesso em: 28 mar. 2017.

_____. Ministério do Exército. **Manual básico de policiamento ostensivo.** Brasília: Ministério do Exército; Estado-Maior; IGPM, 1982.

BRASIL. **Plano Nacional de Segurança Pública.** Brasília, 2000. Disponível em: <http://www.observatoriodeseguranca.org/files/ PNSP%202000.pdf>. Acesso em: 28 mar. 2017.

BRASIL. Supremo Tribunal Federal. Recurso Extraordinário 658.570. Relator: min. Marco Aurélio Mello. **Diário de Justiça**, n. 195, Brasília, 30 set. 2015. Disponível em: <http://stf.jus.br/portal/ jurisprudenciarepercussao/verAndamentoProcesso.asp?incidente=4 146148&numeroProcesso=658570&classeProcesso=RE&numeroT ema=472>. Acesso em: 22 fev. 2017.

_____. **Tratados internacionais equivalentes a emendas constitucionais.** Disponível em: <http://www4.planalto.gov.br/ legislacao/internacional/tratados-equivalentes-a-emendas-constitucio nais-1>. Acesso em: 6 mar. 2016b.

BRITANNICA ESCOLA. **Reino Unido de Portugal, Brasil e Algarves**. Disponível em: <http://escola.britannica.com.br/article/483504/Reino-Unido-de-Portugal-Brasil-e-Algarves>. Acesso em: 5 fev. 2017.

CAMARGO, C. A. de. Polícia da dignidade humana e prevenção comunitária. **Revista Força Policial**, São Paulo, jan./mar. 1998.

CAMPANHOLE, A.; CAMPANHOLE, H. L. **Constituições do Brasil**: compiladas e atualizadas com notas, revisão e índices dos autores. 13. ed. São Paulo: Atlas, 1999.

CANABRAVA, I. O.; NAKATA, M. A. Japão. In: VILARON, A. B.; SANTOS, M. J. M. dos. **Mundo Afora**: Programa de Combate à Violência Urbana. Brasília: MRE; Vera Cruz, 2005. p. 123-127.

CANADÁ, a nova América – Jornal da Record – Parte 1. 8 ago. 2007. Disponível em: <https://www.youtube.com/watch?v=YHQ1qzOJv6I>. Acesso em: 28 mar. 2017.

CANCELLI, E. **O mundo da violência**: a polícia da Era Vargas. Brasília: Editora da UnB, 1994.

CARABINEROS DE CHILE. **Plan de quadrantes**. Santiago do Chile: Carabineros de Chile, 2002. 39 slides em PowerPoint, color.

_____. **Portal institucional**. Disponível em: <http://www.carabineros.cl/>. Acesso em: 7 mar. 2017.

CARNEIRO, D. **O Paraná na história militar do Brasil**. Curitiba: Farol do saber, 1995.

CARTA CAPITAL. Exclusivo: o Plano Nacional de Segurança. **Carta Capital**, ano XIII, n. 457, 15 ago. 2007.

CASTRO, J. L. de. Polícias Militares: uma análise evolutiva. **Revista O Alferes**, Belo Horizonte, v. 5, n. 12, jan./mar. 1987.

CAVALCANTE NETO, M. L. **A Polícia comunitária no Japão**: uma visão brasileira. Polícia Militar do Estado de São Paulo, São Paulo, 1996. Disponível em: <http://www.dhnet.org.br/direitos/codetica/codetica_diversos/pc_japao.htm>. Acesso em: 28 mar. 2017.

CERQUEIRA, C. M. N. (Org.). **Do patrulhamento ao policiamento comunitário**. Rio de Janeiro: Freitas Bastos, 1998. (Coleção Polícia Amanhã, v. 2).

CHAGAS, C. O agir ético. **Gazeta Digital**, 14 mar. 2005. Disponível em: <http://www2.gazetadigital.com.br/conteudo/show/secao/60/og/1/materia/67620/t/o-agir-etico>. Acesso em: 28 mar. 2017.

CHESNAIS, J.-C. Razões da violência. **Veja**, p. 7-10, 13 set. 1995. Entrevista.

CIAVATTA, E. **O veneno e o antídoto**: uma visão da violência na Colômbia. 2008. Disponível em: <https://www.youtube.com/watch?v=Jk0ZwZawIq4>. Acesso em: 4 fev. 2017.

CLEMENTE, I.; PEREIRA, R.; MENDONÇA, R. Ranking das cidades mais seguras. **Época**, Sociedade, n. 359, 4 abr. 2005. Disponível em: <http://revistaepoca.globo.com/Epoca/0,6993,EPT940174-1664-5,00.html>. Acesso em: 4 fev. 2017.

CNV – Comissão Nacional da Verdade. **Relatório da Comissão Nacional da Verdade**. Brasília, 10 dez. 2014. Disponível em: <http://www.cnv.gov.br/>. Acesso em: 9 nov. 2016.

COBARRUVIAZ, L. A. **Prática de policiamento comunitário**: estudo de caso El Salvador. Porto Alegre, 2003. Palestra.

COPS – Office of Community Oriented Policing Services. **Final Report of the President's Task Force on 21st Century Policing**. Washington: Office of Community Oriented Policing Services, 2015. Disponível em: <https://cops.usdoj.gov/pdf/taskforce/taskforce_finalreport.pdf>. Acesso em: 4 fev. 2017.

CORBETTI, A. A. **Argentina**. Curso Nacional de Promotor de polícia comunitária. Brasília: Senasp, 2007. p. 72-74. Disponível em: <http://portal.aesp.ce.gov.br/file_bd?sql=FILE_DOWNLOAD_FIELD_ARQUIVO_DOWNLOAD&parametros=2599&extFile=pdf>. Acesso em: 28 mar. 2017.

COSTA, A.; GROSSI, B. C. Relações intergovernamentais e segurança pública: uma análise do fundo nacional de segurança pública. **Revista Brasileira de Segurança Pública**, ano 1, n. 1, p. 6-20, 2007. Disponível em: <http://srvweb.uece.br/labvida/dmdocuments/relacoes_intergovernamentais.pdf>. Acesso em: 28 mar. 2017.

COSTA, J. C.; FERNANDES, J. A. da C. **Polícia interativa**: a democratização e universalização da segurança pública. Monografia (Aperfeiçoamento de Oficiais da PMES) – Centro de Ciências Jurídicas e Econômicas da Universidade Federal do Espírito Santo, Vitória, 1998. Disponível em: <http://www.pm.es.gov.br/download/policiainterativa/Monografia.pdf>. Acesso em: 28 mar. 2017.

COSTA, F. da. Policiamento comunitário rodoviário, **Zero Hora**, 19 out. 2011.

COSTA, M. E. C.; MÉIO, A. B. Boston – Estados Unidos. In: VILARON, A. B.; SANTOS, M. J. M. dos. **Mundo Afora**: Programa de Combate à Violência Urbana. Brasília: MRE; Vera Cruz, 2005. p. 92-95.

CRIMINAL JUSTICE LAW. **The Controversy of the Peelian Principles**: 9 or 12? Disponível em: <http://criminaljusticelaw.org/enforcement/how-sir-robert-peel-influences-modern-policing-2/controversy-peelian-principles-9-12/>. Acesso em: 5 mar. 2017.

DANTAS, G. F. de L. **Em busca de um modelo de gestão da segurança pública**: policiamento comunitário. Brasília: Instituto Brasileiro de Ciências Criminais, 2007.

_____. **O que é polícia comunitária?** Brasília: Instituto Brasileiro de Ciências Criminais, 2004.

DATOSMACRO.COM. Comparar economía países: China vs. Brasil. **Expansión**. Disponível em: <http://www.datosmacro.com/paises/comparar/china/brasil>. Acesso em: 7 mar. 2017a.

_____. **Homicidios intencionados**. Disponível em: <http://www.datosmacro.com/demografia/homicidios>. Acesso em: 7 mar. 2017b.

_____. **Singapur**: economía y demografía. Disponível em: <http://www.datosmacro.com/paises/singapur>. Acesso em: 5 mar. 2017c.

DEL CARLO, U. A segurança contra incêndio no Brasil. In: SEITO, A. I. et al. (Coord.). **A segurança contra incêndio no Brasil**. São Paulo: Projeto Editora, 2008. p. 9-17. Disponível em: <http://www.corpodebombeiros.sp.gov.br/internetcb/Downloads/aseguranca_contra_incendio_no_brasil.pdf>. Acesso em: 28 mar. 2017.

DIAS NETO, T. **Policiamento comunitário e controle sobre a polícia**: a experiência norte-americana. Rio de Janeiro: Lumen Juris, 2000.

ECCA – Environmental Criminology and Crime Analysis. Crímenes violentos en países en desarrollo – Colombia. In: SIMPÓSIO INTERNACIONAL SOBRE CRIMINOLOGIA DE AMBIENTES E ANÁLISE CRIMINAL, 18., 2009, Brasília. **Anais...**, Brasília, 2009.

FERNANDES, J. C. Vila Zumbi canta a liberdade. **Gazeta do Povo**, 1º jun. 2013. Disponível em: <http://www.gazetadopovo.com.br/vidaecidadania/conteudo.phtml?id=1378009&tit=Vila-Zumbi-canta-a-Liberdade>. Acesso em: 4 fev. 2017.

FGV – Fundação Getúlio Vargas. Centro de Pesquisa e Documentação de História Contemporânea do Brasil – CPDOC. **Francisco Campos**. 2015. Disponível em: <http://cpdoc.fgv.br/producao/dossies/AEraVargas1/biografias/francisco_campos>. Acesso em: 5 mar. 2017.

FOLHA DE S.PAULO. **Força Nacional substitui Exército no Espírito Santo**. Cotidiano, 3 dez. 2004. Disponível em: <http://www1.folha.uol.com.br/paywall/signup-colunista.shtml?http://www1.folha.uol.com.br/fsp/cotidian/ff2711200422.htm>. Acesso em: 7 maio 2007.

FOLHA DE S.PAULO; SEBRAE – Serviço Brasileiro de Apoio às Micro e Pequenas Empresas. **Qualidade total**. Fascículo 1. São Paulo: Folha/Sebrae, 1994.

FONSECA JÚNIOR, G.; SANTAROSA, F. C. Chile. In: VILARON, A. B.; SANTOS, M. J. M. dos. **Mundo Afora**: Programa de Combate à Violência Urbana. Brasília: MRE; Vera Cruz, 2005. p. 50-54.

FORDHAM UNIVERSITY. **Modern History Sourcebook**: the Peterloo Massacre, 1819. Disponível em: <http://sourcebooks.fordham.edu/halsall/mod/1819Peterloo.asp>. Acesso em: 5 fev. 2017.

FORTES, L. Armas e flores. **Carta Capital**, ano XIII, n. 457, 15 ago. 2007.

FRANÇA. Assembleia Nacional Constituinte. **Declaração dos Direitos do Homem e do Cidadão**. 1789. Disponível em: <http://www.direitoshumanos.usp.br/index.php/Documentos-anteriores-%C3%A0-cria%C3%A7%C3%A3o-da-Sociedade-das-Na%C3%A7%C3%B5es-at%C3%A9-1919/declaracao-de-direitos-do-homem-e-do-cidadao-1789.html>. Acesso em: 15 fev. 2017.

FRANCELIN, A. E. Com duzentos anos, Polícia Civil já foi Judiciária. **Consultor Jurídico**, 9 ago. 2010. Disponível em: <http://www.conjur.com.br/2010-ago-09/duzentos-anos-historia-policia-civil-foi-policia-judiciaria>. Acesso em: 28 mar. 2017.

FRANCO, A. M. de S. **Unidades de Polícia Pacificadora (UPPs) no Rio de Janeiro**: história e planejamento estratégico situacional em ação. Dissertação (Mestrado em Sistemas de Gestão) – Universidade Federal Fluminense, Niterói, 2012.

FRAZIER, T. Community Policing. In: FÓRUM INTERNACIONAL DE POLÍCIA COMUNITÁRIA E DIREITOS HUMANOS, 1., 1999, São Paulo. **Anais**..., São Paulo, 1999.

G1. Alexandre de Moraes (PSDB), ministro da Justiça do governo Temer. **G1.com**, Política, São Paulo, 12 maio 2016a. Disponível em: <http://g1.globo.com/politica/noticia/2016/05/alexandre-de-moraes-ministro-da-justica-do-governo-temer.html>. Acesso em: 4 fev. 2017.

_____. Brasil é campeão mundial em número de vítimas de homicídios. **G1.com**, 2014a. Disponível em: <http://g1.globo.com/globo-news/estudio-i/videos/v/brasil-e-campeao-mundial-em-numero-de-vitimas-de-homicidios/5550440/>. Acesso em: 7 mar. 2017.

_____. Chile consegue vencer o desafio da segurança pública. **G1.com**, 2014b. Disponível em: <http://g1.globo.com/jornal-da-globo/videos/t/edicoes/v/chile-consegue-vencer-o-desafio-da-seguranca-publica/3321431/>. Acesso em: 7 mar. 2017.

_____. Curitiba tem queda de 35% dos homicídios em 3 anos, diz Secretaria. **G1.com**, Paraná, 11 jun. 2013. Disponível em: <http://g1.globo.com/pr/parana/noticia/2013/06/curitiba-tem-queda-de-35-dos-homicidios-em-3-anos-diz-secretaria.html>. Acesso em: 4 fev. 2017.

G1. Moradores de comunidades acham que UPP vai acabar após Olimpíada. **G1.com**, Rio de Janeiro, 5 jul. 2016b. Disponível em: <http://g1.globo.com/rio-de-janeiro/noticia/2016/07/moradores-de-comunidades-acham-que-upp-vai-acabar-apos-olimpiada.html>. Acesso em: 4 fev. 2017.

GARCIAGUIRRE, R. A. G. El Salvador. In: **Curso Nacional de Promotor de polícia comunitária**. Brasília: Senasp, 2007. p. 82-84. Disponível em: <http://portal.aesp.ce.gov.br/file_bd?sql=FILE_DOWNLOAD_FIELD_ARQUIVO_DOWNLOAD&parametros=2599&extFile=pdf>. Acesso em: 28 mar. 2017.

GAROTINHO, A. **Delegacia legal**: tecnologia a serviço da polícia. Rio de Janeiro: FUG, 2005. (Coleção Políticas Públicas).

GIORGIS, L. E. C. **O Duque de Caxias**: dia a dia. Porto Alegre: EdiPUCRS, 2012.

GLOBO.COM. **Obsessão por segurança**: cidades seguras. Globo Repórter. 2007. Disponível em: <http://globoreporter.globo.com/Globoreporter/0,19125,VGC0-2703-5895-2-97687,00.html>. Acesso em: 4 fev. 2017.

GOIÁS. Ministério Público Federal. Procuradoria da República. **Justiça Federal decide que PRF pode atuar no registro de crimes de menor potencial ofensivo**. 14 jul. 2014. Disponível em: <http://www.prgo.mpf.mp.br/defesa-da-constituicao-e-das-leis/noticias/2270-justica-federal-decide-que-prf-pode-atuar-no-registro-de-crimes-de-menor-potencial-ofensivo.html>. Acesso em: 4 fev. 2017.

GOLDSTEIN, H. **Policiando uma sociedade livre**. 9. ed. São Paulo: Edusp, 2003. (Série Polícia e Sociedade, n. 9).

GOMES, L. F. **Bônus para reduzir criminalidade**: missão quase impossível. 2013. Disponível em: <http://professorlfg.jusbrasil.com.br/artigos/121932048/bonus-para-reduzir-criminalidade-missao-quase-impossivel>. Acesso em: 4 fev. 2017.

GREENE, J. R. (Org.). **Administração do trabalho policial**: questões e análises. São Paulo: Edusp, 2002. (Série Polícia e Sociedade, n. 5).

HISTOIRE POUR TOUS. **La Reynie, chef de la police de Louis XIV**. 2011. Disponível em: <http://www.histoire-pour-tous.fr/histo ire-de-france/3599-la-reynie-chef-de-la-police-de-louis-xiv.html>. Acesso em: 5 mar. 2017.

HOUAISS, A.; VILLAR, M. de S. **Dicionário Houaiss da língua portuguesa**. Versão 3.0. Rio de Janeiro: Instituto Antônio Houaiss; Objetiva, 2009. 1 CD-ROM.

IACP – International Association of Chiefs of Police. **Community Policing Deployment Models and Strategies**. Community Policing Consortium. New York, 1997.

IBOPE – Instituto Brasileiro de Opinião Pública e Estatística. **ICS – Índice de Confiança Social 2015**. Disponível em: <http://www.ibope.com.br/pt-br/noticias/Documents/ics_brasil.pdf>. Acesso em: 4 fev. 2017.

IGPM – Inspetoria-Geral das Polícias Militares e dos Corpos de Bombeiros Militares. **Histórico**. Disponível em: <http://www.coter.eb.mil.br/igpm/index.php/historico>. Acesso em: 5 mar. 2017a.

_____. **Missão**. Disponível em: <http://www.coter.eb.mil.br/igpm/index.php/missao>. Acesso em: 4 fev. 2017b.

INSTITUTO CIDADANIA. **Projeto Segurança Pública para o Brasil**. 2001c. Disponível em: <http://www.dhnet.org.br/redebrasil/executivo/nacional/anexos/pnsp.pdf>. Acesso em: 28 mar. 2017.

INTERNATIONAL Centre for the History of Crime, Policing and Justice. **Origins of the Metropolitan Police**. Disponível em: <http://www.open.ac.uk/Arts/history-from-police-archives/Met6Kt/MetHistory/mhParishPol.html>. Acesso em: 4 fev. 2017.

ISPCC – Instituto São Paulo contra o Crime. **Relatório visita ao Canadá**. São Paulo, 1998.

ISHI, A.; MORENO, J. VIII. Tóquio: a metrópole mais segura do mundo. **A Força Policial**, São Paulo n. 17, jan./fev./mar. 1998, p. 95 a 107. Disponível em: <http://www3.policiamilitar.sp.gov.br/unidades/caj/wp-content/uploads/2016/04/Revista17.pdf>.

JAPÃO. **Police**. Visão geral. Disponível em: <https://www.npa.go.jp/english/kokusai/2015POJcontents.htm>. Acesso em: 12 jul. 2016.

JICA – Agência de Cooperação Internacional do Japão. "**Koban**" **para o mundo!** Polícia comunitária no estado de São Paulo. Disponível em: <https://www.jica.go.jp/brazil/portuguese/office/articles/2007_2008/071112_02.html>. Acesso em: 28 mar. 2007.

KAHN, T. Policiamento comunitário: uma expectativa realista de seu papel. Conjuntura Criminal, São Paulo, ano 2, n. 6, jul. 1999.

KAWANAMI, S. Koban, postos policiais no Japão. **Japão em Foco**, 17 jan. 2013. Disponível em: <http://www.japaoemfoco.com/koban-postos-policiais-no-japao/>. Acesso em: 28 mar. 2017.

KRETSCHMER, W.; RODRIGUES, A. T. **A Polícia Militar do Paraná e os Conselhos Comunitários de Segurança**. Monografia (Curso de Aperfeiçoamento de Oficiais) – Academia Policial Militar do Guatupê, São José dos Pinhais, 1984.

KRUTLI G. K et al. **Direito disciplinar face a nova polícia militar**. Curitiba, 2000. 91 p. Monografia de final de curso (Especialização em Administração Policial) – Curso de Administração Policial, Universidade Federal do Paraná,

LATINOBARÓMETRO. **Latinobarómetro**. Disponível em: <http://www.latinobarometro.org/lat.jsp>. Acesso em: 19 fev. 2017.

LEAL, A. B.; PEREIRA, I. S.; MUNTEAL FILHO, O. (Org.). **Sonho de uma polícia cidadã**: coronel Carlos Magno Nazareth Cerqueira. Rio de Janeiro: Nibrahc, 2010.

LIMA NETO, J. de M. China. In: VILARON, A. B.; SANTOS, M. J. M. dos. **Mundo Afora**: Programa de Combate à Violência Urbana. Brasília: MRE; Vera Cruz, 2005. p. 55-59.

LISBOA, C. Violência & Segurança. SEMINÁRIO VIOLÊNCIA & SEGURANÇA, 1996, São Paulo. **Anais**... São Paulo: Fiesp, 1996.

LOBO, C. E. R. **Bombeiros e polícia no Japão depois de 1945**. Disponível em: <http://www.pucsp.br/geap/artigos/bombpoliciajapao.htm>. Acesso em: 4 fev. 2017.

LOPES, R. A. **Gestão em segurança pública**: uma abordagem técnica da Polícia Judiciária ante os paradigmas da liderança, da legalidade e da eficácia. Londrina: Midiagraf, 2009.

LOS ANGELES. LAPD – Los Angeles Police Department. **SWAT**: Special Weapons and Tactics. Disponível em: <http://www.

lapdonline.org/inside_the_lapd/content_basic_view/848>. Acesso em: 4 fev. 2017a.

LOS ANGELES. **The LAPD:** Chief Bratton. Disponível em: <http://www.lapdonline.org/history_of_the_lapd/content_basic_view/1120>. Acesso em: 4 fev. 2017b.

MACEDO, F. Ex-chefe do Pronasci no governo Lula é condenado por corrupção. **Estadão**, 23 jul. 2014. Disponível em: <http://politica.estadao.com.br/blogs/fausto-macedo/justica-condena-por-corrupcao-ex-coordenador-do-pronasci/>. Acesso em: 4 fev. 2017.

MAGALHÃES, J. A Era Vargas: dos anos 20 a 1945. In: FGV – Fundação Getúlio Vargas. Centro de Pesquisa e Documentação de História Contemporânea do Brasil – CPDOC. **Dicionário histórico biográfico brasileiro pós-1930**. 2. ed. Rio de Janeiro: Ed. FGV, 2001. Disponível em: <http://cpdoc.fgv.br/producao/dossies/AEraVargas1/biografias/juraci_magalhaes>. Acesso em: 4 fev. 2017.

MARCHI, C. **Fera de Macabu**. São Paulo: Best Seller, 2008.

MARINGÁ.COM. **Conseg Maringá** – Conselho Comunitário de Segurança de Maringá. Disponível em: <http://www.maringa.com/filantropia/conseg.php>. Acesso em: 3 fev. 2017.

MATKE, G. L. **Reativação do sistema modular em Curitiba**. São Paulo: Centro de Aperfeiçoamento e Estudos Superiores da Polícia Militar de São Paulo CAO/2, 1995.

MCLUHAN, M.; FIORE, Q. **The Medium is the Massage**: an Inventory of Effects. Harmondsworth: Penguin, 1967.

MEIRELES, A.; ESPÍRITO SANTO, L. E. do. Teoria introdutória à policiologia. **Biblioteca Policial**, 25 abr. 2011. Disponível em: <http://www.bibliotecapolicial.com.br/destaques/default.asp?NOT_SEQ=629>. Acesso em: 28 mar. 2017.

MELO, M. F. de. TV Globo é condenada a pagar R$ 1 milhão para "Latininho". **Observatório da Imprensa**, 2001. Disponível em: <http://www.observatoriodaimprensa.com.br/artigos/asp071120019994.htm>. Acesso em: 28 mar. 2017.

MIKALOVSKI, A. **A polícia cidadã reocupando seu espaço**. Gazeta do Povo. 2012. Disponível em: <http://www.gazetadopovo.

com.br/opiniao/artigos/a-policia-cidada-reocupando-seu-espaco-3ora2odxop2ydniu8erkw2kb2>. Acesso em: 5 mar. 2017.

MONET, J.-C. **Polícias e sociedade na Europa**. Tradução de Mary Amazonas Leite de Barros. São Paulo: Edusp, 2001. (Série Polícia e Sociedade, n. 3).

MONTEIRO, M. F. **O policiamento comunitário como alternativa à democratização da polícia**. 250 f. Dissertação (Mestrado em Direito) – Universidade Candido Mendes, Rio de Janeiro, 2005. Disponível em: <http://dominiopublico.mec.gov.br/download/teste/arqs/cp038250.pdf>. Acesso em: 28 mar. 2017.

MONTESQUIEU. **Do espírito das leis**. São Paulo: Martin Claret, 2015.

MORAES, A. de. **Direitos humanos fundamentais**: teoria geral, comentários aos arts. 1º a 5º da Constituição da República Federativa do Brasil, doutrina e jurisprudência. 2. ed. São Paulo: Atlas, 1998.

MORAES, L. P. B. de. **Pesquisa nacional dos Conselhos de Segurança Pública**. Brasília: Ministério da Justiça, 2009. Disponível em: <http://www.conseg.sp.gov.br/DownloadMidia.ashx?ID=80>. Acesso em: 28 mar. 2017.

MORAES, M. A. de. **Um novo sistema de policiamento urbano**: o policiamento ostensivo particularizado por áreas. PMPR – Polícia Militar do Paraná, Curitiba, 1979. Palestra.

MOREIRA, P. da. V. **Programa Ministério Público Comunitário**. Disponível em: <http://www.premioinnovare.com.br/praticas/programa-ministerio-publico-comunitario>. Acesso em: 4 fev. 2017.

MPINTO, F. M. O último samurai. **Recanto das Letras**, 1º fev. 2006. Resenha. Disponível em: <http://www.recantodasletras.com.br/resenhasdefilmes/107000>. Acesso em: 3 fev. 2017.

MUNDO DAS DICAS. **As dez cidades mais seguras do Brasil**. Disponível em: <http://mundodasdicas.com.br/as-10-cidades-mais-seguras-do-brasil#ixzz4Q8AAR0Cu>. Acesso em: 4 fev. 2017.

MUNIZ, J. de O. **Ser policial é, sobretudo, uma razão de ser**: cultura e cotidiano da Polícia Militar do Estado do Rio de Janeiro. 286 f. Tese (Doutorado em Ciência Política) – Instituto Universitário de Pesquisas do Rio de Janeiro, Rio de Janeiro, 1999. Disponível em: <http://www.ucamcesec.com.br/wp-content/

uploads/2011/05/Ser_policial_sobretudo_razao_ser.pdf>. Acesso em: 28 mar. 2017.

MUSUMECI, L. et al. **Segurança pública e cidadania**: a experiência de policiamento comunitário em Copacabana (1994-95) – relatório final do monitoramento qualitativo. Rio de Janeiro: Iser, 1996.

NEV – Núcleo de Estudos da Violência. **Polícia comunitária**: o exemplo do Canadá. 2012. Disponível em: <https://www.youtube.com/watch?v=Lvcn8rJ0oAA>. Acesso em: 28 mar. 2017.

NOBRE, C. Coronel Nazareth Cerqueira: um exemplo de ascensão negra na Polícia Militar do Rio de Janeiro. In: CONGRESSO DA ASSOCIAÇÃO LATINO-AMERICANA DE ESTUDOS AFRO-ASIÁTICOS, 10., 2002, Rio de Janeiro. **Anais**... Rio de Janeiro: Ucam/PUC-Rio, 2002. Disponível em: <bibliotecavirtual.clacso.org.ar/ar/libros/aladaa/nobre.rtf>. Acesso em: 28 mar. 2017.

NÔMADES DIGITAIS. **Saiba quais são as 10 cidades mais seguras do mundo**. Disponível em: <http://nomadesdigitais.com/saiba-quais-sao-as-10-cidades-mais-seguras-do-mundo/>. Acesso em: 3 fev. 2017.

NPA – National Police Agency. **The White Paper on Police 2015**. Special Feature: Progress and Future Prospects Regarding Measures against Organized Crime. 2 June 2016. Disponível em: <https://www.npa.go.jp/hakusyo/h27/english/P1-20WHITE%20PAPER%202015_1.pdf>. Acesso em: 3 fev. 2017.

NUNES, A. F. K. et al. **Segurança no Paraná**: a contribuição dos Conselhos Comunitários de Segurança. Monografia. Ciclo de Estudos de Política e Estratégia (Cepe), Associação dos Diplomados da Escola Superior de Guerra, Curitiba, 1998.

O ESTADO DE S. PAULO. **Presidentes brasileiros discursam na ONU desde 1982**. 25 set. 2013. Disponível em: <http://acervo.estadao.com.br/noticias/acervo,presidentes-brasileiros-discursam-na-onu-desde-1982,9288,0.htm>. Acesso em: 3 fev. 2017.

ÔNIBUS 174. Direção: José Padilha. Brasil: Zazen Produções, 2002. 118 min.

OSP – Observatório de Segurança Público da Unesp. **O que é o Pronasci?** Disponível em: <http://www.observatoriodeseguranca. org/seguranca/pronasci>. Acesso em: 28 fev. 2017.

O ÚLTIMO samurai. Direção: Edward Zwick. EUA: Warner Bros., 2003. 140 min.

PADILHA, E. **Projeto vizinho vigilante.** Curitiba: Rotary International, 2004.

PARANÁ (Estado). Coordenação Estadual de polícia comunitária. **Relatório situação de polícia comunitária 2004.** Curitiba: PMPR, 2004a.

_____. CPC – Comando do Policiamento da Capital. **Projeto para implantação das estações de policiamento móvel** – Povo. Curitiba, 1993.

_____. Decreto n. 1.192, de 2 de maio de 2011. **Diário Oficial,** Poder Executivo, Curitiba, 2 maio 2011a. Disponível em: <http://www. legislacao.pr.gov.br/legislacao/listarAtosAno.do?action=exibirImpres sao&codAto=60158>. Acesso em: 28 mar. 2017.

_____. Decreto n. 5.696, de 10 de novembro de 2009. **Diário Oficial,** Poder Executivo, Curitiba, 10 nov. 2009. Disponível em: <http://www. legislacao.pr.gov.br/legislacao/listarAtosAno.do?action=exibir&cod Ato=54503&indice=4&totalRegistros=210&anoSpan=2013&anoS elecionado=2009&mesSelecionado=11&isPaginado=true>. Acesso em: 22 fev. 2017.

_____. Decreto n. 6.072, de 31 de janeiro de 2006. **Diário Oficial,** Poder Executivo, Curitiba, 2 fev. 2006. Disponível em: <http:// www.defesacivil.pr.gov.br/arquivos/File/decreto_6072.pdf>. Acesso em: 22 fev. 2017.

_____. Ministério Público. **Gaeco – Grupo de Atuação Especial de Combate ao Crime Organizado.** Disponível em: <http:www. gaeco.mppr.mp.br>. Acesso em: 2 fev. 2017a.

_____. Polícia Civil. **Reativação do Conselho de Segurança de Foz do Iguaçu é anunciada durante GGIF.** 8 jul. 2011b. Disponível em: <http://www.policiacivil.pr.gov.br/modules/noticias/article. php?storyid=3809>. Acesso em: 2 fev. 2017.

_____. Polícia Militar. Diretriz n. 004/2012. **Boletim do Comando Geral**, Curitiba, 2012a.

_____. **Diretriz PM/3 n. 002/2004**. Policiamento comunitário na PMPR: Projeto Povo. Curitiba, 2004b.

PARANÁ (Estado). **Manual de aplicação do sistema modular de policiamento urbano**. Ângelo Rogério Bonilauri, 1980. Apostila.

_____. Nota de instrução n. 001/2012. **Boletim do Comando Geral**, Curitiba, 2012b.

_____. **Segurança social**. Disponível em: <http://www.pmpr.pr.gov.br/modules/conteudo/conteudo.php?conteudo=1050>. Acesso em: 2 fev. 2017b.

_____. Secretaria da Justiça, Trabalho e Direitos Humanos. **UPS Cidadania**. Disponível em: <http://www.ups.pr.gov.br>. Acesso em: 2 fev. 2017c.

_____. Secretaria de Estado da Segurança Pública. Polícia Militar. **Sistema Modular de Policiamento Urbano**. Projeto apresentado ao Banco Interamericano de Desenvolvimento. Curitiba, 2011c. Disponível em: <http://idbdocs.iadb.org/wsdocs/getdocument.aspx?docnum=37301151>. Acesso em: 3 fev. 2017.

PATE, A. M. et al. **Reducing Fear of Crime in Houston and Newark**: a Summary Report. Washington: National Institute of Justice, 1986. Disponível em: <https://www.policefoundation.org/wp-content/uploads/2015/07/Pate-et-al.-1986-Reducing-Fear-of-Crime-in-Houston-and-Newark-Summary-Report-.pdf>. Acesso em: 28 mar. 2017.

PAZINATO, J. A. **Projeto Povo**: a experiência de Curitiba. 138 f. Monografia (Curso de Aperfeiçoamento de Oficiais) – Academia Policial Militar do Guatupê, São José dos Pinhais, 1995.

PERIMETRAL SEGURANÇA. **O que é arquitetura contra o crime?** Disponível em: <http://perimetralseguranca.com.br/blog/o-que-e-arquitetura-contra-o-crime/>. Acesso em: 28 mar. 2017.

PIMENTEL, J. V. de S. Los Angeles – Estados Unidos. In: VILARON, A. B.; SANTOS, M. J. M. dos. **Mundo Afora**: Programa de Combate à Violência Urbana. Brasília: MRE; Vera Cruz, 2005. p. 88-91.

PNC – Policía Nacional de Colombia. **Evolución histórica**: Policía Nacional. Disponível em: <https://www.policia.gov.co/historia>. Acesso em: 7 mar. 2017a.

_____. **Organigrama de la Policía Nacional**. Disponível em: <https://www.policia.gov.co/organigrama>. Acesso em: 7 mar. 2017b.

POMBO, O. O meio é a mensagem. In: _____ (Org.). **McLuhan, a escola e os media**. Lisboa: Departamento de Educação da Faculdade de Ciências, 1994. p. 40-50. (Caderno de História e Filosofia da Educação).

PORTAL BRASIL. **Enfrentando o crack**. 27 dez. 2010. Disponível em: Disponível em: <http://www.brasil.gov.br/saude/2011/12/governo-vai-investir-r-4-bilhoes-em-acoes-contra-o-crack-e-outras-drogas>. Acesso em: 2 fev. 2017.

PORTAL DAS GUARDAS MUNICIPAIS. **Guarda Municipal de Curitiba**. Disponível em: <http://www.guardasmunicipais.com.br/guardas-municipais/68-guardas-municipais/parana/163-guarda-mun icipal-de-curitiba>. Acesso em: 3 fev. 2017.

PORTO JÚNIOR, J. G. M. Cingapura. In: VILARON, A. B.; SANTOS, M. J. M. dos. **Mundo Afora**: Programa de Combate à Violência Urbana. Brasília: MRE; Vera Cruz, 2005. p. 60-65.

PORTUGAL. Guarda Nacional Republicana. **História da Guarda Nacional Republicana**. Disponível em: <http://www.gnr.pt/historiagnr.aspx>. Acesso em: 4 fev. 2017.

PROJETOS DE APRENDIZAGEM. **Austrália**. Colonização da Austrália. Disponível em: <http://projetosaprendizagem.pbworks.com/w/page/19292033/Australia>. Acesso em: 3 fev. 2017.

PROVINCE, C. M. **It is the Soldier**. 1970. Disponível em: <http://www.iwvpa.net/provincecm/>. Acesso em: 3 fev. 2017.

RAMIREZ JÚNIOR, J. J. **Programa Educacional de Resistência às Drogas e à Violência**: avaliação dos resultados na cidade de Curitiba entre os anos de 2000 e 2003. Curitiba: APMG/UFPR, 2004.

RCMP – Royal Canadian Mounted Police. **History of the RCMP.** Disponível em: <http://www.rcmp-grc.gc.ca/en/history-rcmp>. Acesso em: 7 mar. 2017a.

_____. **Organizational structure.** Disponível em: <http://www.rcmp-grc.gc.ca/about-ausujet/organi-eng.htm>. Acesso em: 7 mar. 2017b.

REIS, W. J. dos. Seleção ou recrutamento de magistrados no sistema brasileiro e norte-americano: considerações comparativas. **Ibrajus.** Disponível em: <http://www.ibrajus.org.br/revista/artigo.asp?idArtigo=265>. Acesso em: 3 fev. 2017.

REVISTA VEJA. **O preço do crime.** São Paulo, 21 jul. 1999.

RIBEIRO, D. Paraná tem redução de 18% no número de homicídios em 2013. **Gazeta do Povo**, 15 jan. 2014. Disponível em: <http://www.gazetadopovo.com.br/vida-e-cidadania/parana-tem-reducao-de-18-no-numero-de-homicidios-em-2013-9ecqty7ml4wzt6wfzza4tkr4e>. Acesso em: 2 fev. 2017.

RIBEIRO, D.; ANTONELLI, D. UPS reduziram crimes na cidade, mas unidades pararam de crescer. **Tribuna do Paraná**, 26 fev. 2016. Disponível em: <http://www.parana-online.com.br/editoria/policia/news/936472/?noticia=BAIRROS+COM+UPS+TEM+MENOS+CRIMES+MAS+UNIDADES+DEIXARAM+DE+CRESCER>. Acesso em: 3 fev. 2017.

RIBEIRO, L.; BRAGA, R. **Consultoria-geral conclui análise sobre estruturação da carreira de Polícia Ferroviário Federal.** Disponível em: <http://agu.jusbrasil.com.br/noticias/2078316/consultoria-geral-conclui-analise-sobre-estruturacao-da-carreira-de-policia-ferroviario-federal acessado>. Acesso em: 4 fev. 2017.

RICHE, G. A.; MONTE ALTO, R. As organizações que aprendem, segundo Peter Senge: "a quinta disciplina". **Cadernos Discentes Coppead**, Rio de Janeiro, n. 9, p. 36-55, 2001. Disponível em: <http://www.mettodo.com.br/pdf/Organizacoes%20de%20Aprendizagem.pdf>. Acesso em: 3 fev. 2017.

RICO, J. M. La policía en América Latina: del modelo militarizado al comunitario. **Policía y Sociedad Democrática**, Buenos Aires, p. 173-187, 1998.

RICO, J. M.; SALAS, L. **Delito, insegurança do cidadão e polícia:** novas perspectivas. Rio de Janeiro: Núcleo de Documentação e Editoração da PMERJ, 1992.

RIO DE JANEIRO (Estado). Polícia Civil. **Delegacia online**. Disponível em: <https://dedic.pcivil.rj.gov.br/>. Acesso em: 28 mar. 2017.

_____. UPP – Unidade de Polícia Pacificadora. **UPP**: veio para ficar. Disponível em: <http://www.upprj.com/upload/multimidia/LIVRO_UPPs.pdf>. Acesso em: 28 mar. 2017.

RODRIGUES, A. D.; SOUZA, C. A. **Atendimento pré-hospitalar em Curitiba**: necessidade de integração da regulação médica Samu/Siate. Artigo de Conclusão de Curso (Especialização em Gerenciamento Integrado da Segurança Pública) – Instituto Brasileiro de Pós-Graduação e Extensão, Centro Universitário Internacional Uninter, Curitiba, 2011.

RODRIGUES, M. C. de A. Colômbia. In: VILARON, A. B.; SANTOS, M. J. M. dos. **Mundo Afora**: Programa de Combate à Violência Urbana. Brasília: MRE; Vera Cruz, 2005. p. 66-69.

ROLIM, M. **A síndrome da Rainha Vermelha**: policiamento e segurança pública no século XXI. Rio de Janeiro: J. Zahar, 2006.

ROMEU, F. G. **Ampliação das atividades de polícia comunitária do grupamento de policiamento em áreas especiais do Morro do Cavalão para o bairro de São Francisco**. Monografia (Curso de Aperfeiçoamento de Oficiais) – Centro de Altos Estudos de Segurança da Polícia Militar de São Paulo, São Paulo, 2009.

SANTOS, J. C. G. dos. Nova York – Estados Unidos. In: VILARON, A. B.; SANTOS, M. J. M. dos. **Mundo Afora**: Programa de Combate à Violência Urbana. Brasília: MRE; Vera Cruz, 2005. p. 84-87.

SANTOS, J. V. T. dos. et al. **Programas de polícia comunitária no Brasil**: avaliação e propostas de políticas públicas de segurança. Brasília: Ministério da Justiça; Senasp, 2013.

SANTOS, M. **Polícia Militar realiza a instalação da UPS Grande Guatupê, a segunda na RMC**. Polícia Militar do Paraná. 2013. Disponível em: <http://www.pm.pr.gov.br/modules/noticias/article. php?storyid=7315&tit=Policia-Militar-realiza-a-instalacao-da-UPS-Grande-Guatupe-a-segunda-na-RMC>. Acesso em: 28 mar. 2017.

SÃO PAULO (Estado). Decreto n. 23.455, de 10 de maio de 1985. **Secretaria de Estado do Governo de São Paulo**, Poder Executivo, São Paulo, 10 maio 1985a. Disponível em: <http://www.al.sp.gov.br/repositorio/legislacao/decreto/1985/decreto-23455-10.05.1985.html>. Acesso em: 18 fev. 2017.

_____. Decreto n. 25.366, de 11 de junho de 1986. **Secretaria de Estado do Governo de São Paulo**, Poder Executivo, São Paulo, 11 jun. de 1986. Disponível em: <https://governo-sp.jusbrasil.com.br/legislacao/192636/decreto-25366-86>. Acesso em: 28 mar. 2017.

_____. Resolução SSP n. 37, de 10 maio 1985b. **Assembleia Legislativa do Estado de São Paulo**. Disponível em: <http://www.al.sp.gov.br/norma/?id=54666>. Acesso em: 18 fev. 2017.

_____. Secretaria da Segurança Pública. **Polícia comunitária**: a polícia mais próxima do cidadão. Disponível em: <http://www.ssp.sp.gov.br/acoes/leAcoes.aspx?id=33362>. Acesso em: 2 fev. 2017.

SEGURIDAD, JUSTICIA Y PAZ. **Caracas, Venezuela, es la ciudad más violenta del mundo**. 2016. Disponível em: <http://www.seguridadjusticiaypaz.org.mx/lib/Prensa/2016_01_25_seguridad_justicia_y_paz-50_ciudades_violentas_2015.pdf>. Acesso em: 28 mar. 2017.

_____. **Por tercer año consecutivo, San Pedro Sula es la ciudad más violenta del mundo**. 2014. Disponível em <http://www.seguridadjusticiaypaz.org.mx/lib/Prensa/2014_01_15_seguridad_justicia_y_paz_50_ciudades_violentas_2013.pdf>. Acesso em: 28 mar. 2017.

SEITO, A. I. (Coord.). **A segurança contra incêndio no Brasil**. São Paulo: Projeto Editora, 2008. Disponível em: <http://www.corpodebombeiros.sp.gov.br/internetcb/Downloads/aseguranca_contra_incendio_no_brasil.pdf>. Acesso em: 28 mar. 2017

SILVA, D. D. da; NODA, F. G.; VIEIRA, M. A. Bombeiros mirins: educação transversal aos muros escolares. In: COLÓQUIO INTERNACIONAL EDUCAÇÃO E CONTEMPORANEIDADE, 6., 2012, São Cristóvão. Anais..., São Cristóvão, 2012. Disponível em: <http://educonse.com.br/2012/eixo_19/PDF/18.pdf>. Acesso em: 4 fev. 2017.

SILVA, E. J. Intervenção social e institucional: relações institucionais dos comandos locais de polícia. Queluz, 2004. Palestra.

SILVA FILHO, J. V. da. O papel da polícia na redução dos homicídios. Instituto Fernand Braudel de Economia Mundial. 2003. Disponível em: <http://pt.braudel.org.br/pesquisas/arquivos/2003/o-papel-da-policia-na-reducao-dos-homicidios.php>. Acesso em: 5 mar. 2017.

SILVA, J. da. Segurança pública e polícia: criminologia crítica aplicada. Rio de Janeiro: Forense, 2003.

SILVA, M. F. L. da. O filme "A montanha dos sete abutres" revisitado. Observatório da Imprensa, n. 867, 9 set. 2015. Disponível em: <http://observatoriodaimprensa.com.br/imprensa-em-questao/o-film e-a-montanha-do-sete-abutres-revisitado/>. Acesso em: 20 nov. 2016.

SILVA, O. D. da. Estudos dos problemas brasileiros. São Paulo: Catálise, 1993.

SKOLNICK, J. H.; BAYLEY, D. H. Policiamento comunitário: questões e práticas através do mundo. Tradução de Ana Luísa Amêndola Pinheiro. São Paulo: Edusp, 2002. (Série Polícia e Sociedade, n. 6).

SOARES, L. E. A Política Nacional de Segurança Pública: histórico, dilemas e perspectivas. Estudos Avançados, São Paulo, v. 21, n. 61, set./dez. 2007. Disponível em: <http://www.scielo.br/scielo.php?script=sci_arttext&pid=S0103-40142007000300006&lng=pt &nrm=iso&tlng=pt>. Acesso em: 26 fev. 2017.

_____. Capítulo 6: Legalidade libertária. In: _____. Cosme & Damião e o policiamento comunitário. Rio de Janeiro: Lumen Juris, 2006. p. 441-446.

_____. Nepotismo, dossiê e os riscos da democracia plebiscitária. Disponível em: <http://www.consciencia.net/2003/11/22/soares1.html>. Acesso em: 27 nov. 2003.

SOUZA, B. C. G de. **Orçamento e segurança pública**: um estudo de caso do Fundo Nacional de Segurança Pública. 122 f. Monografia (Especialização em Orçamento e Políticas Públicas) – Universidade de Brasília, Brasília, 2004. Disponível em: <http://www.orcamentofederal.gov.br/biblioteca/estudos_e_pesquisas/Monografia_Completa.pdf>. Acesso em: 28 mar. 2017.

SOUZA, C. A. **A base física como suporte do policiamento comunitário**: a experiência de Curitiba. Curitiba: UFPR/APMG-CSP, 2007.

_____. **Atendimento das radio-ocorrências no 12º BPM-PMPR**: comparativo do sistema modular de policiamento urbano e policiamento ostensivo volante. Monografia (Curso de Aperfeiçoamento de Oficiais) – Academia Policial Militar do Guatupê, Curitiba, 1996.

_____. **Coletânea literária**: 51 obras essenciais para o mister policial. São Paulo: Comunicare, 2009.

_____. Morte de agente da Força Nacional reflete insegurança durante Olimpíadas. **Amai**, Notícias, 12 ago. 2016. Disponível em: <http://amai.org.br/site/noticias/detalhes/2179/>. Acesso em: 2 fev. 2017.

_____. **Polícia comunitária**. Curitiba: Instituto de Defesa dos Direitos Humanos, 2013.

SOUZA, C. A.; NUNES, O. V. F. **Integração de órgãos estatais e a atuação da Polícia Militar**. 15 f. Trabalho de Conclusão de Curso (Direito) – Instituto Brasileiro de Pós-Graduação e Extensão, Centro Universitário Internacional Uninter, Curitiba: 2011.

SOUZA, F. **A história da Polícia Militar começou no Império**. Artigo de Conclusão de Curso (Gestão Integrada da Segurança Pública) - Instituto Brasileiro de Pós-Graduação e Extensão, Centro Universitário Internacional Uninter, Curitiba: 2011. 14 p. Disponível em: <http://pessoas.hsw.uol.com.br/policia-militar1.htm>. Acesso em: 5 mar. 2017.

STATISTICS CANADA. **Population and Demography**. Disponível em: <http://www5.statcan.gc.ca/subject-sujet/theme-theme.action?pid=3867&lang=eng&more=0&HPA=1>. Acesso em: 4 fev. 2017.

STOCHERO, T. MPF e PM contestam lei que dá poder de polícia às guardas municipais. **G1.com**, Política, São Paulo, 5 ago. 2014. Disponível em: <http://g1.globo.com/politica/noticia/2014/08/mpf-e-pm-contestam-lei-que-da-poder-de-policia-guardas-municipais.html>. Acesso em: 4 fev. 2017.

STRASSACAPA, H. Maringá é a grande cidade do Paraná mais segura para jovens. **Jornal de Maringá**, 21 jul. 2009. Disponível em: <http://www.skyscrapercity.com/showthread.php?t=917910>. Acesso em: 2 fev. 2017.

SUZUKI, M. O. K. Paraguai. In: **Curso Nacional de Promotor de polícia comunitária**. Brasília: Senasp, 2007. p. 80-82. Disponível em: <http://portal.aesp.ce.gov.br/file_bd?sql=FILE_DOWNLOAD_FIELD_ARQUIVO_DOWNLOAD&parametros=2599&extFile=pdf>. Acesso em: 28 mar. 2017.

TROJANOWICZ, R. et al. **Community Policing**: a Contemporary Perspective. 2. ed. Cincinnati: Anderson Publishing Company, 1998.

TROJANOWICZ, R.; BUCQUEROUX, B. **Policiamento comunitário**: como começar. Tradução de Mina Seinfeld de Carakushansky. 2. ed. São Paulo: Polícia Militar do Estado de São Paulo, 1994.

TV NIKKEY. **Polícia comunitária do Japão (Koban)**. 1ª parte. 2013a. Disponível em: <https://www.youtube.com/watch?v=u5Xc7UCg5gI>. Acesso em: 28 mar. 2017.

TV NIKKEY. **Polícia comunitária do Japão (Koban)**. 2ª parte. 2013b. Disponível em: <https://www.youtube.com/watch?v=WGztcN9Y18Y>. Acesso em: 28 mar. 2017.

UN – United Nations. General Assembly. **Report of the Working Group on the Universal Periodic Review**: Brazil. 9 July 2012.

Disponível em: <http://www.ohchr.org/Documents/HRBodies/HRCouncil/RegularSession/Session21/A-HRC-21-11_en.pdf>. Acesso em: 15 fev. 2017.

URBANO, J. Equador. In: **Curso Nacional de Promotor de polícia comunitária**. Brasília: Senasp, 2007. p. 76-80. Disponível em: <http://portal.aesp.ce.gov.br/file_bd?sql=FILE_DOWNLOAD_FIELD_ARQUIVO_DOWNLOAD&parametros=2599&extFile=pdf>. Acesso em: 28 mar. 2017.

USA – United States of America. The White House. Office of the Press Secretary. **Fact Sheet**: Task Force on 21st Century Policing. 2014. Disponível em: <https://www.whitehouse.gov/the-press-office/2014/12/18/fact-sheet-task-force-21st-century-policing>. Acesso em: 10 nov. 2016.

_____. US Department of Justice. FBI – Federal Bureau of Investigation. **Crime in the United States 2011**. Disponível em: <https://www.fbi.gov/about-us/cjis/ucr/crime-in-the-u.s/2011/crime-in-the-u.s.-2011/police-employee-data>. Acesso em: 4 fev. 2017.

VASCONCELLOS, F. **Pesquisa mostra alta aprovação das UPPs em favelas, sejam pacificadas ou não**. O Globo, 11 dez. 2010. Disponível em: <http://oglobo.globo.com/rio/pesquisa-mostra-alta-a provacao-das-upps-em-favelas-sejam-pacificadas-ou-nao-2911694>. Acesso em: 5 mar. 2017.

VÉGAS, C. Barreirinha quer a volta da Rádio Corneta. **Tribuna do Paraná**, 23 maio 2009. Disponível em: <http://www.tribunapr.com.br/noticias/parana/barreirinha-quer-a-volta-da-radio-corneta/>. Acesso em: 2 fev. 2017.

VERBO FILMES. **Jardim Ângela São Paulo Brasil CNBB 2009**. 2008. Disponível em: <https://www.youtube.com/watch?v=z-_C3Q4gQGY>. Acesso em: 4 fev. 2017.

VIMEO. **Conexões urbanas**: pacificação. Episódio 6, temporada 2. Grupo Cultural AfroReggae, 2011. Disponível em: <https://vimeo.com/31573299>. Acesso em: 5 fev. 2017.

WALTER, B. M. Sensação de insegurança cresce, um ano depois. **Gazeta do Povo**, Violência, 15 jul. 2012. Disponível em: <http://www.gazetadopovo.com.br/especiais/paz-tem-voz/sensacao-de-insegu ranca-cresce-um-ano-depois-3aa2ettmt0xymsh4xqhttdg0e>. Acesso em: 2 fev. 2017.

WHITE, R. A. Televisão como mito e ritual. **Revista Comunicação e Educação**, São Paulo, ano 1, n. 1, p. 47-55, set./dez. 1994.

WILSON, J. Q.; KELLING, G. L. Broken Windows: the Police and Neighborhood Safety. **The Atlantic**, Mar. 1982. Disponível em: <https://www.theatlantic.com/past/docs/politics/crime/windows.htm>. Acesso em: 3 fev. 2017.

YAMAMOTO, E. Y. A ontologia originária da comunidade e sua intersecção comunicacional. **Brazilian Journal of Technology, Communication, and Cognitive Science**, ed. 3, ano II, dez. 2014. Disponível em: <http://www.revista.tecccog.net/index.php/revista_tecccog/article/download/38/50>. Acesso em: 5 mar. 2017.

YAMASAKI, A. Y. **Mobilização comunitária**. Curso Nacional de polícia comunitária. Brasília: Ministério da Justiça; Secretaria Nacional de Segurança Pública, 2000.

ZHCLICKS. **Los Angeles recorda distúrbios de Watts de 1965**. 2015. Disponível em: <http://zh.clicrbs.com.br/rs/noticias/noticia/2015/08/los-angeles-recorda-disturbi os-de-watts-de-1965-4825796.html>. Acesso em: 28 mar. 2017.

_____. **Veja oito conflitos raciais nos EUA ocasionados por diferenças raciais**. 2014. Disponível em: <http://zh.clicrbs.com.br/rs/noticias/noticia/2014/11/veja-oito-conflitos-nos-eua-ocasionados-p or-diferencas-raciais-4650366.html>. Acesso em: 3 fev. 2017.

Capítulo 1
1. 2, 3, 1
2. c
3. Porque foi criada em 1874 e se manteve em contato permanente. Também foi a primeira a visitar os residentes e está sempre à disposição da comunidade.
4. Organizar a comunidade para fazer valer sua vontade na definição das prioridades de segurança pública.
5. Eram módulos com policiais, preferencialmente residentes no bairro, que realizavam policiamento a pé, com atuação centrífuga, levando policiamento inclusive de trânsito na saída das escolas, e centrípeta, atendendo as demandas da população.

Capítulo 2
1. É a ação da polícia que tem como base a filosofia da polícia comunitária.
2. F, F, V, F.
3. c
4. Os Estados Unidos da América.
5. Chile.

Capítulo 3
1. O módulo é a menor fração de emprego tático integral que um serviço de patrulha do tipo

---

* Os autores citados nesta seção constam na seção "Referências".

urbano desenvolve com base no policiamento a pé. Apoiado e complementado pelo policiamento motorizado, irradia policiamento ostensivo e recebe os anseios da sociedade.

2. A obra *Policiamento comunitário*: como começar, de Trojanowicz e Bucqueroux (1999)

3. b

4. b

5. É apenas uma tática do policiamento tradicional episódica, como demonstrado por Bayley e Skolnick (2001) "o patrulhamento intensivo diminui o crime, porém temporariamente, já que apenas o desloca para outro lugar". O policiamento comunitário tem um compromisso de longa duração com a comunidade envolvida.

3. A mídia ajuda a reduzir o crime ao divulgar boas práticas, difundir medidas para que as pessoas possam se proteger, cobrar a responsabilidade das autoridades, unir as pessoas de bem, e reduzir o medo do crime ao não divulgar crimes de outros lugares e não fazer sensacionalismo.

4. 3, 4, 2, 1.

5. O policial é o principal ativo, pois é um servidor e são os servidores que prestam o serviço para a comunidade, que prendem os criminosos. O sucesso ou o fracasso de qualquer projeto de policiamento comunitário depende dos servidores: eles podem ser capacitados e motivados, mas o resultado das ações depende do comprometimento deles.

Capítulo 4

1. c

2. É no município onde as pessoas moram, sendo que o ambiente pode ser propício a oportunidades para o crime e a desordem, e as posturas municipais e as leis do município podem inibi-los.

Nota técnica

Parte deste livro tem como base a tese *A base física como suporte do policiamento comunitário: a experiência de Curitiba*, do próprio autor, César Alberto Souza, quando tenente-coronel concludente do Curso Superior de Polícia, com orientação do professores doutor Américo Augusto Nogueira Vieira e do professor e coronel da polícia militar da reserva remunerada (PM-RR) Itamar dos Santos, realizado em conjunto pela Polícia Militar do Paraná (PMPR), Academia Policial Militar do Guatupê (APMG) e Universidade Federal do Paraná (UFPR), no ano de 2007, que está depositada na biblioteca da APMG.

Em 2011, o Escritório de Projetos da Secretaria de Segurança Pública do Estado do Paraná elaborou o Programa Paraná Seguro. Um dos projetos era o Sistema Modular de Policiamento Urbano,

---

* SEGURIDAD, JUSTICIA Y PAZ. Por tercer año consecutivo, San Pedro Sula es la ciudad más violenta del mundo. 2014. Disponível em <http://www.seguridadjusticiaypaz.org.mx/lib/Prensa/2014_01_15_seguridad_justicia_y_paz_50_ciudades_violentas_2013.pdf>. Acesso em: 28 mar. 2017.

apêndice*

que previa a instalação de bases físicas para descentralização do policiamento comunitário no Paraná com financiamento do Banco Mundial, elaborado com base nos conceitos adotados tanto pelo Banco Interamericano de Desenvolvimento (BID) quanto pela Organização Mundial de Saúde (OMS), que estabelecem que as intervenções para prevenção da violência podem ser classificadas em três níveis diferentes (Paraná, 2011)*.

Para complementar e atualizar os dados, preferimos os *sites* oficiais dos governos e as agências policiais. Para comparação dos dados entre países, foi utilizado o *site* espanhol Datosmacro.com**.

Apenas para ilustrar alguns tópicos, foram utilizados *sites* noticiosos. Em relação ao *site* da ONG mexicana *Seguridad, Justiça e Paz* (2014, tradução nossa), que compara violência nas cidades, temos os seis critérios principais a considerar a inclusão de uma cidade no *ranking*:

1. *Deve haver uma unidade urbana claramente definida. Não pode ser uma área ou jurisdição que é parte de uma cidade ou pertencer a um município (ou jurisdição equivalente) que, em vez de ser predominantemente urbana, é predominantemente rural.*
2. *A cidade em questão deve ter 300 mil habitantes ou mais, de acordo com fontes oficiais.*
3. *Os dados sobre homicídios devem corresponder às definições universalmente aceitas, de homicídios dolosos ou homicídios intencionais ou mortes por agressão*

---

* PARANÁ. Secretaria do Estado da Segurança Pública Polícia Militar. **Sistema de Policiamento Urbano**. Projeto apresentado ao Banco Interamericano de Desenvolvimento. Curitiba, 2011. Disponível em: <http://idbdocs.iadb.org/wsdocs/getdocument.aspx?docnum=37301151>. Acesso em: 3 abr. 2017.

** DATOSMACRO.COM. Disponível em: <http://www.datosmacro.com/acerca-de>. Acesso em: 3 abr. 2017

(com exceção de mortes em operações de guerra ou morte legalmente justificada). Não incluem números relativos a tentativas de homicídio.
4. *O número de mortes deve vir de fontes oficiais ou de fontes alternativas. Em qualquer caso, os dados, as estimativas e a metodologia de cálculo devem ser verificáveis e/ou replicáveis. Em alguns casos, os dados são resultado de contagem própria, com base em reportagens de jornais e análise.*
5. *Os valores devem corresponder ao ano anterior dos resultados divulgados. Excepcionalmente podem ser considerados os dados de um ano anterior (2014 para o 2015, por exemplo), desde que haja presunção de que não houve alteração substancial na incidência de homicídios.*
6. *A informação deve ser acessível da internet.*

Assim, além do relatório da ONG propriamente dito, para se compreender o *ranking*, deve-se verificar o anexo com as fontes de informação e os cálculos, bem como se é a cidade ao a região metropolitana que está sendo comparada.

César Alberto Souza é coronel da reserva da Polícia Militar do Paraná (PMPR), graduado pela Academia Policial Militar do Guatupê em 1982. Tem extensão universitária em polícia comunitária (2003) pela Pontifícia Universidade Católica do Rio Grande do Sul (PUCRS), é especialista em Política, Estratégia e Planejamento, com habilitação ao magistério superior (2004), pelas Faculdades Integradas Espírita e doutor em nível estratégico em Segurança Pública (2007) pela Academia Policial Militar do Guatupê/ Universidade Federal do Paraná (UFPR). Foi subcomandante-geral da PMPR entre 2011 e 2013 e coordenador de segurança da subsede Curitiba na Copa do Mundo Fifa, em 2014.

Tem medalhas de mérito policial bronze, prata e ouro; medalha de ouro Honra ao Mérito Escolar Prêmio Coronel João Gualberto, pela primeira colocação no Curso de Aperfeiçoamento de Oficiais – CAO (1996); medalha comemorativa ao sesquicentenário da PMPR; medalha de mérito social da Cruzada Cosme e Damião; medalha de ouro no prêmio General Carneiro, pelo primeiro lugar no Curso Superior de Polícia (2007); medalha comemorativa do Colégio da PMPR (2010); medalha Coronel Sarmento pelo destaque em favor de causa pública (2012); medalha de mérito pela

Relevância a Bem da Ordem Pública, Heróis do Contestado, Heróis da Rádio Patrulha, centenário do Corpo de Bombeiros e Comenda do Batalhão de Operações Policiais Especiais (Bope); Medalha Mérito Santos Dumont por destaques em serviços prestados à Força Aérea Brasileira (FAB), em 2013. É cidadão honorário de Curitiba pela Lei n. 14.085, de 4 de setembro de 2012.

É coautor, com Roberson Luiz Bondaruk, do livro *Polícia comunitária: polícia cidadã para um povo cidadão*, que teve edições em 2003, 2007, 2012 e 2014, e autor do livro *Coletânea literária: 51 obras essenciais para o mister policial*, de 2009, ambas pela Editora Associação da Vila Militar.

É também coautor, com Marison Luis Albuquerque, do livro *Segurança pública: histórico, realidade e desafios*, lançado em 2017 pela Editora Intersaberes.

É professor no Instituto Brasileiro de Pós-Graduação e Extensão (Ibpex), do Centro Universitário Internacional Uninter, e no Núcleo de Pesquisa em Segurança Pública e Privada da Universidade Tuiuti do Paraná (NPSPP/UTP). É o atual diretor de Apoio Institucional da Secretaria de Defesa Social e Trânsito de Curitiba.

Os papéis utilizados neste livro, certificados por instituições ambientais competentes, são recicláveis, provenientes de fontes renováveis e, portanto, um meio sustentável e natural de informação e conhecimento.

FSC
www.fsc.org
MISTO
Papel produzido a partir de fontes responsáveis
FSC® C057341

Impressão: Log&Print Gráfica & Logística S.A.
Abril/2021